壹卷
YE BOOK

让思想流动起来

论世衡史
- 丛书 -

反思现代

近代中国历史书写的重构

黄克武 著

四川人民出版社

图书在版编目（CIP）数据

反思现代：近代中国历史书写的重构/黄克武著.——成都：四川人民出版社，2021.1（2021.6重印）
ISBN 978-7-220-11934-7

Ⅰ.①反… Ⅱ.①黄… Ⅲ.①史学史—研究—中国—近代—文集 Ⅳ.①K092.5-53

中国版本图书馆CIP数据核字（2020）第134319号

FANSI XIANDAI：JINDAI ZHONGGUO LISHI SHUXIE DE CHONGGOU

反思现代：近代中国历史书写的重构
黄克武 著

出版人	黄立新
策划统筹	封 龙
责任编辑	冯 珺
封面设计	周伟伟
版式设计	戴雨虹
责任校对	舒晓利
责任印制	周 奇
出版发行	四川人民出版社 （成都市槐树街2号）
网　　址	http://www.scpph.com
E-mail	scrmcbs@sina.com
新浪微博	@四川人民出版社
微信公众号	四川人民出版社
发行部业务电话	（028）86259624　86259453
防盗版举报电话	（028）86259624
照　　排	四川最近文化传播有限公司
印　　刷	成都东江印务有限公司
成品尺寸	145mm×210mm
印　　张	9.75
字　　数	230千
版　　次	2021年1月第1版
印　　次	2021年6月第2次印刷
书　　号	ISBN 978-7-220-11934-7
定　　价	72.00元

■版权所有·侵权必究
本书若出现质量问题，请与我社发行部联系更换
电话：（028）86259453

序：回首来时路

我在1985年进入"中研院"近代史研究所工作，1993年第一次去广州参加学术研讨会，以后几乎每年都去大陆从事学术交流，偶尔也去欧美等国家开会。在这期间中国近代史学界，以及两岸关系、国际局势发生了很大的变化，也连带影响到近代史研究的走向。这一本论文集所收的文章是由过去30多年间所写的有关中国近代史研究典范转移、中外学界研究状况的反省，以及几本中英文史学著作的书评等集结而成。我将这些文章分为典范转移、晚清史的检讨、民国史的反省等三个部分，可以反映我个人的成长，也可以看到时代的变化。

我在1975年进入台湾师范大学历史系本科，台师大历史系与"中研院"近代史研究所都和台湾中国近代史研究的开创者郭廷以（1904—1975，字量宇，出生于河南舞阳，为"中研院"院士）有很密切的关系。我在台师大的时候，已经没有机会跟随郭廷以先生读书。我的老师辈有两类：第一类是从大陆来台湾教书的学者，如朱云影、李树桐、朱际镒、曾祥和、高亚伟等教授，他们多半是北大、北师大，还有"中央大学"毕业的老师，整体的学术氛围是倾向肯定传统的"南高"学派（出版《学衡》杂志），而非批判传统的"北大"学派（当时台湾大学历史系的学风倾向此派）；另一类就是郭廷以先生（也属于"南高"学派）在台湾培养出来的"中研院"的子弟兵。这些子弟兵包括王聿均、张朋园、李国祁、张玉法、陈三井、陆宝千等先生。20世纪60年代之后在"中研院"近代史研究所工作的研究同人大多数都是郭廷以的学生，也是我在台师大的老师。所以，我继承了此一治学传统。

目前世界上除了中国大陆与台湾之外，大概主要有另外三个地域的学者也在研究中国，包括美国的史学传统、欧洲的史学传统和日本的史学传统。这五大史学传统都对中国研究很感兴趣。所以，目前有关中国的学问已不仅是中国人的学问，而是世界的学问。在世界各地都有人对中国历史、中国文化有非常深入的研究。我自己亲身接触的是中国台湾地区及美国和欧洲的部分，最近也接触到一些日本的学术传统，并与大陆史学界密切联系。当然我的根还是属于台湾地区的史学传承。怎么说呢？这要从我成长的过程谈起。我所生长的时代是两蒋父子威权统治的时代，那个时代政治上比较单纯，思想文化上要稍微复杂一点。

在我成长的过程中，一直有两股文化力量在我心中冲击。第一股力量是钱穆、唐君毅和牟宗三等新儒家的学说。一如钱穆先生所说，我们应对中国历史文化抱持一种"温情与敬意"。我们从小要读儒家经典，要背诵《大学》《中庸》《论语》《孟子》。我记得中小学时我父亲在我放假期间，就叫我背诵《唐诗》《古文观止》等。一直到现在，我还能感觉到《论语》中的一些句子在我心里还占据了非常重要的地位。我在面临困难时想到的是"天生德于予，桓魋其如予何""君子不忧不惧"。这些话给了我精神的安抚与无比的激励。《唐诗》《古文观止》则让我感受到中文文字之美。这种感受当然跟钱穆、牟宗三等学者对中国传统的提倡与诠释有关，那时我们的教育里洋溢着一种对中国传统的温情与敬意。

第二股力量是北大和"五四"的传统。这个传统的代表人物是胡适。所以，一直以来，在我心中有两个人格典范：一个是钱穆，一个是胡适。问题是：这两个人物典范怎么结合在一起？胡适先生是"五四"运动的健将，毕生提倡"科学""民主"与白话文运动。1949年之后胡适是台湾地区文化界的领袖。从胡适引领出一系列的政治与文化运动，继承了"五四"传统对于中国文化的反省、对专制政权的批判。当时有不少人受他影响，最典型的代表是李敖。李敖可以说是"五四"的产物。他对于民主与科学的礼赞、对于自由主义的提倡，对于中国传统的批判，对于"老年人与棒子"的反省，在台湾地区都是非常有名的。所以，对于我们年轻人来说，李敖的作品非常有吸引力，他是我们的鲁迅。当然，除了李敖之外，还有其他许多深受"五四"精神影响的学者，像我的老师张朋园先生即深受"五四"思想影响，毕生研究中国现代化过程中的改革与革命、民主与宪政的历史。这两个传统在我们那个年代长大的学生心中是两股相互拉扯的力量。这个拉扯其实是很有意义的。一方面我们看到传统的优点，另一方面也感到这个传统的确有一些问题。那要怎么去修改这个传统呢？这一个议题是"五四"跟新儒家的共同议题。我们要怎么样面对中国传统？又如何将中国的传统接引到西方的民主、科学？这也是台湾学界一直在努力思索与追求的方向。

1949年时台湾地区只有六百多万人，现在有二千三百多万人。台湾大学的社会学家陈绍馨教授（1906—1966）讲过一句话：台湾是中国文化的实验室。〔参见*Taiwan as a Laboratory for the Study of Chinese Society and Culture*（《中国社会文化研究的实验室：台湾》），《"中研院"民族学研究所集刊》，期14，1966，页1—14。〕我觉得这是一个很有意思的观点。

我在这样的一个对中国历史文化具有强烈关怀的环境中长大。我还记得1983年墨子刻（Thomas A. Metzger）先生刚到台湾来教书，他很喜欢问我们一个问题："你们将来希望当王永庆还是要当余英时？"那个时候王永庆是台湾企业家的代表人物，而余英时则是学者的典范。余先生跟台湾有非常深的学术根源，他的书如《历史与思想》《中国思想传统的现代诠释》等在台湾流传很广，几乎是我们那一代读历史的学生的经典书刊。所以当墨先生问我们"要当王永庆那样赚大钱的企业家，还是当余英时那样对中国文化有非常深入的认识的学者"，我们每个人都举手说："想当余英时。"后来我碰到余英时先生，告诉他这段往事。他说："其实我自己很想当王永庆。"

我们那一代人基本上对中国历史文化怀有一种使命感。我们是在所谓复兴中国文化的使命之下成长的。对我们来说，李白、杜甫、苏轼是我们的先人，最感动我们的文字一定是先秦文字与唐宋古文，是唐诗、宋词、晚明小品等。我想这就是文化的根，也是我感觉到两岸在将来可以合在一起的最重要基础。说到底其实就是文化的基础。

我在台师大毕业后先到英国读书，后来又到美国留学，开始接触到欧美的汉学传统。这个传统也很有意思。因为这些洋人读中文非常困难，光是把中文学好、读好，看得懂文言文，至少就要花上十年的工夫。所以中文对他们来说，是一种非常难的语言。我到英国读书时碰到几个汉学家，如我的指导老师龙彼得（Piet Van der Loon, 1920—2002）、伊懋可（Mark Elvin），以及麦穆伦（Ian McMorran）、杜德桥（Glen Dudbridge, 1938—2017）教授等。欧洲汉学研究基本上是非常朴实的。他们的目的是想了解中国。开始之时这些汉学家多做翻译的工作，就是把中国的各种经典翻译成英文或其他的文字，作为主要的学术成绩，进一步再做文献解题等。所以欧洲的汉学研究不太花哨，多半不讲理论，而讲究踏踏实实地研究文献，对文本进行精确的翻译与深入的探讨。这个研究取向和美国汉学传统不太一样。美国学界讲究科际整合、谈理论，强调怎么样把理论运用到历史研究，同时历史研究也努力要和理论对话（参见本书中几篇英文书的书评）。美国的史学研究求新求变，而且江山代有才人出，一个理论过后又换一个新的理论，让大家有一点应接不暇。我在斯坦福大学读书时我的老师主要是墨子刻、范力沛（Lyman P. Van Slyke）、康无为（Harold Kahn, 1930—2018）等先生，大约有两个传承，一个是哈佛大学的费正清（J. K. Fairbank）的弟子，一个是加州大学的李文孙（Joseph Levenson, 1920—1969，或译作列文森）的学生。这两者刚好是东西两岸的学术传承。东岸的学术重镇是哈佛大学，中国近代史方面主要是费正清的弟子，墨先生与康先生都是出自哈佛；范先生则是柏克莱毕业（1964）。费正清在1960年代起在哈佛大学培养出来了一整代美国的中国通。他有雄才大略，对于美国的中国研究有一种全盘性的规划，我们可以说整个美国的学术版图几乎都被他控制住了，台湾学界也受他影响（参见张朋园的《郭廷以、费正清、韦慕庭：台湾与美国学术交流个案初探》，台北："中研院"近代史研究所，1997）。在西岸的加州大学柏克莱分校，另一位中国研究的奇才则是费正清的学生李文孙，他被誉为"莫扎特式的史学家"，很可惜英年早逝。中外学界对他毁誉不一，西方学者较欣赏他，而中国学者则批评他文献解读的能力，萧公权说他诠释的梁启超有时会"捕风捉影"，不尽可信。后来在柏克莱教书的学者是李文孙的学生魏斐德（Frederic Evans Wakeman, Jr., 1937—2006），成绩斐然，史景迁（Jonathan Spence）说他是"近三十年最好的中国史家"，魏斐德的学生叶文心目前在柏克莱教中国近代史。简单地说，费正清开创了美国的中国近代史研究。

费正清的弟子与再传弟子基本上是美国目前中国研究学界的核心人物。我在1990年到美国之后，开始透过英文著作学习中国历史。这是一个很大的挑战。我想大家用中文读中国历史比较习以为常，但是用英文读中国历史则是一个非常特殊的经验。我在求学时不断遇到有人问我："为什么你作为一个中国人，要到英国或美国去读中国历史？这不是很可笑吗？"后来我慢慢感觉到洋人有他们治学的长处。这个长处跟欧美整体的文化实力和文化霸权是结合在一起的。西方整个近代学术的形成不过两三百年的历史，汉学是其中的一环，而且是比较薄弱的一环。欧美学者是在做全世界的学问，中东、南美、印度研究都做，此外还有日本研究、韩国研究等。我在斯坦福大学时读得比较多的是东亚研究。这是一个非常复杂的史学传统（我的日本史老师包括Jeffery Mass, James Ketelaar, Peter Duus，还有亚语系的William A. Lyell、Peter J. Ivanhoe分别教我中国文学与哲学）。这些学者都有非常好的训练。他们都曾在中国大陆、中国台湾、日本学习过，都有非常深厚的语言功底。所以他们都能够读中、日文书。当然，刚开始那一代还只读不说，后来的一代学者则说、读、听、写都没有问题。也就是说近年来，美国的汉学传统有长足的进步。我自己也是深浸于这个传统。我到斯坦福大学之后就从本科的课程开始学习，和本科生一起考试，一直读到研究生的讨论课，一个层次一个层次地读，然后考学位资格考试、写博士论文，2008年我出版了由博士论文改写的英文书。这是一整套的培育体制。

美国的汉学界的确给我相当多的启示，我觉得他们有几个长处。第一，他们对学科本身有很强的反省能力。特别对于研究典范，基本上是不断地深挖、不断地反省。我想可能很多人看过黄宗智的《中国研究的规范认识危机》（香港：牛津大学出版社，1994）和柯文（Paul Cohen）的《在中国发现历史——中国中心观在美国的兴起》（北京：社会科学文献出版社，2017）等书，可以看到他们在一个时代就有一个时代的研究典范。从早期费正清的"冲击—反应"说，到"现代化理论"，再到"中国中心论"。每一个时代都有不同的研究中国的典范，而这个典范过一阵子就又会受到批判与反省。每一次批判与反省都是一个提升的过程。这种自我批判与反省的能力让我印象非常深刻。本书中有关典范转移的几篇文章与此一思路有关。

第二，美国的学术根基很深厚，治中国史的学者多有很强的其他学科的背景。例如在哈佛大学，费正清会告诉你，如要读中国历史，除了要通中文，还要读社会科学的著作。例如要读马克斯·韦伯（Max Weber）、帕森斯（Talcott Parsons）、马克思（Karl Marx）等，也要从西方近代哲学变迁开始读起。也就是说，这些社会科学、哲学、文学以及语言学理论对美国研究中国的学者来说是非常重要的学术资源。因为他们感觉到，他们的中文不如中国人那么好（很多汉学家可能不承认），怎么样在中文不如中国学者的情况之下，做出一个别有新意的成果？他们有些人就开始采用各种各样的理论来治中国史。他们没有办法像中国人这样阅读大量的史料。怎么样解决这个问题？采用新的问题意识，例如韦伯与马克思的理论就对美国的中国研究产生很重要的影响。这样一来依靠少数关键性的数据就可以大做文章。这是他们的一个长处。

这个长处也跟他们深厚的学术传承有关。我到美国之后，感到非常惊异之处就是美国学界中"学术社群"十分重要。我觉得在中国台湾或大陆学术社群的发展都还不很成熟。学术社群就是由学者组成的民间社会。美国最重要的学报，不是官方机构编的机关报，而是各种各样的学会所发行的刊物。例如明史研究学会、清史研究学会、近代中国研究学会、20世纪中国研究学会等，最大的当然是亚洲研究学会。这些学会是从会员身上汇集到一笔钱，然后开始办刊物，稿件由学者彼此互相审查。民间刊物的作用非常重要，如果现在我们想要深入了解美国学界，那就得看这些专业性的刊物。这些刊物的一个很重要的作用是用三分之一的篇幅发表专业性的研究成果；另外几乎三分之二的部分则发表书评。书评有两类：一类是"单篇书评"（book review），单篇的书评不长，最多一页到两页，清楚地介绍书中的论点，并做评论。第二类较长，称为"书评论文"（review article），中文也有这样的写法，主要是综合评论几本书，或者说针对一个特定主题，对整个研究领域加以回顾与展望（本书中有关经世文编、领导阶层、考证学之渊源等文即属此类）。这是美国学术界的一个基本评估机制，就是由学者参与的互相评估。通过这个相互批评的机制，建立起一个学术的体系，从而让他们的学术工作能更上一层楼。

第三，美国的学者基本上像柯文所说的，是"外在的观察者"，跟我们的"内部观察者"不一样（参阅本书对柯文有关义和团一书的讨论）。二者有很大的区别。对美国人来说，为什么要了解中国？当然有一个重要目的是希望为美国的外交政策提供一个历史、文化的背景认识，也能以一个适当的表述提供给美国舆论界、一般人民来了解中国。他们对于我们最关心的"中国往何处去"并不特别重视。对他们来说，这样的问题并不重要，因为不同的人会有不同的看法，而不易达成共识。他们的研究主要在于描写与分析的层面，而尽量不做应然的判断（当然很难完全避免应然的立场）。这一个特色，跟中国学界对中国历史的研究就有很大的不同。中国学者用中文写的作品，无论分析还是评估，往往都跟对未来的建议交织在一起。我们对历史的回顾，背后每每藏有经世的意图，最后是希望能够指点江山，能对现实与未来有所影响。这是中文学界对于中国历史研究的一个很大特色。这种特色不一定是一个缺点，但最极端发展有可能成为所谓的"影射史学"。在这方面，我觉得美国学者比我们容易避免这样的问题，因为他们不在局中，反倒能多方观照，而且能够比较置身事外地来看待其中的问题。这些特点都很值得我们参考、学习。

从1990年代初期，我也开始接触到大陆的近代史学界。第一次参加的学术研讨会是1993年11月23—27日在广东新会与南海召开的"戊戌后康有为、梁启超与维新派"国际学术研讨会。在那次会议上，我受到一个很强烈的文化冲击。那是我第一次去大陆开会，也是第一次跟大陆的学者有学术上的交流与交往。我发现国内学界跟我所想象的很不相同。那时我就问道，这边学者写文章为什么不先做学术史的回顾？在台湾地区以及欧美学界博、硕士学生训练的第一步就是做文献的回顾。90年代时，中国学者的著作却不很注意这样的学术规范。我百思不得其解，后来我略微了解到，其实这是因为当时信息不发达所致。大家看不到国内外的很多研究。同时，学界也不强调"站在巨人肩上"的重要性。最近已经改变了很多，学术史回顾的规范性要求已明确被提了出来。现在大陆的一流学术刊物如《历史研究》就非常重视这一点，这是很有意义的发展。我也感觉到，大陆学界挣脱了诸多束缚之后，整个学术的进展非常可喜，跟国外与港台地区等学者对话的机会也增加很多。本书中许多评论与反省的文章是在这样的脉络之下所撰写的。

两岸中国近代史学界无疑地均追求客观的历史研究，然而因主观立场之差别而双方仍有歧异。近年来两岸共识增加了许多，不再是黑白对立而没有交集。我认为两岸的研究可以产生互补的效果。以抗日战争与国共内战的研究来说，台湾学者多能呈现国民党的长处、成就；大陆学者则易于看到国民党缺点与限制。双方同意以史料为基础从事解释，而非以既定立场来讨论问题。台湾学者也希望能从历史问题的和解走向现实的和解，而共同思索两岸的未来。

为达成此一目标，最近海峡两岸有不少的共同研究计划，在这方面一个比较成功的例子是由王建朗教授与我所编的《两岸新编中国近代史》一套书（2017）。此套书是两岸近代史学界第一次合作撰写的中国近代史（1840—1949）。本书由北京的中国社会科学院近代史研究所与台北的"中研院"近代史研究所合作规划，并邀约大陆、香港、台湾学者撰稿，历经五年多的时间完成。全书分为晚清篇与民国篇，每一篇又有上卷与下卷（共四册），分章探讨清末民国时期最为关键的一些历史课题。全书共57章，其中大陆学者撰写34章、香港学者撰写2章、台湾学者21章，为中文学界在中国近代史领域之内多年研究成果的系统展现。内容上本书以时间和事件为经，政治、社会、经济等面向为纬，从鸦片战争开始，描述了洋务与变法运动、立宪运动、清朝的覆灭、民国的肇建，乃至其后内忧外患之纷扰、国际关系之演变、内政外交之调适、国民党内部的派系纷争、国共两党之发展，下至20世纪中叶而止。大致上包括了晚清史与1949年之前的民国史，也同时讨论了清季与日本殖民统治时期至光复初期的台湾史。读者阅读此书，可以最有效地掌握学界最新的关于中国近代变迁的重要观点。

另一方面，两岸学者在共同编写此书的过程之中发现双方仍有不少的分歧。在这种情况下，海峡两岸的交流与互补具有重要的意义。当然，海峡两岸的政治情况还存在很强的张力。在此过程中双方不免会有竞争，但可以加强两岸的文化交流，透过海峡两岸的互访、透过双方阅读彼此的作品来达成此一目标。这一本论文集即着眼于此，笔者衷心地希望这些介绍与检讨研究典范、中外史著的文章能增加读者对海内外中国近代史学界的认识，而共同创造更为光明的远景。

黄克武写于日本京都
2020年2月7日

目 录

典范转移

"现代"观念之源起与历史研究的本土反思 …………… 003
    前　言 ………………………………………………… 003
    近代中国"现代"概念之起源 ………………………… 005
    现代化研究范式的建立 ……………………………… 012
    多元现代性的反思 …………………………………… 019
    结　语 ………………………………………………… 025

从"文明"论述到"文化"论述：清末民初中国思想界的
一个重要转折 …………………………………………… 027
    前　言 ………………………………………………… 027
    "文明"与"文明史" ………………………………… 031
    "文化"与"文化史" ………………………………… 036

文明、文化与科玄论战 …………………………………… 044
　　结　论 …………………………………………………… 047

翻译、启蒙与中国现代性 ………………………………… 049
　　前　言 …………………………………………………… 049
　　翻译研究的两种取径 …………………………………… 051
　　广告与翻译 ……………………………………………… 053
　　翻译与启蒙：鲁迅 ……………………………………… 059
　　翻译与启蒙：梁启超 …………………………………… 061
　　翻译与启蒙：严复与新观念、新语汇的译介 ………… 063
　　结　语 …………………………………………………… 068

从"士大夫""士绅"到"地方精英"：二十世纪西方汉学界对清末民初中国社会领导阶层之研究 ………… 070
　　前　言 …………………………………………………… 070
　　"东方专制论"下的国家代理人 ……………………… 073
　　艾伯华与士绅社会理论的建立 ………………………… 075
　　对于明清士绅角色的辩论 ……………………………… 076
　　施坚雅的理论架构与区域研究的兴起 ………………… 078
　　"孔飞力学派"与地方精英典范的形成 ……………… 079
　　Esherick、Rankin与地方精英典范的建立 …………… 082

世俗化理论是否适用于近代中国？ ……………………… 085
　　前　言 …………………………………………………… 086
　　何谓世俗化？ …………………………………………… 088

世俗化概念是否适用于近代中国? ………………………… 094
　　结　语 …………………………………………………… 104

建立史学典范的一个努力：论余英时《史学评论》
"代发刊辞" ………………………………………………… 106

晚清史的反省

经世文编与中国近代经世思想研究 ………………………… 125
　　前　言 …………………………………………………… 125
　　"经世文编"简介 ………………………………………… 127
　　"经世文编"思想内涵之分析 …………………………… 135
　　研究方法的反省 ………………………………………… 142
　　研究展望 ………………………………………………… 145

清代考证学的渊源——民初以来研究成果之评介 ………… 147

评介倪德卫《章学诚的生平与思想（1738—1801）》 ……… 169

评柯文著《历史中的三个基调：作为事件、经验
与神话的义和团》 …………………………………………… 182
　　前言：著述背景 ………………………………………… 182
　　理论架构 ………………………………………………… 188
　　实例展演 ………………………………………………… 193

反省与评估 ································· 198

文格德与西方眼中的中国形象：论《一个骑士在中国》········ 206

评潘英著《革命与立宪》 ···························· 214

民国史之检讨

从晚清看辛亥革命 ································· 223
　　序　言 ································· 224
　　思想动员：辛亥革命的思想根源 ··············· 225
　　革命党与立宪派共造共和大业 ················· 232
　　辛亥革命的意义：代结论 ····················· 237

评刘禾著《跨越语际的实践：1900至1937年间
中国的文学、民族国家文化与被翻译的现代性》·········· 238

胡适档案与胡适研究 ······························· 251
　　前　言 ································· 251
　　胡适纪念馆藏档案简介 ······················· 256
　　穿透迷雾：如何利用胡适档案从事胡适研究 ······ 264
　　以胡适档案解决问题的一个案例：陈之迈致胡适函 ···· 271
　　结　论 ································· 277

记忆、认同与口述历史 ·············· 279
  前言:众声喧哗的历史场景 ·············· 279
  口述历史所面临的困难 ················ 281
  口述访问工作的社会面向 ··············· 283
  集体记忆理论对口述工作之启示 ············ 284
  历史记忆与现实利益之干扰 ·············· 286
  口述记录之挑战:从语言到文字 ············ 287
  结 语 ······················ 290

典范转移

"现代"观念之源起与历史研究的本土反思[1]

前　言

在汉语语汇中泛指当今之世的"现代"一语源于1880年代末期日人所创造的汉字语词"现代"（gendai），该词为英文"modern"一词之翻译，[2]而在1900年代初期此一词汇进入中文世界，1920年代之后开始为人们所普遍运用。[3]此一观念的产生与流衍，曾

---

[1] 本文原刊于《当代》，期223（台北，2006），页76—95。又以《台湾近年来中国近代史研究的典范变迁》，刊于《史学月刊》，2006年期5，页10—17。

[2] "现代"一词在日语里的意思就是当代，此词出现在明治时代。如三宅雄二郎：《日本人》，东京：政教社，明治24年（1891）里的"日本人の任務二"一节（页43—62）里有"敢て問ふ我が日本現代の勢力たる""洵に現代の一大現象"之例。

[3] 《清议报》里最早在1900年左右出现"现代"一词汇。见《时论译录：论日本今日之地位》中，称"俄国现代之形势"，《清议报》，期44［光绪二十六年（1900）四月十一日］，页3上。此例乃直接译自日文刊物《东邦协会报》。在中文字典中1918年赫美玲所编辑的英华辞典《官话》才首次出现"现代"一词，在modern一词下所列的译词有：新式的、现

造成近代中国历史意识的重大转变，并带动历史研究的新动向。"现代"一词汇出现之后，在汉语语汇中又连带产生了"现代化"（modernization）与"现代性"（modernity）两词（亦作"近代化"与"近代性"）。其中的"化"与"性"，则和中文中所有以"化"与"性"为语尾的词汇一样，也是从日文中引进。[①]前者意指一个变化的过程，后者则指某件东西的本质、特色、特性。[②]这样一来，现代性一语或普遍地指生存于现代情境之中的特质，或特定地指"近代西方文明的特性"。[③]现代化则是指朝向此一特质的变化过程。

现代性或现代化等概念之内涵非常复杂，也有不同解释的方式，其关键在于对"现代"特质之认定或"现代社会"风貌之想象。例如，我们可以说个人的现代性（如强调个人的理性与主体自觉）或组织的现代性（如理性的、有效的组织方式）；可以分不同的阶级来讨论，如资产阶级的现代性、无产阶级的现代性；也可

时的、现今的、当今的，而在modernism之下则为"现代主义"。见Karl Ernst Georg Hemeling ed., *English-Chinese Dictionary of the Standard Chinese Spoken Language and Handbook for Translators, including Scientific, Technical, Modern, and Documentary Terms*, Shanghai: Statistical Department of the Inspectorate General of Customs, 1916, p. 886. 至1921年以后《申报》之上才较普遍地可以看到此一词汇，《申报》上首度在标题中出现"现代"一词者为：枫云：《英国现代侦探小说家柯南道尔的近著》，《申报》，1921年4月10日，第14版。

① 日语中的"近代化""现代化"等词大约出现在大正时代。如"駱駝は元來僕の好きな動物で、司馬江漢等も此の動物の渡來を取扱つて居るが、もっと現代化して見たかったのです。大體の形は發掘の土偶等にもより、裝飾的にしたものを更に寫實"，见横山大观：《美術院日本畫作家の感想》，《太陽》，23：12（1917），页175。"现代性"一词则要到1930年代，如"アメリカ文學に於ける現代性"，高垣松雄：《現代アメリカ文学》，东京：健文社，昭和十年（1935），页1。

② Lydia H. Liu, *Translingual Practice: Literature, National Culture, and Translated Modernity——China, 1900—1937*, Stanford: Stanford University Press, 1995, pp. 348—349.

③ 黄瑞祺：《现代与后现代》，台北：巨流出版社，2000，页17。

以分阶段来谈，如Ulrich Beck有First Modernity（第一现代性）、Second Modernity（第二现代性）。[①]在中国近代史的脉络中有很多学者则谈到翻译的现代性、被压抑的现代性或殖民主义的现代性等。本文不拟讨论现代、现代性或现代化等概念所涉及的理论问题，仅尝试将"现代"一概念历史化，从中国近代历史、历史意识与台湾史学研究的脉络，来讨论"现代""现代化"与"现代性"等概念的出现、变迁，及其在中国近代史研究中所造成的影响。全文除了前言之外，分为四个部分：一、近代中国"现代"概念之起源；二、现代化研究范式的建立；三、多元现代性的反思；最后则是结语。

近代中国"现代"概念之起源

在中国传统语汇中存有源于佛教经典的"现在"，却没有"现代"。[②]在中文中"现代"一词最早出现的时间，是在20世纪初期（如前所述1900年《清议报》之文章自日文引进此词），当时除

[①] Beck的讨论涉及历史记忆与现代性之关联，他认为第一现代性是英雄的、主动者的论述，同时在加害者与被害者之间充满误解与相互的不满；而第二现代性则是基于双方相互认可他者（the Other）历史之间的妥协。Ulrich Beck, "The Cosmopolitan Perspective: The Sociology of the Second Age of Modernity," *British Journal of Sociology*, 51：1（2000）, pp. 79—105.

[②] 安惠：《阿毗达磨俱舍论实义疏卷第三》，"于此经中，无常已灭名过去，若未已生名未来，已生未谢名现在。""已生未谢现在者，已生之言，别于未来；未谢之言，别于过去。未来之法，虽名未谢，然是未生；过去之法，虽云已生，然是已灭。所以为简去、来二世，定取现在。"CBETA电子佛典集成http://tripitaka.cbeta.org/W01n0007_003，读取时间：2020年2月8日。

了"现代"一词之外,人们还使用好几个类似词汇,来翻译英文的modern,如"摩登""时髦""近世""近代"等,至1930年代以后,"现代"一语才变得比较普遍。在1902年梁启超(1873—1929)的《新民说》中有一个运用此一词汇的例子,他说:"凡此皆现代各国之主动力也,而一皆自条顿人发之成之。是条顿人不啻全世界动力之主人翁也。"①在梁任公其他的作品之中,"现代"一词出现得也不多,在1904年的《余之死生观》中有:"美国博士占士李者现代著名之哲学家也。"②这两个例子中的"现代"都指"目前这个时代"。相对来说,任公文字之中使用"近世"一词的例子要多得多。③在20世纪初期,梁任公是一个引领风骚的人物,许多新名词、新观念都是由他透过研读、吸收明治日本的著作而引介到中国。在梁任公著作之中"现代"一词之罕见,可以反映20世纪初年此一词汇尚不普遍,或者说modern和"现代"之间比较稳定的语词对应关系,还没有建立起来。

当时与modern相关的字眼还有"摩登""时髦""近世""近代"等,这些词汇有时各有独特的用法,有时则可相互替代。"摩登""时髦"和流行风尚有关,④"近世""近代""现代"则较

---

① 梁启超:《新民说》,台北:台湾中华书局,1978,页8。占士李是James Wideman Lee(1849—1919)。
② 梁启超:《饮冰室文集》,台北:台湾中华书局,1978,17:5。
③ 《新民说》中"近世"有9个例子。
④ "摩登"是一个高度商品化的文化建构,有关此一词汇在中文方面的讨论请参见李欧梵的研究,他说"英文modern(法文moderne)是在上海有了它的第一个译音……中文'摩登'在日常会话中有'新奇和时髦'义"。《李欧梵自选集》,上海:上海教育出版社,2002,页193。此一观念在日本的情况,尤其是与现代女性之关联,见Miriam Silverberg, "The Modern Girl as Militant", in Gail Lee Bernstein, ed., *Recreating Japanese Women, 1600—1945*, Berkeley: University of California Press, 1991, pp. 239—266。

常应用在讨论历史课题之上。上述这些词汇的出现涉及近代中国两种思想观念上的变化。一是受到进化论影响，出现线性的、进步的时间意识与历史意识，"现代"意指此一发展的最新阶段；一是对于西方近代文明（尤其是近代国家）之特质的掌握，在此意义之下"现代"与"传统"，或者说西方的"现代"与西方的"中古"和中国的"传统"是相对的。①在中文之中，"传"与"统"两字连用在古代中国文献中是指血统、皇位的传承，②到20世纪初期受到日语汉字的影响，才产生了与英文"tradition"一词对等的含义，泛指现代之前的状况，并认为社会转型即是一个社会由"传统"过渡到"现代"。换言之，"传统"也是20世纪初年之后才有的词汇。1920年代五四运动之后，"传统"一词在报刊上才变得较为普遍（接着又有"反传统"的出现）。③以上两种有关现代的观念相互纠结，我们只能说它们着重不同的面向，前者（受进化论影响之时间观）偏向时间或阶段的描述，后者则是揭示（在西方已经出现，而在中国尚未完成的）社会与政治理想，然两者实难以截然划分。

这两种意义上的"现代"在近代中国的出现，都可以在梁任公

---

① 1916年赫美玲的《官话》之中tradition的翻译有以下六种：遗传、流传、世传、传承、祖传、传授，而并无"传统"。见该书页1520。以近代妇女期刊来说，至1929年才有一篇以"传统"为名的文章：派乐武原著，王学浩译：《传统思想（独幕剧）》，《女青年月刊》，第8卷第4期（上海，1929年4月），页35—46。
② 如［南朝·梁］沈约的《立太子恩诏》："王公卿士，咸以为树元立嫡，有邦所先，守器传统，于斯为重。"收入陈梦雷编著，蒋廷锡校订：《钦定古今图书集成》，台北：故宫博物院典藏铜字活版本，雍正四年（1726），明伦汇编/宫闱典/第71卷，东宫部，艺文一，页15。
③ 有关传统、近代、现代三词汇在中日两国的历史，参见沈国威：《近代关键词考源：传统、近代、现代》，《东亚观念史集刊》，第4期（台北，2013），页417—437。作者指出："传统""近代"是中国的古典词，但在20世纪初的日本词义发生变化；而"现代"则是日本新创制的词语。

的著作中找到端倪。有关进化论在中国的影响,以及严复、梁启超居中所扮演的角色,已有不少的研究,在此不必赘论。[1]在进化论的影响之下,中国思想界突破以往流行的一些历史观念,如循环论(如五行终始说)、退化观(如三代史观),再融入中国传统中阶段演进论(如公羊三世论),开始出现一种新的历史观,认为历史是一个线性发展、逐渐进步的过程。例如,当时有不少知识分子把历史视为一个"潮流",而认为只要跟着这一个潮流前进,就会达到最终的目的。这样的想法使中国知识分子重新反省中国历史。梁启超在《中国史叙论》(1901)中,跟随着西方历史书写方式,将中国史区分为"上世史,中世史,近世史",此处之"近世"即是modern,亦即后来所通称的"现代"。任公有关中国近世史的叙述如下:

> 近世史,自乾隆末年以至于今日,是为世界之中国,即中国民族合同全亚洲民族,与西人交涉竞争之时代也。又君主专制渐就湮灭,而数千年未经发达之国民立宪政体,将嬗代兴起之时代也。此时代今初萌芽,虽阅时甚短,而其内外之变动,实皆为二千年所未有。[2]

在上文中,任公认为中国的"近世"指的是一个新的历史处

---

[1] 较重要的是:James Reeve Pusey, *China and Charles Darwin*, Cambridge, Mass: Council on East Asian Studies, Harvard University, 1983. James Reeve Pusey, *Lu Xun and Evolution*, Albany: State University of New York Press, 1998. 张朋园:《社会达尔文主义与现代化:严复、梁启超的进化观》,《知识分子与近代中国的现代化》,南昌:百花洲文艺出版社,2002,页85—122。王中江:《进化主义在中国的兴起:一个新的全能式世界观》,北京:中国人民大学出版社,2010。

[2] 梁启超:《饮冰室文集》,6:12。

境。此一处境源于中国与西方世界的接触,而导致政治形态的变化,亦即从君主专制逐步地转向"国民立宪政体"。

上述以政体转变作为"近世"之重要特征的想法,在1901年前后梁任公的著作中反复出现。在《清议报》上的《国家思想变迁异同论》一文是一个很好的例子。梁任公所写的这一篇文章深受德国学者伯伦知理(Johann Caspar Bluntschli,1808—1881)国家学说的影响,将人类历史从中世到近世的变迁扣紧在国家思想的变化之上。换言之,他认为在出现了现代国家(任公称为"完全国家")与国家思想之后,人类历史才"翻开"新的一页,从中古迈向近世。梁任公区别三种不同的国家思想。一是欧洲旧思想,以"神"为国家之主体;一是中国旧思想,以"君主"为国家之主体;一是欧洲新思想,以"人民"为国家之主体。这样一来,欧洲新思想、新国家观念的出现是进入"近世"的关键。任公又说,此种思想的产生,根据"天演日进之公理",是一个逐渐发展的过程,"或自外界刺激之,或自内界启牖之"。此一历史演进的方向,一方面是一个"不得不然"的趋势,另一方面也需要人们的努力,"讲求发明而提倡之"。①这样的想法和严复在《天演论》的译注中尝试结合斯宾塞(Herbert Spencer,1820—1903)与赫胥黎(Thomas H. Huxley,1825—1895)的观念很类似,严复一方面看到"任天为治"之不可抗拒,另一方面又"于自强保种之事,反复三致意",认识到"天行者,以物竞为功,而人治则以使物不竞为的"。②

---

① 梁启超:《饮冰室文集》,6:12—13。
② 严复译:《天演论》,台北:台湾商务印书馆,1987,《自序》,页3;《导言六》,页16。黄克武:《何谓天演?严复"天演之学"的内涵与意义》,《"中研院"近代史研究所集刊》,期85(台北,2014),页129—187。

这一种新的历史意识成为梁任公作品（尤其是《新民说》）之中的核心概念，并在近代中国产生重大的影响。伴随着此一观念的传播，出现了一种对中西文明之优劣的评估，认为西方历史发展是"正常的"，中国历史演变却是"病态的"，因此中国问题的解决，需要以西方的新的现代文明彻底改造中国的旧传统。[①]这样一来，现代与传统为二元对立，五四以来中国知识分子无不致力于以西方民主、科学为核心的现代文明来改造中国的旧传统而再造一个新文明。

　　以上的思想观念不但透过知识分子的论述而流传，同时也影响到国家的教育体制。其中"中国近世史""中国近代史""中国现代史"等课程大约在20世纪初期，逐渐成形，成为学校之中必须要教授的一门学科。在晚清与民初，学人对于近代、近世之界定仍存着不同的视角，然大约在1920年代开始，随着罗家伦（1897—1969）、蒋廷黻（1895—1965），以及后来的郭廷以（1904—1975）等人在大学讲授中国近代史课程，中国近代史作为一个学术、教育领域的专门学科，获得了突破性的发展，以西力冲击与鸦片战争作为论述主轴的教学科目，取得了优势的地位。换言之，鸦片战争成为中国历史的转折点，中国近代史的教学即以此一战争为核心，着重于铺陈在此之前中国社会内部的情况，以及在此之后因不克求变，而惨遭外侮威逼的窘境。简单地说，中国近代史成为一

---

① 见拙作《一个被放弃的选择：梁启超调适思想之研究》，台北："中研院"近代史研究所，1994，页121—122。民初五四运动的支持者如胡适、陈独秀与鲁迅均秉持此一观点。这一看法也与西方学者如韦伯的看法相呼应。

部"国耻史""国难史"。①

在20世纪前半期的中国,"近代""近世"的观念随着历史课程,成为一个非常普遍的观念,这时其所指涉者乃中西接触所导致的一个充满灾难的历史处境。但这一课程不但要求学生认识国耻与国难,也尝试追究造成此一情境的原因。其中一个最具说服力的说法是1930年代"近代化论述"的出现。根据这个理论,鸦片战争代表了近代的西方文化战胜了中古的东方世界。因此近百年来中国人所面对的根本问题即是"近代化"的问题。从1938年蒋廷黻所撰写的《中国近代史大纲》到1995年茅海建的《天朝的崩溃》、②1997年谢晋所导演的《鸦片战争》都表达出类似的诠释架构。在蒋廷黻的观念中"近代化"环绕着科学、机械与民族主义三者,他说:

> 近百年来的中华民族根本只有一个问题,那就是:中国人能近代化吗?能赶上西洋人吗?能利用科学和机械吗?能废除我们的家族和家乡观念而组织一个近代的民族国家吗?能的话,我们民族的前途是光明的;不能的话,我们这个民族是没有前途的。因为在全世界上,一切的国家能接受近代文化者必致富强,不能者必遭惨败,毫无例外。并且接受得愈早愈速就愈好。③

---

① 刘龙心:《中国近代史——一门次学科领域的兴起》,"郭廷以与中国近代史研究学术研讨会"论文,2004年1月11日—12日。张海鹏曾搜集了20世纪上半叶所编纂的中国近代史之书目,该书目有79种,最早的一本是1910年由北京汉英图书馆出版,陈光宪编著的《中国近世史》,张海鹏:《20世纪上半叶中国近代史书的编纂》,"中研院"近代史研究所学术研讨会论文,2005年11月16日。
② 茅海建说"鸦片战争给中国提出的使命是近代化,偏离这一轨道就不可能真正的'制夷'",茅海建:《天朝的崩溃》,北京:三联书店,1995,页578。
③ 蒋廷黻:《中国近代史大纲》,台北:启明书局,1959,页2。

郭廷以继承了上述蒋廷黻"近代化"的解释模式，他所撰写的《中国近代化的延误》（1950）、《从中外接触上论中国近代化问题》（1967）等文，即企图从历史演变中解释近代中国"何以落后""何以过去数千年均能适应，而近百年不能"，这一个问题也成为他所开创的"中研院"近代史研究所研究同人所关怀的核心课题（该所创于1955年），并影响到1970年代之后台湾历史研究的方向。①

现代化研究范式的建立

在20世纪中文的语境中，上述对"近代""近代化"的理解有持续性的影响力，其中最重要的一个观点是从1930年代开始，至1960年代以后盛行的"现代化理论"（亦即上述"近代化理论"）。②"近代"与"现代"两词汇本来都是翻译自西文的modern，有时两者意义相通，同样地，modernization也可以翻译为"近代化"或"现代化"，但后来就历史阶段来说两者又做区划，在欧洲史上多以第一次世界大战的结束（1918年）区隔近代与现代，而亚洲史则多以第二次世界大战结束（1945年）区隔近

---

① 郭廷以：《近代中国的变局》，台北：联经出版公司，1987；王尔敏：《郭廷以之史学》，《国史研究通讯》，期1（台北，2011），页127—145。
② 有关1930年代开始"现代化"在中文世界的使用状况，可参阅潘光哲：《想象"现代化"：一九三〇年代中国思想界的一个解剖》，《新史学》，卷16期1（台北，2005），页85—124。

代与现代。

　　大致上从1960年代到1980年代末期，甚至1990年代初期，台湾史学界即笼罩在"现代化"的研究范式之下。此一范式一方面和上述梁启超到郭廷以的思想变化与"近代化论述"的出现有关系，另一方面也受到西方启蒙运动的理念与社会科学理论的影响。18世纪欧洲的启蒙思想即将人类历史视为一个从野蛮到文明的过程。从19世纪开始，像黑格尔、马克思或斯宾塞等思想家，强调历史发展的规律性，并认为有越来越理性化的趋向。韦伯虽不强调历史的规律性而重视偶然性，但他也认为近代西方文明中"解除魔咒""工具理性"的发展，是一条重要的轴线。20世纪之时，中国很多的思想家仍强调历史的规律性，而欧美20世纪的一些学者如哈耶克（F. A. Hayek，1899—1992）也有类似的看法。无论对历史规律性或理性、客观性的重视，均倾向于对文化发展采取普遍主义的观点。这种看法也可以称之为"合流理论"（convergence theory）。现代化理论即奠基于文化合流的观念之上。

　　有趣的是，合流的看法与中国固有的"大同"的理想有类似之处。美国社会科学界也有他们的"大同"思想。按照社会学家阿力克斯·英克尔斯（Alex lnkeles，1920—　）的看法，全人类将来很有可能会创造出一种融合各种文化而形成的共同的价值系统。合流的动力是什么？阿力克斯·英克尔斯的看法是从心理学和社会科学很丰富的研究成果而来，他的结论与马克思主义几无二致，亦即是强调无论文化如何不同，几乎所有人类的心理都有一些共同的需要与能力。这些共有的特点多半环绕着物质生活。例如几乎每一个人都热爱健康、财富，并要避免身心痛苦，而且人们有工具理性，能发明或接受改善物质生活的方法。对很多人来说，现代化主要就是物质生活的改善,所以现代化在某一程度上已经变成世界的潮流,此一说法与马克思主义和英国的功利学派的观点也很类似。按照此一观点,当代世界合流的趋向环绕着现代化,而现代化的核心是经济发展与关于生产、交通、商务和信息等方面新的科技,以及所有这些现象结合的结果,亦即是国民平均所得的提高。

这些现象也包括社会组织方面的特点。有效的经济发展,不但需要社会的专门化和区别化,也需要个人自由,此即哈耶克所强调的理论。所以自由的价值,不但在理想与道德方面,也在经济效益与工具理性方面,用香港的一位经济学者胡国亨的说法,经济效益所需要的自由是一种"外在化"的自由,和精神方面的"内在化"自由有所不同。个人的外在的自由即是墨子刻（Thomas A. Metzger）所谓的"三个市场":经济市场——由个人决定要买或卖什么东西;思想、知识、信息流通的市场——由个人决定要研究什么想法或肯定什么观念;政治市场——由个人决定要支持哪一个政治主张或政党。虽然政治市场不一定会发展为完善的民主,经济与行政的效率还是需要某种程度在个体与群体之间的比赛与制衡。

除了上述环绕着工具理性、经济发展与社会组织的合流趋向以外,现代化也包括价值取向方面的合流,尤其是重视理性、个人尊严、自律、成就感、合作精神,以及强调学校教育与教育内容的科学化等。这方面的发展与流行文化、传播媒体的全球化有密切的关系。美国娱乐产业,如好莱坞（Hollywood）的电影即有世界性的影响,包括让其他地区的人们欣羡美国式的生活。在东亚,日本与韩国的影视节目（如韩片《大长今》、日片《小叮当》）、偶像明星,以及相关的产业,在许多国家造成轰动,也创造了巨额的财富。这涉及阿力克斯·英克尔斯所研究的一个特别重要的趋向，亦即是现代社会不但越来越类似，而且越来越相互影响而纠缠不清（interconnected）。在此我们可以特别注意到各国人士在国外地区的散布（diaspora）、英文在国际活动中的盛行以及互联网的发展。[①]

在上述历史脉络之下，美国的学术界于1960年代开始，提出现代化理论，一直到今天还有一些人支持此一看法。他们企图解释为何欧美国家结合了国族主义、民主政治与资本主义的发展模式可以成功地现代化，而第三世界又何以失败，及落后国家应该实行何种方法来谋求发展。美国普林斯顿大学俄国史专家C. E. Black教授所著《现代化的动力》（The Dynamics of Modernization, 1966）是此一研究趋向的代表著作，这本书在1972年由郭正昭（时任职于"中研院"近代史研究所）等人翻译成中文，对台湾当时的近代史学界起了相当大的影响。郭正昭在该书的《译者自序》中说到他对"现代性""现代化"两概念的理解：

> 二次世界大战前后，一种崭新的、清晰的、完整而具有涵盖性的概念产生了。"现代性"（Modernity）一词渐被通用，以意指几个在科学、技术、政治、经济、社会各方面进步的国家所具有的共同特征而言，而达成此一进步境界的过程，即是"现代化"（Modernization）。[②]

[①] 墨子刻：《二十一世纪中国的路向——必然的趋向与自由的范围》，《当代》，期119（台北，1997），页108—119；本文亦刊于《科学·经济·社会》，16：4（兰州，1998），页7—13。

[②] 郭正昭：《译者自序》，C. E. Black著：《现代化的动力》，台北：寰宇出版社，1974，页33。

总之，该书将现代化理解为："指一个社会因近代科学知识的爆发和传播而发生的创新过程中的动态形式""人类……比较不发达的国家获得比较发达的国家所共有的特征，这种社会变迁的过程"。

在1960年代、1970年代台湾学者们不但透过翻译引介现代化理论，也分别从史学及社会科学探讨中国现代化问题。这些作品包括殷海光的《中国文化的展望》；金耀基的《从传统到现代》《现代人的梦魇》；李亦园的《人类学与现代社会》，以及他与杨国枢合编的《中国人的性格》；韦政通的《现代化与中国的适应》等书。[1]这些作品共同地强调现代化是中国文化的"唯一出路"。

特别具有代表性的是"中研院"近代史研究所李国祁、张玉法、张朋园等人所领导的"中国现代化的区域研究"，他们继承了郭廷以的史学关怀并结合了美国的现代化理论，开始分省份来探讨中国各个地方如何走向现代化的过程。张朋园曾回顾此一研究计划，他说：

> 1960年代同时盛行着"现代化"（modernization）的思潮。一个国家要现代化，必须有经济成长、社会繁荣、政治民主。这原是用以观察第三世界未能及时发展的三大函数，借用过来观察19、20世纪中国衰弱的究竟，再好不过。1972年我与一群理念相

---

[1] 殷海光：《中国文化的展望》，香港：大通书局，1981；金耀基：《从传统到现代》，台北：台湾商务印书馆，1969；金耀基：《现代人的梦魇》，台北：台湾商务印书馆，1966；李亦园：《人类学与现代社会》，台北：牧童出版社，1975；李亦园、杨国枢编：《中国人的性格》，台北："中研院"民族所，1972；韦政通：《现代化与中国的适应》，台北：牧童出版社，1976。

近的学者承担了"中国现代化的区域研究"计划……我们将全国分为十七个区域。①

他们的架构大致如下：首先认定"现代化就是现代性（modernity）与传统（tradition）的交替过程"，因此第一步探讨何谓传统社会，第二步探讨西力的冲击，接着从社会、经济、文化各个方面探讨现代化的进程，也思索传统跟现代化的关联，例如"儒家思想是否利于发展"，以及各种"难以现代化的原因"。在方法论方面，他们吸收了西方现代化理论，采用一些"指标"作为研究的基准，例如"人民对于新事物与大众传播的接触、居住处所的改变、识字率、城市人口、非农业人口、国民所得"等。②此一研究取向自1980年代以来，仍影响着中国大陆学界有关"现代化"的研究，比较重要的学者是已经过世的北大教授罗荣渠（1927—1996）。近年来张朋园有关现代化的著作在大陆重印，并受到欢迎，可以反映此一议题在大陆史学界仍有其活力。③

现代化计划的参与者所问的问题也可以说是一个韦伯式的问题。当现代化理论盛行之际，中国台湾、大陆先后出现"韦伯热"，并不是一个孤立的现象。韦伯认为传统到现代的变迁是一个理性化的变迁，他在西方历史中特别发现此一理性化的发展，而从这个角度来看中国史，要问：为什么中国没有出现韦伯所看到的理性化过程？例如探讨为什么中国没有资本主义、工业革命？为什么

---

① 张朋园：《中国现代化的区域研究：湖南省，1860—1916》，台北："中研院"近代史研究所，1982，页1、6。
② 黄瑞祺很详细地谈到现代化的各种指标，《现代与后现代》，页22。
③ 张朋园：《湖南现代化的早期进展（1860—1916）》，长沙：岳麓书社，2003。

中国没有产生科学革命？为什么中国官僚制度是一个特殊的形态？官僚制度里君王到底具有"任意的权力"（arbitrary power），还是会受到制度的制衡？在1960年代至1990年代中外的中国近代史研究几乎都笼罩在此类的问题意识之下。

大概到1980年代以后，现代化理论开始受到了一些冲击，到今日有些人认为现代化的研究已经过时了。他们觉得此一理论倾向于将传统、现代作二元对立，而且认为所谓的指标、计量的研究方式，是一个单一线性的、以西方模范为中心的研究视角，更认为这样的视角具有局限性与阶级压迫性，有必要加以反省，此一"现代化理论的批判"有多种来源，但主要受到马克思主义、新左派以及后现代、后殖民等思潮的影响，并使人们对现代性的概念有了新的认识。金耀基对此有简要的说明：

> "现代化理论"在五六十年代盛极一时，七十年代后则开始受到质疑，引致不断争议，最后则减退了它的吸引力。现代化理论之所以由盛而衰，不止由于来自学术上的挑战，也缘于来自现实世界实践的反弹，在现代化如火如荼发展的过程中，发达国家中出现了"去现代化"（de-modernization）现象，发展中国家也出现了"反现代化"（counter-modernization）运动。生态环境的危机，地球意识之兴起，是对浮士德式"敢将日月换新天"的现代化精神所造成"发展悲剧"的反噬。在学术上，现代化理论受到种种挑战，在根本上，现代化理论所采取的自然科学的方法论的实证主义已因科学哲学新观点之出现而动摇，社会科学中"诠释学的转向"（hermeneutic turn）使现代化理论在学理的要求上受到冷落，另一个关键性的挑战则是"现代化理论"背后的

"西方中心观"（或更确切地说"美国中心观"）的偏执，毋庸讳言，现代化理论自觉地与不自觉地拥有一种以西方特定时空中的社会形态（以自由主义的民主原则为主轴的资本主义形态）为最后模型的思维方式，也即是西方的"特殊主义的普世化"（Universalization of particularism）。现代化理论这个"种族文化的中心观"不止使现代化运动在非西方社会引起抗拒与挑战，而且连对"现代性（modernity）"这个概念之正当性与可欲性也产生疑问。[①]

上述的解释可以说明为何现代化的研究范式慢慢退潮，而有新的研究范式的出现。

多元现代性的反思

1980年代之后美国学界不但开始批判西方中心的"现代化理论"，也提出了替代性的多元现代性（multiple modernities）、另类现代性（alternative modernities）等观点。此一发展和左派马克思主义的立场有密切的关系，他们认为现代化理论并不是一个普遍的、放诸四海而皆准的发展理论；而是一个宣扬西方资本主义、资产阶级，以及英美式的自由民主政体的一种理论，甚至和美国帝国主义的文化宣传紧密地结合在一起。雷迅马（Michael E.Latham）

---

① 金耀基：《从"现代化理论"的争议到"现代性"之批判与探索》，《"中研院"周报》，期581（台北，1996）。

的《作为意识形态的现代化：社会科学与美国对第三世界政策》一书中的分析可以配合此一观点。①这本书强调现代化理论和冷战时期美国国家政策和学术界知识分子之间的一种关联性。简单地说，他觉得这些自由主义的知识分子发展了一套自由主义的理论，为发展中与未发展国家设立了一套策略的理念和行动方案，而这些方向其实和冷战时期美国帝国主义的国家发展是结合在一起的。同时，他也指出当时自命为追求知识客观性的美国社会科学家，其实没有意识到他们在某种程度上成为美国国家意识形态的一个追随者、巩固者。

这样的研究取向无疑地受到"知识社会学"的影响，更植根于西方文化中左派与右派的争论。右派倾向支持现代化理论，主张英美模式的现代发展理论，然而从左派的观点来看，上述的现代化理论是一个太偏向美国帝国主义、新自由主义、新保守主义，以及资产阶级、跨国公司等大企业的利益，故予以批判。

也有学者从这一个角度来分析、批判台湾接受现代化理论的背景。例如施明德的前妻、人类学者艾琳达（Linda Gail Arrigo, 1949—   ），即抱持此一观点。她的立场和雷迅马很类似。1970年代她在台湾"看到美国的跨国公司利用台湾的戒严法处理台湾劳工问题，也看到了台湾的政治犯与白色恐怖的现象"，"回到美国后，意识形态有了转变"，"开始读左派的书籍"。"人类学的现代化理论（modernization），已经被我视为美帝的宣传

---

① Michael E. Latham, *Modernization as Ideology: American Social Science and "Nation Building" in the Kennedy Era*, Chapel Hill, N.C.: University of North Carolina Press, 2000．雷迅马著，牛可译：《作为意识形态的现代化：社会科学与美国对第三世界政策》，北京：中央编译出版社，2003．

品。"①她还批判台湾地区的现代化理论配合了冷战时期美国帝国主义的发展，从而使台湾成为其中的一环。她认为：当时台湾为什么要接受美国这套理论？实际上是因为在冷战时期台湾是整个美国帝国主义的受益者。当时美国花了很多钱发行《今日世界》杂志，它的作用在宣传美国作为一个现代国家是什么样，而让台湾成为这整个布局里的一环。②现代化理论正配合了此一发展趋势。艾琳达无疑地是一个具有马克思主义色彩的学者，她从此一角度把现代化理论放在特殊的时空背景之下，将之视为一个和中国国民党主政时期的利益、美国帝国主义的发展结合在一起的意识形态。

现代化理论不但受到左派的批判，也和西方知识界对知识客观性的反省有关。上述知识社会学的角度，以及库恩（Thomas Kuhn，1922—1996）从科学史研究所提出的"典范论"都反映此一学术趋势。这一思路源于以笛卡儿、休谟、康德、尼采、韦伯、波普、维特根斯坦和伯林等思想家为代表的"西方认识论大革命"，及革命之后出现的"悲观主义的认识论"。③

这种看法认为一个人所秉持的观念或"知识"跟这个人所依赖的"历史性话域（discourse）"，或"知识谱系"有密切的关系。根据此一观点，一个人无论是康德、牟宗三，或任何一个默默无闻

---

① 陈仪深访问，周维朋记录：《艾琳达（Linda Gail Arrigo）女士访问纪录》，"中研院"近代史研究所编：《口述历史》，期12（台北，2004），页45。
② 单德兴：《冷战时代的美国文学中译：今日世界出版社之文学翻译与文化政治》，《中外文学》，36：4（台北，2007），页317—346。
③ 参阅Thomas Metzger, *A Cloud Across the Pacific: Essays on the Clash between Chinese and Western Political Theories Today*, Hong Kong: The Chinese University of Hong Kong, 2005。

的人,他在思考时所依赖的规矩,是历史过程的产物。这样一来,决定一个命题有没有道理之时,人们关于道理的定义,不可能完全配合普遍性的真理、逻辑、理性或道德,而要看在他们主观的认知中,有哪些从历史背景中继承而来的思想预设。这些从历史背景继承而来的预设,不但包括从文化来的、根深蒂固的思想模式或价值取向,也包括时代的意识形态。[1]

近年来兴起的后现代、后殖民主义,都从此一角度批评启蒙时代以来对理性之普遍性的信心。在这种观念之下,现代化理论被视为以西方为中心的一个观点,它企图使其他国家接受欧美的发展模式,并从而稳固自由主义、资本主义等帝国主义国家在全球竞争上的霸权地位。

在后现代、后殖民主义的批判之下,现代化的研究范式在1990年代开始不再一枝独秀。近年来在中国近代史的领域之内,取而代之的是中国"现代性"（modernity）的问题。中外学界开始以"现代性"作为研究课题,并出版专书。中文方面,李欧梵教授的论文集称为《现代性的追求》（1996）,香港中文大学出版,由金观涛、刘青峰策划的一本会议论文集名为《自由主义与中国现代性的思考》（2002）;英文方面则有Frank Dikotter的*Sex, Culture, and Modernity in China*（1995）、Lydia H. Liu（刘禾）的*Translingual Practice: Literature, National Culture, and Translated Modernity——China, 1900—1937*、Tim Oakes的*Tourism and Modernity in China*（1998）、Michael Tsin的*Nation, Governance, and Modernity in*

---

[1] 墨子刻:《道统的世界化:论牟宗三、郑家栋与追求批判意识的历程》,《社会理论学报》,5:1（香港,2002）,页82。

China: Canton, 1900—1927（1999）, 以及叶文心主编的Becoming Chinese: Passages to Modernity and Beyond（2000）等书。此一用词的普遍出现显示中国"现代性"已经取代了1960年代、1970年代以来，目的论式并具有西方中心色彩的"西力冲击说""现代化""帝国主义剥削"等概念，成为学术讨论的一个核心。

当人们不再把启蒙运动以来西方的"现代性"当作唯一的、普遍的、正常的生活模式之后，历史的视野就不再限于以指标或阶段性的历史定位，来衡量国人模仿西法的成就，或自卑地追寻未能实现西式理想的缘由。这也意味着即使在西方，现代性的发展也不是单一的。最近几年中西学者们开始思索"文明冲突论"（亨廷顿的观点）、"另类现代性"与"多元现代性"、"殖民主义的现代性"等议题，即与上述对线性历史观的反省，并进而认识到西方历史经验的局限性与复杂性有密切的关系。在此理念之下，中国现代性不但是一个现实的生活处境，有其内在的发展理路，也是中、西历史、文化交融互释之产物。中国现代性有何特色，又与西方或其他文化中的现代性有何不同？它在"翻译"西方现代性（或经由日本学术界认识西方现代性）的同时，是否也误解、排拒与批判此一现代性？这些问题都值得从不同面向来加以思索、探究。

2002年底"中研院"近代史研究所举行的"生活、知识与中国现代性"国际学术研讨会可以反映一种新的问题意识。该研讨会尝试从日常生活与知识生产两个面向，来理解中国现代性问题（也包括中国台湾"殖民主义的现代性"以及日本对中国现代性生成之影响等）。这一次研讨会所特别关心的议题是：在"现代"的处境之下，日常生活的实践面发生了何种变迁？其历史背景为何？日常生活又如何与知识追寻交织互动，衍生出精神与物质方面的变迁？此处所指的日常生活是以食衣住行育乐等物质性的面向为主,然而物质生活与精神生活无法断为两橛,物质生活的变迁往往伴随着精神上的重大变革,而精神的内涵不限于理性的追求,也包括情感的发抒,或情理之交融。换言之,日常生活的变迁,其背后实透露出认知世界方式的重大变化,在此理念之下消费活动可以具有安身立命、死生与之的终极意义。由此可见西方的心物、主客、理性与终极关怀等二元分裂的思维模式,有其限制。

"认知世界"的基础即是该研讨会所关心的知识面向的议题。就此而言,知识与其说是一种普遍的、永恒的解释或改造世界认知体系,还不如说是一种由特定人们所创造出来的文化产品,其流通则涉及了知识的生产者、传播者与消费者之间的权利关系。换言之,知识是理性与历史交织而成的悖论性过程,不一定配合普遍性的真理。西方现代知识引进中国所形成的"历史性话域"与实践是一个很好的例子。譬如西方科学知识的传入一方面促成学科体制的形成与专业化的发展,另一方面又与本土的知识体系相互激荡,而产生一种中西交融的新的认知体系,此一认知体系又转而影响到日常生活的实践。总之,生活与知识的渗透、衍展成为中国现代历史发展过程中不可忽略的面向。[①]

在这股浪潮之下,台湾的史学界也开始走向所谓的"后现代史学",或者说从过去的"韦伯热"到"傅柯热",甚至有人谈到中国史研究的"傅柯化"。在王晴佳、古伟瀛著的《后现代与历史学:中西比较》中,谈到有些学者开始批判所谓"大历史""主

---

① 这一次研讨会的成果见:"生活、知识与中国现代性"专号,《"中研院"近代史研究所集刊》,期41(2003),以及Peter Zarrow, ed., *Creating Chinese Modernity: Knowledge and Everyday Life, 1900—1940*, New York: Peter Lang, 2005.

流论述",在中国史的领域里则特别批判以五四为中心的"启蒙论述"。①在"中研院"的主题计划中开始研究"性别""情欲""身体""记忆""鬼神""翻译"等课题,这在1980年代以前是不可想象的。无论如何,以西方、理性发展、支配阶层、男性等为中心的主流论述受到强烈的质疑,人们开始从边缘、弱势、下层等立场出发,重新思考一个多元发展的历史过程。

在中文学界,多元现代性的想法不但激励出丰富的史学想象,因为历史论述涉及现实意涵,也使之具有社会批判的性格,帮助人们思索如何追求社会正义与未来规范性的发展,难怪学者指出"现代性内部其实蕴涵着丰富的批判能量"。②如何依赖此一批判能量建立"相互的主体性""互相认可'他者'的历史",但同时避免另类的独断与乌托邦主义的危险,值得进一步思索。

结　语

指涉当代之历史阶段与生活之特质的"现代""现代性""现代化"等概念有非常丰富的意涵,本文无法全面剖析此一观念,只尝试从中国近代思想史、史学史的角度来谈这些词汇的意义,及其对近年来台湾从事中国近代史研究的影响。这些具有高度时间感、自我定位,并与未来理想相纠结的观念,本身即经历了一个历史的

---

① 王晴佳、古伟瀛:《后现代与历史学:中西比较》,台北:巨流出版社,2000。
② 钱永祥:《现代性业已耗尽了批判意义吗?——汪晖论现代性读后有感》,《台湾社会研究季刊》,期37(台北,2000),页75—90。

过程,而改变其内涵。其中最基本的变化是:首先,拟定一个"现代"概念作为发展的阶段与未来之目标,并将在此之前的时期统称为"传统"(亦即二元对立的观点)。其次,又从一个普遍性、一元性、以西方为范本的"现代",转而强调特殊性、多元性与主体性。从一个以西方经验为模型,结合民族国家、资本主义、民主政治的形态走向一个更具批判精神、更开放、更包容的格局。在历史研究的课题上,因而激励出丰富、多元的研究视角。此一观念也认识到人类历史除了合流的趋向之外,也有分流的趋向,并不断地出现亨廷顿所谓因文化差异导致的国际冲突。但是批判过现代化理论之后的现代性研究取向,其所依循者如果不是英、美的模式或日本模式,究竟为何?有无可能建立一个不以"发展""适应",或不依循资本主义所强调的"工具理性",以及以效率、利润为目标的发展模式?在中国文化的范围内什么才是一个现代性的生活,这一些规范性的问题,或许很难立即得到学者们的共识,然现代性概念中所蕴含的批判能量,应该可以帮助我们厘清议题的本质,并在处理生活幽暗面所引发之问题中,寻求可能的进步。

从"文明"论述到"文化"论述：清末民初中国思想界的一个重要转折[①]

前　言

在当代汉语之中"文明"与"文化"常常是同义词而多混用，但两者也有所不同。一个较常见的区别是："文明"是人类为应付环境所创造比较具体的、物质性的成就；"文化"则某一地区或某一群体比较精神性的全面生活之总称。因此文明"可以向外传播，向外接受"；文化则"必由其群体内部精神积业而产生"。[②]例如在中国大陆许多公厕中有"向前一小步，文明一大步"的标语；此外，从1950年代开始大陆推行"五好文明家庭"，推展"爱国守法，热心公益好；学习进取，爱岗敬业好；男女平等，尊老爱幼

[①] 本文原刊于《南京大学学报》（哲学・人文科学・社会科学版），期1（2017），页68—78。
[②] 钱穆：《中国文化导论》，台北：正中书局，1974，页1。

好；移风易俗，少生优育好；勤俭持家，保护环境好"，以创建文明家庭。①上述的两个例子并不用"文化"，因为它们所树立的是一个普遍性的进步的标准。

"文化"一词在汉语中有比"文明"一词更为丰富的意涵。在中国近代思想史上所谓"东西文化论战"至少有两次的高峰，一为1915—1927年以《新青年》与《东方杂志》等刊物为中心的论战，一为1960年代—1970年代在台湾以《文星》杂志为中心的论战。②大约从1950年代开始，文化问题就是港台学者十分关心的议题。1950年底，钱穆（1895—1990）为了替新亚书院筹款，自香港来台访问，12月6日蒙蒋介石召见，③其后在台湾师范大学做了四次计八小时的演讲，名为"文化学大义"。这四次演讲之内容反映了一个人文主义者对文化的看法。钱穆指出："文化是指的时空凝合的某一大群的生活之各部门各方面的整一全体"；"一切问题，由文化问题产生。一切问题，由文化问题解决"。他并由此来讨论"东西文化比较"，认为"近代的西洋文化，实在已出了许多毛病"。④这一种对文化的看法与西方文化人类学家所采取的"文化相对论"，认为文化是人自己编织出来并居于其中的"意义之网"的诠释有所不同（如Clifford Geertz的 *The Interpretation of Cultures* 一

---

① http://baike.baidu.com/view/2194156.htm，读取时间：2013年10月18日。
② 《文星》杂志中的东西文化论战可参见：黄克武：《一位"保守的自由主义者"：胡适与〈文星杂志〉》，潘光哲编：《胡适与现代中国的理想追寻：纪念胡适先生120岁诞辰国际学术研讨会论文集》，台北：秀威信息科技，2013，页332—359。
③ 见《蒋中正日记》，美国斯坦福大学胡佛研究所藏，1950年12月6日。
④ 钱穆：《文化学大义》，台北：正中书局，1974，页1、2—4、54—64。

书），①不过钱穆的观点显然在20世纪的中国居于主流地位。1960年代大陆的"文化大革命"与台湾地区的"中华文化复兴运动"即是在此观念之下，以"文化"为名所做的一场斗争。

文明与文化两词汇虽然在中国古典用语之中已经存在，不过现代的用法与古代的用法有异，乃自西方移译而来，而与英文的civilization与culture相对应。大约是一百多年之前国人才开始使用现代意义下的这两个词汇。如果透过近代英华辞典的数据库，大致可以看得出其产生、得到共识，再进而收录进辞典之中为大家所遵循使用的一个过程。②Civilization一词从1866年德国传教士罗存德（1822—1893）的《英华字典》到1884年井上哲次郎（1855—1944）增订的《增订英华字典》均翻译为"教化者""开明者""礼文者"。③至1908年颜惠庆（1877—1950）的《英华大辞典》开始有了新的翻译词："文明、开化、有教化"，这是"文明"一词在《英华字典》之中首度出现。该辞典在对civility（意

---

① Clifford Geertz, *The Interpretation of Cultures*, New York: Basic Books, 1973. 钱穆"文化观"与Clifford Geertz"文化观"之差异涉及双方认识论。钱穆的文化观以"乐观主义的认识论"为基础，他不但相信可以掌握某一文化之"特性"与"精神"，并可评估该文化之"意义与价值"，并与他种文化相比较而评定其高下。Clifford Geertz的文化规则奠定于"悲观主义的认识论"，主张文化的相对性。他对于比较各种不同文化、推论人类本质或探索文化发展过程的法则不感兴趣；而是注重从这些文化本身的角度，来了解这些特定的文化脉络及其特点。有关"乐观主义的认识论"与"悲观主义的认识论"可参见：Thomas Metzger, *A Cloud Across the Pacific: Essays on the Clash between Chinese and Western Political Theories Today*, Hong Kong: The Chinese University of Hong Kong, 2005, pp. 21—31.
② 以下的分析依赖"中研院"近代史研究所的"英华字典数据库"：http://www.mh.sinica.edu.tw/PGDigitalDB_Detail.aspx?htmContentID=417。
③ 罗存德（Wilhelm Lobscheid）编《英华字典》（*English and Chinese Dictionary, with the Punti and Mandarin Pronunciation*, Hong Kong: Daily Press, 1866—1869）。罗存德原著，井上哲次郎增订，《增订英华字典》，东京：藤本氏藏版，1884。

指文明之特质）一词的解释中说得更清楚："The quality of being civilized，文明，开化，都雅[①]；as, from barbarism to civility，自野蛮进至文明"，明确地将"文明"与"野蛮"相对照。[②]至1916年德籍中国海关官员赫美玲（1878—1925）《官话》中，该词之翻译确定为"教化、文明、文明程度（部定）"；savage则被解释为"草昧（部定）、野蛮、未开化的、不文明的"。上文中之"部定"指1910年开始，严复在学部编订名词馆主持科技术语的审定工作，后由中华民国教育部规定的、统一的翻译词汇。[③]

Culture一词的翻译过程亦颇为类似，从1866年罗存德的《英华字典》到1884年井上哲次郎的《增订英华字典》都翻译为"修文者"；[④]1908年颜惠庆的《英华大辞典》则为"Intellectual or moral discipline and training，智德，文化，礼文，教育；as, a man of culture，文化之人；the culture of the Romans，罗马人之文化"，可见"文化"一词的翻译亦自此开始出现。1916年赫美玲《官话》

[①] "都雅"指美好娴雅，语出《三国志·吴志·孙韶传》："身长八尺，仪貌都雅。"
[②] 颜惠庆：《英华大辞典》（*English and Chinese Standard Dictionary*, Shanghai: Commercial Press, Limited, 1908）。有关"野蛮"一观念，请参考沈国威：《"野蛮"考源》，《东亚观念史集刊》，期3（台北，2012），页383—403。作者指出：19世纪以后，新教传教士在引介西方文明进化史观使用"蛮野""野蛮"表达人类历史发展一个阶段的新义。传教士著述中的"蛮野""野蛮"传入日本，经过福泽谕吉的消化吸收定型为"野蛮"，并在20世纪初回流中国，成为现代汉语词汇体系中的一员。
[③] 黄兴涛：《新发现严复手批"编订名词馆"一部原稿本》，《光明日报》，2013年2月7日。后来严复将此一成果交给赫美玲而编入辞典之中。K. Hemeling（赫美玲），*English - Chinese Dictionary of The Standard Chinese Spoken Language and Handbook for Translators(including Scientific, Technical, Modern, and Documentary Terms)*, Shanghai: Statistical Department of the Inspectorate General of Customs, 1916.
[④] "修文"指修治典章制度，提倡礼乐教化，语出《国语·周语上》："有不祀则修言，有不享则修文。"

之中，该词之翻译确定为"教化、文化、教育"。由此可见1908—1916年之间是现代汉语中"文明""文化"二词之滥觞。然而伴随着新词汇的出现，产生了哪些新的观念呢？本文拟就此二词汇在近代中国思想史上发生之经过与影响做一梳理。中国近代思想曾环绕此二词汇而产生了一个重要转折，亦即从一个线性发展的"文明"史观到一种多元性的、肯定自身文化价值的"文化"史观，而两者在不同场域彼此较劲。晚清的历史教科书多改写自日本"文明史"的著作，[1]1922年民国时期的"壬戌学制"则规定高中历史课程中"文化史"为共同必修课，此后以文化史为名之教科书大量出现；[2]1923年中国思想界开始的"科玄论战"则代表了"文化史观"向"文明史观"的挑战。此一争议涉及中国近代思想史上的五四与反五四之争，亦与晚近"全球化"与"地方化"或世界文化之"合流"（convergence）与"分流"（divergence）之讨论有关，直至目前双方仍在争论之中。[3]

"文明"与"文明史"

"文明"一词为传统词汇，在《易经》与《尚书》之中即

---

[1] 参见李孝迁：《西方史学在中国的传播（1882—1949）》，上海：华东师范大学出版社，2007。

[2] 见杨文海：《壬戌学制研究》，南京大学历史系博士论文，2011，页103，"文化史强调中外文化并重，促进学生了解中外文化发展态势与基本面貌"。施昱承：《"本史迹以导政术"：柳诒徵的文化史书写》，台湾大学历史系硕士论文，2013，页11。

[3] Alex Inkeles, *One World Emerging: Convergence and Divergence in Industrial Society*, Boulder: Westview Press, A Division of Harper Collins Inc., 1998.

有。①近代之后,该词成为英文civilization之翻译。②此一翻译早在1830年代传教士所编的《东西洋考每月统记传》(1833—1838)中即已出现,然并未普及,此一用法后来可能辗转影响到日本学界。③日本在1860年代末期(明治初年)已将civilization翻译为"文明"。最早的例子可能是福泽谕吉(1835—1901)《西洋事情》(1866—1870)所提出"文明开化"的观念:"人人修德畏法,必可有助于世间之文明开化。"④其后1875年福泽谕吉写成《文明论概略》,该书为一本在东亚世界深具影响力的书刊。他认为文明有广义和狭义之分,狭义即人类物质需要的增长,广义则指人类物质和精神两方面的进步,而文明与野蛮相对。他认为:归根结底,文明可以说是人类智德的进步,西洋各国有朝向文明方面发展的趋势,而决不可认为目前已达到尽善尽美了,对他而言文明的发展是无止境的,人们不应满足于目前的西洋文明。福泽谕吉的所谓文明即是对西文civilization的翻译。⑤

---

① 《易经》有"见龙在田,天下文明";《书·舜典》有"浚哲文明,温恭允塞"。Lydia Liu, *Translingual Practice: Literature, National Culture, and Translated Modernity——China, 1900—1937*, Stanford: Stanford University Press, 1995, pp. 308—309.
② 英文中的Civilization一词源于拉丁文Civilis,有"城市化"和"公民化"的含义,引申为"分工""合作",即人们和睦地生活于"社会集团"中的状态,也就是一种先进的社会和文化发展状态,以及到达这一状态的过程,参见维基百科http://zh.wikipedia.org/wiki/%E6%96%87%E6%98%8E,读取时间:2013年10月9日。
③ 方维规:《近现代中国"文明"、"文化"观——论价值转换及概念嬗变》,http://www.wsc.uni-erlangen.de/wenming.htm,读取时间:2013年10月21日。
④ 见日本大辞典刊行会编:《日本国语大辞典》,东京:小学馆,1972—1976,"文明"条。
⑤ 福泽谕吉:《论文明的涵义》,《文明论概略》,北京:商务印书馆,1995,页30—41。

日人所翻译的文明一词，在清末传入中国，1890年代后期使用日趋普遍。据统计，在1896—1898年出版的《时务报》中"文明"共出现了107次，其中6次为传统语汇，101次为civilization之翻译；而且101次之中几乎都是从日文的文章之中翻译而来，大多出现在"东报译编"，还有少数出现在专论栏内。①1898年戊戌政变失败之后，梁启超流亡日本，更为积极地译介新思想。他将福泽谕吉的许多观念写成短篇文章在《清议报》上发表，如《文野三界之别》（1899）、《传播文明三利器》（1899），以及《国民十大元气论》（一名《文明之精神》）（1899）等文，都是摘译自《文明论概略》等书。②上述文章特别强调"文明"一词与"野蛮"是相对的，而且背后是以社会达尔文主义为理论基础的线性进化史观。如《文野三界之别》（1897）谈到"泰西学者，分世界人类为三级，一曰蛮野之人，二曰半开之人，三曰文明之人……此进化之公理，而世界人民所公认也"。③

晚清文明观念的盛行，不但因为梁启超的译介，也与严复（1854—1921）有关。在《天演论》中严复也将civilization译为"文明"，意指"文者言其条理也，明者异于草昧也"，他并说明了在有文字之后，开始了异于"草昧"时期的"文明"阶段：

---

① 戴银凤：《Civilization与"文明"：以〈时务报〉为例分析"文明"一词的使用》，《贵州师范大学学报》（社会科学版），总第116期（2002），页58—61。
② Ishikawa Yoshihiro, "Discussions about 'Culture' and 'Civilization' in Modern China," paper presented in the Conference on European thought in Chinese Literati Culture in the Early 20th Century, Garchy, France, 1995.9.12—16. 黄克武：《欧洲思想与二十世纪初期中国精英文化研讨会》，《近代中国史研究通讯》，期21（台北，1996），页44。
③ 梁启超：《自由书》，台北：台湾中华书局，1979，页8。

大抵未有文字之先，草昧敦庞，多为游猎之世。游故散而无大群，猎则戕杀而鲜食，凡此皆无化之民也。迨文字既兴，斯为文明之世，文者言其条理也，明者异于草昧也。出草昧，入条理，非有化者不能。然化有久暂之分，而治亦有偏赅之异。（《论三教源》）①

严复又翻译了甄克思（Edward Jenks）的《社会通诠》（A History of Politics），使进化论与线性历史观结合在一起，影响了历史书写，学者因而援用西方历史的线性架构来诠释中国历史。②

在社会达尔文主义与文明观念影响之下，西方学界出现了"文明史"的著作，这些书先被翻译为日文，再由日本转译为中文。明治初期的日本，翻译西书蔚为风气，如巴克尔（Henry Thomas Buckle，1821—1862）的《英国文明史》和法国史家基佐（Francois Guizot，1787—1874）的《欧洲文明史》，都在欧洲出版不久之后即被译为日文。清末旅日的中国学者再将之介绍到中文世界。譬如梁启超在《新民丛报》上即译介了《英国文明史》，以及日人白河次郎、国府种德的《中国文明史》（该书于1903年被译为中文，章炳麟、蒋智由、刘师培皆服膺其"中国文化西来说"）。《英国文明史》一书在清末（1903至1907年之间）即有四种中译本。此外被译为中文的还有《地球文明开

---

① 赫胥黎著，严复译，王道还导读、编辑校注：《天演论》，台北：文景书局，2012，页64。
② 王汎森：《近代中国的线性历史观——以社会进化论为中心的讨论》，《近代中国的史家与史学》，香港：三联书店，2008，页49—108。

化史》、《世界文明史》、《中国文明史论》(中西牛郎著)、《中国文明小史》(田口卯吉著)等。①大致上来说,清末民初是"文明论述"与"文明史"书写十分兴盛的时期。根据王晴佳的研究,梁启超从1902年开始所标举的"新史学"即依赖日本的"文明史学"为其理论根基。②一直到今日"文明史"仍是部分大学的一门必修科目。

民国以后,文明论述与五四新文化运动对民主与科学的提倡亦相互配合。胡适(1891—1962)所标举的理想即为"再造文明",并视此为"新思潮的唯一目的"。对他来说"文明是一个民族应付他的环境的总成绩"。1926年时,他反驳当时有些人所谓"讥贬西洋文明为唯物的(Materialistic),而尊崇东方文明为精神的(Spiritual)"之说法;胡适强调文明同时包括精神的与物质的面向,"凡文明都是人的心思智力运用自然界的质与力的作品;没有一种文明是精神的,也没有一种文明单是物质的"。③胡适也谈到"文化",认为"文化(Culture)是一种文明所形成的生活的方式",并以此述说"东西文化"之差异,然而他却认为"东方文化"有许多的缺点:"这里正是东西文化的一个根本不同之点。

---

① 参见"近代史全文数据库:晚清西学书目",收录之《增版东西学书录》卷一·史志,http://dbj.sinica.edu.tw:8080/handy/index,读取时间:2013年10月20日。李孝迁、林旦旦:《清季日本文明史作品的译介及响应》,《福建论坛》(人文社会科学版),2005年第3期,页83—88。李孝迁:《巴克尔及其〈英国文明史〉在中国的传播和影响》,《史学月刊》,2004年第8期,页85—94。
② 王晴佳:《中国近代"新史学"的日本背景:清末的"史界革命"和日本的"文明史学"》,《台大历史学报》,期32(台北,2003),页191—236。
③ 胡适:《新思潮的意义》,《胡适全集》,合肥:安徽教育出版社,2003,卷1,页699。胡适:《我们对于西洋近代文明的态度》,《胡适全集》,卷3,页2。

一边是自暴自弃的不思不虑，一边是继续不断的寻求真理。"[1]胡适这一番言论有很强的针对性，这牵涉1920年代欧战之后"文化论述"的兴起，以及"科玄论战"，下文将会作较深入之分析。

"文化"与"文化史"

在"文明"一词逐渐普及之时，现代意义的"文化"一词也在汉语之中出现，开始之时两者可以通用。[2]文化是culture一词的汉译，最早应该也源自日本。中村正直（1832—1891）译、英国斯迈尔斯（Samuel Smiles，1812—1904）著《西国立志编》（Self-Help，1870—1871）之中有"次第に工夫を積めるもの、合湊して盛大の文化を開けるなり"（中译："逐步积累努力，便可共同开创盛大的文化"）。西周（1829—1897）的《百学连环》（约1870—1871）中有："其国々の経界及び政体を論じ、其他風俗、人種、教法、文化、人口、〈略〉財政等の如きを悉く論し。"（中译："讨论每个国家的边境及政体，也悉数讨论如其他风俗、人种、教法、文化、人口、〈略〉财政等。"）[3]此后文化一词逐渐传入中国。据黄兴涛的研究，在1882—1883年间，传教士颜永京（1839—1898，颜惠庆之父）和美国在华传教士丁韪良（William

---

[1] 胡适：《我们对于西洋近代文明的态度》，《胡适全集》，卷3，页6。
[2] 中国传统语汇之"文化"指文治教化。刘向的《说苑》有"凡武之兴，为不服也，文化不改，然后加诛"。Lydia Liu, *Translingual Practice*, pp. 312—313。又《易经》贲卦彖辞之中有"观乎天文，以察时变，观乎人文，以化成天下"。
[3] 见日本大辞典刊行会编：《日本国语大辞典》，"文化"条。

Alexander Parsons Martin，1827—1916），都曾分别使用过此一词汇，如"希腊文化""西国文化"等，该词泛指物质与精神成就之总和。①这时文明与文化可以互通、并用。例如1898年严复在《保教余义》一文中即同时使用"文明"与"文化"："自非禽兽，即土番苗民，其形象既完全为人，则莫不奉教，其文化之深浅不同，则其教之精粗亦不同"；"问其何以为土教？则曰：遍地球不文明之国所行土教，有二大例：一曰多鬼神，二曰不平等"。②在上述的例子中，文化（指教化之过程）与文明（指开化之状态）并无太大的差异。

清末民初"文化"一词的使用虽渐多，然"中国文化"一词很可能要在1911年之后才开始，较早的例子是1911年《协和报》上的一篇文章，《西人崇尚中国文化之见端》，谈到德国一位学者"知中国之文化为全球冠，特于中国之诗歌深为注意"。③其次是1914年历史学家王桐龄（1878—1953）在《庸言》上所写的《中国文化之发源地》一文。④

所以，大致到1911年以后，"文化"，特别是跟"中国"一词结合在一起的"中国文化"一概念，才在中国变得较为普遍。这段时间中国思想界从文明论述到文化论述的发展与演变，牵涉到三点：第一是1908年颜惠庆为商务印书馆所编的《英华大辞典》。颜惠庆后来是北洋时期的一个外交官，在外交方面成就很大，并曾担任内阁总理。1908年他以 *Nuttasll's Dictionary* 为底本，参考 *Webster's*

---

① 黄兴涛：《晚清民初现代文明和文化概念的形成及其历史实践》，《近代史研究》，2006年6月，页9—10。
② 严复：《严复集》，北京：中华书局，1986，页83—84。
③ 《西人崇尚中国文化之见端》，《协和报》，期30（1911），页11。
④ 王桐龄：《中国文化之发源地》，《庸言》，卷2号3（1914），页1—3。

International Dictionary，又参考数本日人的《英和字典》编了一本《英华大辞典》，严复为他写了一个序言：

> 十稔以还，吾国之民，习西文者日益众，而又以英文为独多。……商务印书馆营业将十年矣，前者有《英文辞典》之编，尝属不佞序之矣。此在当日，固已首出冠时。乃近者以吾国西学之日进，旧有不足以餍学者之求，以与时偕进也，则益展闳规，广延名硕，而译科颜进士惠庆实总其成，凡再易寒暑，而《英华大辞典》出焉。搜辑侈富，无美不收，持较旧作，犹海视河，至其图画精详，移译审慎，则用是书者，将自得之。①

过去学界不够注意到此一辞典在中国近代思想史上的重要性。如果我们将近代以来的英华辞典做一个简单排列，就可以看出1908年颜惠庆这本辞典所具有重要的意涵。在这个辞典之中，出现了我们现在所通用的一些重要词汇，包括哲学、科学、宗教、迷信、文明、文化等。换言之，颜惠庆把当代思想中最基本的一些概念在辞典上确定下来。文明与文化二词汇也在此确定的过程之中普遍地为人们所接受。

第二是1912年左右开始有人类学的书刊被引介到中国来。严复特别在1912年一次有关《进化天演》的演讲之中提到弗雷泽（James G. Frazer）《金枝》（*The Golden Bough*，1890）一书，《金枝》一书是研究民俗、神话与比较宗教学的经典作品。严复的演化观念即受到此书的影响。他以佛拉哲的思想为基础批评卢骚的

---

① 严复：《严复集》，页254。

"民约论"以及中国传统"圣王制作"的观念。此书也影响到严复对科学、宗教的看法,提出异于科学、宗教二元划分的观念,严复认为"学术日隆,所必日消者特迷信耳,而真宗教则俨然不动。真宗教必与人道相终始者也"。①上述严复对于不同地方宗教传统之价值的肯定也增加了他对"文化"独特性的认识。后来周作人(1885—1967)、江绍原(1898—1983)等人有关民俗学、宗教学、迷信学的研究,都受到佛拉哲《金枝》一书的影响。②

第三是1916年前后杜亚泉(1873—1933)开始谈"静的文明与动的文明""东方文明和西方文明"(《东方杂志》);李大钊(1889—1927)也有类似的说法,他在《东西文明根本之异点》(1918)中主张"东西文明有根本不同之点,即东方文明主静,西方文明主动也"。③杜亚泉与李大钊用的虽然是"文明"的观念,实际上他们强调东西在"文化"上的不同。对杜亚泉来说,这种不同不是"程度"的差异,而是"性质"之不同,他明确指出:

> 盖吾人意见,以为西洋文明与吾国固有之文明,乃性质之异,而非程度之差;而吾国固有之文明,正足以救西洋文明之弊,济西洋文明之穷者。西洋文明,浓郁如酒,吾国文明,淡薄如水;西洋文明,腴美如肉,吾国文明,粗粝如蔬,而中酒与肉

---

① 严复:《进化天演》,赫胥黎著,严复译,王道还导读、编辑校注:《天演论》,页109—124。
② 周作人:《金枝上的叶子》,《青年界》,第5卷第4期(1934),页99—102。江绍原:《中国古代旅行之研究序》,王文宝、江小蕙编:《江绍原民俗学论集》,上海:上海文艺出版社,1998,页230。
③ 李大钊:《东西文明根本之异点》,李守常(大钊):《史学要论》,石家庄:河北教育出版社,2002,页104—118。

毒者，则当以水及蔬疗之也。①

在上述的三件事情之后，文化的观念慢慢普及，并开始与文明有较明显的区隔。不过，如上所述，此时人们所说的"文化"和"文明"并无太大的不同。杜亚泉在1916年发表《静的文明与动的文明》之后，在1917年4月又发表了《战后东西文明之调和》，文中指出"此次大战，使西洋文明，露显著之破绽"，因而开始强调"平情而论，则东西洋之现代生活，皆不能认为圆满的生活……故战后之新文明，自必就现代文明，取其所长，弃其所短，而以适于人类生活者为归"。杜亚泉因而开始讨论东西文明之"调和"与新旧思想之"折衷"等议题。②

杜亚泉所关心的战后文明重建的问题，到1918年战争结束之后变得更引人注目。欧战之后，因为世界性认同的崩解，近代中国因反省西方文明而有的"文化论述"才比较系统地出现，许多学人关注的不再是西方文明所代表的价值，而开始转移到自身国家与民族在文化上所具有的特性。1918年12月梁启超与六位友人赴欧洲观察欧战之后的局势，这六位是蒋百里、刘子楷、丁文江、张君劢、徐振飞、杨鼎甫（丁、张两人后来成为"科玄论战"之主角）。在旅途中任公写了《欧游心影录》（1919），1920年三月在《时事新报》上发表。在文中他一方面批判西方"科学万能之梦""崇拜物质文明"，提出"中国人对于世界文明之大责任"，即是"拿西

---

① 杜亚泉：《静的文明与动的文明》（1916），许纪霖、田建业编：《杜亚泉文存》，上海：上海教育出版社，2003，页338。
② 杜亚泉：《战后东西文明之调和》（1917），许纪霖、田建业编：《杜亚泉文存》，页345—350。

洋的文明来扩充我的文明,又拿我的文明去补助西洋的文明,叫他化合起来成一种新文明"。①在文中任公不但用"文明"来讨论问题,也开始使用"文化"。对他来说"文化"一词具有正面的意涵。任公引用法国哲学家蒲陀罗(émile Boutroux, 1845—1921)的话,"一个国民,最要紧的是把本国文化发挥光大",因此他呼吁:

> 我希望我们可爱的青年,第一步,要人人存一个尊重爱护本国文化的诚意。第二步,要用那西洋人研究学问的方法去研究他,得他真相。第三步,把自己的文化综合起来,还拿别人的补助他,叫他起一种化合作用,成了一个新文化系统。第四步,把这新系统往外扩充,叫人类全体都得着他好处。②

梁启超对西方文明的批判和对中国建立文化的期许对思想界造成很大冲击。这一转变也带动了史学的转向,开始了"文化史"书写的热潮。③梁启超所提倡的文化史书写和张君劢(1887—1969)有密切的关系。梁启超在1920年代初期从欧洲回来后写了大量的文章,其中比较重要的是:《什么是文化》(1922)、《研究文化史的几个重要问题》(1922)、《治国学的两条大路》(1923)等文章,在这些文章之中"文化史"变成基本概念。在有关文化史的

---

① 梁启超:《欧游心影录节录》,《饮冰室专集》,台北:台湾中华书局,1987,页35。
② 梁启超:《欧游心影录节录》,页37。
③ 梁启超从"文明史观"的"新史学"转向"文化史"之分析,请见拙著:《梁启超与中国现代史学之追寻》,《"中研院"近代史研究所集刊》,期41(台北,2004),页181—213。

文章里出现了德国学者冯特（Wilhelm Wundt，1832—1920）、李凯尔特（Heinrich Rickert，1863—1936）等人的名字，这很可能是梁启超在张君劢引介之下认识德国学界有关文化问题的讨论（也有可能受到李大钊透过日本翻译而介绍德国思想所产生的影响）。[①]诚如拙著所指出：李凯尔特所代表的是新康德主义与德国历史主义的历史书写。梁启超从新史学转向文化史主要就是受到这一种欧洲思想的影响。但是另一方面，梁启超对文化史的书写也受到中国传统的影响，他在研究中国文化史的问题时反复谈到佛教的观念，也跟谭嗣同（1865—1898）一样，谈到了"心力"[②]和"心能"的想法，尤其重要的是梁任公谈到历史因果关系的"共业""别业""互缘"等，把佛教与社会达尔文主义、新康德主义和历史德国主义等相结合，形成文化史的论述。[③]

1920年代至1940年代中叶至少有二十余种"中国文化史"方面的著作。[④]其中梁任公本身不但大力鼓吹文化史，也撰写了《中国文化史：社会组织篇》（1925）等作品。任公将文化的内容分门别类，观察每个主题在不同时期之发展。此外，柳诒徵（1880—

[①] 李大钊：《马克思的历史哲学与理恺尔的历史哲学》（1923—1924），李守常（大钊）：《史学要论》，《李大钊文集》，页341—354。
[②] "心力"一词源于亨利·乌特（Henry Wood）的《治心免病法》（*Ideal Suggestion through Mental Photography*），谭嗣同将此一词汇套到中国固有的心性之学之上，加以改变、扩充，而在中国思想界变得十分流行。参见王汎森：《"心力"与"破对待"：谭嗣同〈仁学〉的两个关键词——〈仁学〉导论》，谭嗣同原著，王汎森导读：《仁学》，台北：文景书局，2013，页xii-xix。
[③] 黄克武：《梁启超与中国现代史学之追寻》，《"中研院"近代史研究所集刊》，期41（台北，2004），页181—213。
[④] 有关20世纪中国文化史之书写可参考：邱仲麟：《导言——从文化史、社会风俗到生活》，《中国史新论：生活与文化分册》，台北：联经出版公司，2013，页1—8。至于1945年以前有关中国文化史、西洋文化史之书目，可参考施昱承：《"本史迹以导政术"：柳诒徵的文化史书写》，页7—9。

1956）的《中国文化史》与钱穆的《国史大纲》《中国文化史导论》等，都具有类似的旨趣。钱穆希望"确切晓瞭其国家民族文化发展个性之所在，而后能把握其特殊之环境与事业，而写出其特殊之精神与面相"。①柳诒徵的著作初稿作于1919年，先在《学衡》（第46—72期，1925—1929）上连载，再集结成书。此书透过文化史彰显中国文化、制度之中有其"精神"价值，"吾往史之宗主……固积若干圣哲贤智创垂赓续，以迄今兹。吾人继往开来，所宜择精语详，以诏来学，以贡世界"。②他借此来批判新文化运动、疑古思潮与马克思主义史观等。③

除了梁任公所带起的文化史书写热潮之外，梁漱溟（1893—1988）的作品也反映了同一趋向，他所写的《东西文化及其哲学》（1920）受到柳诒徵《中国文化史》之启迪，力主中国文化与西方文化及印度文化根本不同，并反对梁任公所提出的"将东西文化调和融通"的观点。④《东西文化及其哲学》一书最后在人生思想上归结到儒家的人生观，并指出"世界最近未来将是中国文化的复兴"。⑤梁启超与梁漱溟的作品代表了欧战之后对于新文化运动所主张的"文明"论述之抨击，两者之碰撞则是1923年"科玄论战"出现的一个重要背景。

---

① 钱穆：《引论》，《国史大纲》，台北：台湾商务印书馆，1975，页9。
② 柳诒徵：《中国文化史》，台北：正中书局，1973，上册，页3。
③ 施昱承：《"本史迹以导政术"：柳诒徵的文化史书写》，页6—11。
④ 梁漱溟：《东西文化及其哲学》，上海：商务印书馆，1922，页13。
⑤ 梁漱溟：《我的自学小史》，《忆往谈旧录》，台北：李敖出版社，1990，页38。

文明、文化与科玄论战

科玄论战起于1923年2月张君劢在清华大学以"人生观"为题所做的演讲,他列出人生观与科学的五大差异(人生观为"主观的""直觉的""综合的""自由意志的""单一性的")。张君劢指出:科学的结果导致"物质文明"的蓬勃发展,欧战之后"已成大疑问";而且"人生观问题之解决,绝非科学所能为力",青年人应回到"侧重内心生活之修养",其基础为"孔孟以至宋元明之理学家"所创造之"精神文明"。此文发表后受到丁文江(1887—1936)等人的批驳。丁文江主张"存疑的唯心论",以"觉官感触为我们知道物体唯一的方法","不可知的,存而不论";他也认为张君劢要回到理学是"真正该打……其愚不可及。"[1]梁启超与张东荪等人则反对丁文江、支持张君劢,学界接着展开了一场激辩。1923年底亚东图书馆的汪孟邹将这些文章集为约25万字的《科学与人生观:科学与玄学论战集》,由胡适、陈独秀作序。[2]同时郭梦良也以几乎相同的内容编辑了一本论战集《人生观之论战》,由张君劢写序,上海泰东图书局出版。[3]前者按论战时间之先后编排,后者则以立场来做区隔,三个序言则显示出科学派、玄学派与马克思主义者对于诠释主导权之争夺。这一场论战

---

[1] 《丁文江致胡适函》(1928年3月20日),"中研院"近代史研究所胡适纪念馆档案:HS-JDSHSC-0706-008。
[2] 张君劢、丁文江等著,汪孟邹编:《科学与人生观:科学与玄学论战集》,上海:亚东图书馆,1923。
[3] 郭梦良编:《人生观之论战》,上海:泰东图书局,1923。

涉及近代中国思想史上的许多核心议题，并影响了20世纪以来中国思想的走向。

科玄论战显示出1920年代中国知识界中两军对垒的情况，而此一对峙一方面涉及上述"文明论述"与"文化论述"之角力，科学派支持前者，而玄学派支持后者；同时它也与其后的"五四启蒙论述"与"新儒家思想"之对抗有思想上的连续性。张君劢曾留学欧洲，主要依赖法国思想家柏格森（"拿直觉来抵制知识"）①、德国思想家康德、倭伊铿（1908年诺贝尔文学奖获得者），以及宋明理学中的阳明学的思想资源，又得到梁启超的支持。丁文江则曾留学英国格拉斯哥大学，主修动物学与地质学。他依靠英美经验论为基础的"科学的知识论"，如赫胥黎、达尔文、斯宾塞、皮尔逊（Karl Pearson, 1857—1936）、杰文斯（William S. Jevons）、杜威等人之理论，并得到胡适的支持。最早系统地陈述双方理论之对照的可能是罗家伦，他在1924年就指出丁文江倾向"洛克经验论""马哈—皮耳生知识论""赫胥黎存疑论"；张君劢则倾向"康德二元论""杜里舒生机论""倭伊铿精神论"。②

这一场论战谁胜、谁败？胡适说张君劢是一个逃不出科学与逻辑之掌心的"孙行者"。他在该书序言之中揭橥具有十项特点的"无神论的""自然主义的人生观"。胡适的观点及其所代表的"五四启蒙论述"受到许多人的赞赏，难怪有人认为："科玄论战是以科学派以及其后加入唯物史观派的大获全胜而收场，张君劢

---

① 吴先伍：《现代性的追求与批评——柏格森与中国近代哲学》，合肥：安徽人民出版社，2005。
② 罗家伦：《罗家伦先生文存》，台北："国史馆"、中国国民党"中央委员会"党史委员会，1976，册3，页216。

本人更是毕生蒙上了'玄学鬼'的污名。"[1]然而批判五四运动的新儒家唐君毅（1909—1978）对此论战则有不同的评估，他在1976年指出："今天就算是一个十分崇拜科学的人，也不会承认人生的问题完全可以用科学来解决……君劢先生当年的主张，可说完全胜利。"[2]

究竟是科学派"大获全胜"，抑或是玄学派"完全胜利"？在论战之时，双方均无法说服对手，而时至今日这一问题也没有一个定论。再者，科玄论战之后的五四的科学主义与新儒家的人文精神之争也仍然是当代的一个核心议题。如果追溯其起源，清末民初从"文明"论述到"文化"论述之变迁为此论战奠定了重要的基础。五四运动的支持者与科玄论战中的科学派是以线性演化史观为基础的"文明"论述为理论根基，而反五四运动的玄学派与新儒家则基于"文化"论述。这样一来，科玄论战可以说是文化论述对文明论述的抨击而展开的一场激战。胡适在为论战所写的序文将此一论战的缘起追溯到"科学"一词，以及欧战之后梁启超所发表的《欧游心影录》对科学"破产"的宣言。的确，梁启超《欧游心影录》中对近代科学文明的反省是"文化论述"出现的重要指标。上述1926年胡适在《我们对于西洋近代文明之态度》中认为"崇拜东方的精神文明的议论"是"今日最没有根据又最有毒害的妖言"，[3]他所针对的正是杜亚泉、梁启超、梁漱溟、张君劢等"文化论述"的支持者。

---

[1] 翁贺凯：《现代中国的自由民族主义：张君劢民族建国思想评传》，北京：法律出版社，2010，页215。
[2] 唐君毅：《从科学与玄学论战谈君劢先生的思想》，《传记文学》，卷28期3（台北，1976），页17。
[3] 胡适：《我们对于西洋近代文明的态度》，《胡适全集》，卷3，页1。

结　论

　　清末随着新词汇的引介，带来了许多新的观念，促成近代中国知识与文化的转型。本文所探讨的"文明"与"文化"均为传统词汇，然经由日本汉译接引西方civilization与culture之概念，而赋予了新义。以近代英华辞典所收录的词条来作分析，从1908年颜惠庆的《英华大辞典》到1916年赫美玲的《官话》正式将两词收入辞典之中，而奠定了两者在词汇史上的地位。

　　文明与文化代表两种思路，其影响有先后之别，大致上"文明"一词的流行要早于"文化"。1920年代之前以"文明"观念为基础的"新史学""新民说""国民性改造"等均居于优势地位；其后"文化论述"起而竞逐。"文明"一观念具有西方中心的历史视野，在此论述之下西方以外所有的"不文明"之地区只反映了不同程度的"野蛮"状态；而如胡适所述，中国人的使命是"再造"一个以科学与民主为基础的新"文明"，而"文明史"则述说此一普遍性的线性发展之过程。

　　"文化论述"则摆脱了西方中心论，将焦点返回到自身之特质，而催生了近代中国的文化民族主义。1920年代开始"文化"与"文化史"概念日益兴盛，并与"文明论述"有所区隔。此一现象与世界第一次大战有直接关系，战争之惨状与战后西方之残破让一些学者认识到东西方的差异为性质而非程度。以梁启超《欧游心影录》为转折点，近代中国思想经历了一个以西方中心、线性进化论为基础的"文明论述"到强调中国文化具有精神价值、民族个性之

"文化论述"。杜亚泉、梁启超与梁漱溟等人为促成此一转折关键人物,其言论对思想界有很大的冲击。此后,在中国史学上有文化史书写的出现,柳诒徵、钱穆等人的著作为其代表,借此彰显中国文化之"个性"与"特质"。在哲学上"科玄论战"之后,"大多数哲学家肯定了形上学的合法性",这一种中国现代哲学界之主流观点之共识包括能掌握"形上智慧",亦即了解"天道",并能将"科学、历史、伦理和政治的知识会通为一",而实现"天人合一"的目标。[1]上述1920年代之后中国历史与哲学的走向促成文化民族主义的兴起。当代新儒家如熊十力、唐君毅、牟宗三、徐复观等人,以及反对五四运动的史学家如钱穆、柳诒徵等人,均依赖文化论述肯定"中国文化的精神价值"(唐君毅语),并对抗五四新文化运动支持者所提倡之"再造文明"。从"文明"到"文化"之词汇消长反映出20世纪中国思想的一段曲折历程。

---

[1] 郁振华:《形上的智慧如何可能?——中国现代哲学的沉思》,上海:华东师范大学出版社,2000。墨子刻:《形上思维与历史性的思想规矩——论郁振华的〈形上的智慧如何可能?——中国现代哲学的沉思〉》,《清华大学学报》(哲学社会科学版),卷16期6(北京,2001),页60。

翻译、启蒙与中国现代性[①]

前　言

　　翻译，亦即将文本从一种文字转换为另一种文字，是一个普遍的文化交流现象，也是深受全世界学术界重视的一个研究议题。近年来有关翻译的研究不但注意到文本内容，也注意到文化脉络，尤其是观察历史文化背景与翻译活动的互动关系。以中国为例，现代性创造的过程就是通过大量翻译自西文或日文著作而产生的，而这些翻译的作品之中充满了各种无心的错误与有心的操弄。这样一来，中国的现代性可以说是一种"翻译的现代性"（Translated Modernity），经此过程而产生的中国现代性与西方的现代性有所差异，与日本（同样经由翻译而出现）的现代性也有所不同。

[①] 本文内容为2009年6月23日笔者于"中研院"活动中心所做的一场演讲，原刊登于"中研院"编：《知识飨宴系列》（6），台北："中研院"，2010，页155—182。

拉丁文中有一个和"翻译"（即英文translation）有关的词"Translatio imperii"，这个词大约在中古时出现，它的直译是指涉一种"权力"或是"统治"的转移。从中古时代开始，许多人就认为西方世界是连续性发展的过程，其中有权力的转移，但是基本上此一转移是在同一文化体制之下，这是一般所熟知的西方世界。唯此一西方世界内部包含了各种复杂多元的因素，以语言来说，从早期的希腊文，到罗马的拉丁文，再到文艺复兴后近代国家与近代各国语言的形成，其实包含相当多语言翻译的问题。翻译所扮演的角色，因此就显得特别突出与重要。同时当欧洲开始与大食帝国的阿拉伯世界接触，接着又与中国接触，再次开始了更复杂的文化交流及翻译的活动。或许是因为此一原因，后来英文的translation就源于拉丁文的translatio。反观中国的情况也有一些类似之处，以孔子或朱熹为例，春秋时的孔子和南宋时的朱熹，他们使用的语言是一种与我们有距离的语言。那么在延绵不断的历史中，儒家经典"注释"的过程，是否可以视为是一种翻译呢？答案应该是肯定的。亦即当朱熹开始注释《四书》时，他是将孔子的语言，用宋代人了解的方式再重新论述，而这样的活动就很类似今天很多人阅读白话批注的《论语》。简言之，经典注释、改写，也可以说是一种翻译。由此可见"翻译"即使在本土文化形成中，亦有其地位，而在本土文化与外来文化的遭遇、激荡时期，更是扮演着非常重要的角色。

透过翻译而形塑出近代中国文化是一个很复杂的过程。笔者拟以两种途径为例，来看此一问题。一种是报纸广告的翻译（大众文化），另一种是几位重要知识分子的翻译工作与影响（精英文化）。近代以来每日刊行的报纸成为大家生活中很重要的部分，尤其是报纸的广告传播了相当多的信息。广告无疑的是为特定商品所做的宣传，希望达到鼓励消费的目的，但是很多人可能没有意识到广告的内容，尤其是由外国传入的商品之广告，其实有很大一部分是透过翻译而来的。这里面有蛮多的手段跟技巧，如何把外国的货品通过中国人可理解、接受的方式，加以引介，从而促成读者购买的欲望，其实就牵涉一个翻译的过程。再者则是大家较熟悉的层面，即知识分子对重要文本的译介。一般人在成长过程之中几乎多多少少都看过翻译作品，来帮助我们认识新知识、了解新世界。笔者拟介绍几位清末民初的知识分子如严复、梁启超、鲁迅等人如何透过翻译，引介新知识来改变中国的传统、启发民智，并发展出一种新的语汇来表现出现代心灵与现代世界。总之，翻译并非只是精英分子的文字游戏，而是与每人的生命经验息息相关的活动。

翻译研究的两种取径

在探讨这个问题的时候，首先要问翻译的标准为何？它们是忠于或背叛原著？翻译是为了沟通上的方便，将一种文字转变成另一种文字，钱锺书将这个过程说得最传神，他说这是"化"。"化"字用得极妙，也就是将不同文化里所创造出的东西，透过一种非常精巧的方式，变化成其母国的读者所能了解的内容。翻译就是化，翻译功夫的高下在于化得好不好。基于这想法产生所谓的"原著中心论"，也是翻译研究里最普遍的处理方式，根据此一原则翻译的好坏决定于是否忠于原著，越忠于原著就越好，忠实度越少就越差。不过钱锺书也了解到翻译有直译，也有意译，而后者不一定比前者更不忠实。

那么以原著为中心对翻译标准的认定是什么呢？严复在译《天演论》（1898）时提出的"信达雅"三个字，堪称最高的翻译原则。"信"就是精确，翻译一定要翻得很准确，不能将白的变成黑的或灰的；"达"就是能将意思传递到读者身上，透过作者化的过程，将外国的思想、观念传送到读者的阅读经验中。"信"跟"达"是不同的概念，两者可以兼顾，但也可能有相当多内在的矛盾，也就是说有的时候翻译作品能够"信"，但是不一定能"达"。例如，很多翻译的书看起来好像很准确，意思却都看不懂，读完以后不知所云，这就是信而不达，有时直译的作品会有此一缺陷。第三个标准是"雅"，亦即用典雅的文字从事翻译工作。不过，这也受到质疑。若原文俗鄙要如何翻译成典雅？原文是很俚俗的文字，就需粗陋，才算是准确的翻译，这时"信"就可能比"雅"来得重要。"信达雅"三原则虽受到许多争论，不过近代以来的翻译理论，基本上都追求"信达雅"的原则，讲求忠于原著。

第二种翻译理论是：译者易也，认为翻译就是改变。在意大利称翻译者是背叛者，这是非常有趣的表述。根据此一观点，翻译是不可能忠于原著的，只要译者开始翻译，就开始背叛原著，开始自觉或不自觉地用一个全新的角度去呈现他想要呈现的东西，而呈现出来的翻译作品，跟原著之间一定会有很大的差异，这就是所谓翻译即背叛的想法。翻译即背叛牵涉"信达雅"遭遇的困难，不背叛原著是非常困难而几乎不可能的事，例如英文的一个成语"drink like a fish"在中文不能翻译为"鱼饮"，只能翻译为"牛饮"（泛指狂饮、豪饮）。这些问题的讨论，其实有相当多语言哲学家以较深入的语言哲学角度再加以剖析，其中最有名的理论是语言哲学家蒯因（Willard Van Orman Quine，1908—2000）所提出的"翻译的不确定性"。这是较复杂的语言哲学，最简单的说法，此一观点认为我们在常识中所认定的翻译的对等性是很成问题的。翻译的不确定性，不只是在不同国家所使用的不同语言的转换之间发生，在同一国家内，如国语跟方言，闽南语跟客家话，广东话跟上海话之间也会发生；而且即使是同一语言，也有这种翻译的不确定性，其实这就是误会产生的根本原因。翻译者即背叛者的背后，其实有很深的语言哲学的基础。由此观之，翻译研究不但是文本对比，不只是让原著与译作放在一起，看看翻译的过程有没有出错、是否精确，这只是第一个层次的问题。近年来的翻译研究理论，开始问翻译者如何以诠释、挪用、引申等手法，在"主方语言"与"客方语言"间宣称对等性的假设。虽然它宣称这两者是相等的，可是在这相等的过程里，就已建立中间地带（middle zone），而中间地带具有各种各样操弄的可能性。这个理论也开始让我们注意此种对等的建立（无论是词汇或是文本），其实是历史演变而逐渐建立起来的一个过程。也就是从一种原来观念到另一种翻译之后的观念，它不是马上就拉一条直线，变成对等的关系（像字典那样的对照），而是认为对等关系的成立是长远且复杂、反复、迂回、曲折的历史过程，牵涉译者与读者的双重诠释。

广告与翻译

接下来就用报纸广告的例子来说明翻译的复杂性。以民国初年《申报》（为一在上海发行的商业性报纸）来说，其中数量最突出的，就是医疗广告和药品广告。直到今天还是一样，医药这种商品，广告打得越多卖得越好，这是因为医药背后操弄的空间特别大。分析清末民初大概十几年的医药广告时就发现，当时的医药广告琳琅满目，创造了一种新的、夹杂中西医疗观念，以亏损、滋补为中心的身体观与医疗观。

当时的医学论述粗略可分为三类，一种是所谓的中医论述，中医论述就是中国传统医学的阴阳五行说，例如会认为你的火气大、身体太寒，或是说你有"肾亏"等。第二种是来自西方的，大概从晚明传教士开始引进所谓的现代西方医疗体系，到今天还具有相当强大的论述能力，也就是西方的现代医学。它靠着各种新的医疗设施的研究发展，且配合所谓等级性的医院制度，建立了庞大的诊疗体系。中西医大约在民国初年的时候遭遇，产生相当多的冲撞跟扞格不入的情形。民国初年以来一直有所谓的中西医间的论争。在中西医论争的同时，社会当时其实存在第三种论述，这第三种论述是一种中西交杂的、从病人的角度去看待身体与疾病的观念。第三种论述没有太多的理论基础，也不是很完整的体系，而且其内在常常是彼此冲突的。但是它亦有标准，即"是否有效"。就是说不管中药、西药，或中医、西医，只要有效就相信，如果两天没效，就换另外一种。第三种中西医交杂的医疗观念，是在民国初年以来的大约一个世纪中所逐渐形成的，而这一论述直到今天还具有很强的影响力。

以《申报》上的一则广告"百龄机"为例，百龄自然是有长命百岁之意，它号称是机器，可实际上不是机器，而是药。它的意思就是，吃了这个药之后，有助提升十六种功效，例如开胃、健脾、利尿、润肠、润肺、补脑、壮肾等。这是非常典型的报纸医药广告，而没有人知道（或关心）它到底是中药还是西药。

当时的医药广告虽宣称有多种功效，不过主要是集中于宣称：补脑、补血与补肾等三方面。第一是补脑的概念。传统中医也有脑的概念，但是在民国初年之后随着大量的书籍、广告的流传，"脑为一身之主"与补脑的观念才开始流行。类似于"艾罗补脑汁"那样的补脑汁开始在市面上销售，强调脑是可以吃药来补的，亦即食用补脑汁会使人变得聪明。第二个是补血的概念，最有名的就是"人造自来血"，当时五洲大药房卖得最好的一种药就是这种人造自来血，在全国不同的据点有相当多的分店卖这个产品。第三是保肾固精的广告，像第威德补肾丸专治遗精，这类广告至今仍是市售广告主流之一。

民初报纸广告所贩卖的药品不是传统的中药也非西药，而是所谓的"新药"。"新药"流行牵涉民国初年上海开始流行的一些消费文化，以及上述第三种中西交杂的医疗观念。从广告来看，当时中国卖得很好的一种药，叫"兜安氏秘制保肾丸"。保肾丸的标题是："肾亏百病丛生，肾强一身舒泰。"旁边还有英文字，"Doan's Pills"。如果翻阅民国初年的报纸，不论是大报如《申报》《时报》《大公报》，或者是小的地方性报纸，以及杂志，大概都可以看到兜安氏秘制补肾丸的广告。这个药是怎么来的？为什么附有英文，而看起来像是洋人的东西呢？这就牵涉前述广告里面翻译的过程。兜安氏秘制保肾丸的中文广告其实是西方广告的翻译：我们可以比较兜安氏在其他地区所做的广告。第一个是澳洲的广告。"SYDNEY PEOPLE, STRAIGHT TALK AND SYDNEY PEOPLE"，这是兜安氏在澳洲所做的药品广告，它的英文名字是Doan's Backache Kidney Pills，意指它是肾及背痛的药丸。另外兜安氏在英国、美国报纸中都有刊登广告，这些广告时间大约是19世纪末到20世纪初，都比中国的广告要早。这显示当时世界上已有全球的商业网络，以西方为中心向全世界发展，而报纸广告是此一网络建立的重要媒介。

兜安氏补肾丸的广告就是一个很好的例子。有趣的就是到底药商怎样从英文的Backache Kidney Pills到中文的补肾丸，这转变是如何造成的？让我们先观察一下西方的广告。这些补肾丸在西方世界做广告时，强调的其实是肾与腰痛的关系。如果仔细看其中的说明文字，它指出肾的功能是负责过滤人的血，如果你的血清净的话，你的腰就不会痛。妇女们做很多的家事常常腰痛，这是因为肾不好的缘故。换言之，如果肾好的话，就不会腰痛。总之，这些西方的保肾丸多半是用妇女当广告主角，也诉诸妇女来购买该药以治疗腰痛。而在中国，同样的保肾丸却诉诸男性，尤其是性功能的障碍。当时中国市场上还有一种西方卖过来的补肾丸，也是英国制造，它的英文是De Witt's Kidney and Bladder Pills。它的跨越、操弄的幅度就更大，变成第威德补肾丸——治遗精症、梦遗。这就牵涉为什么将Kidney翻译成肾？这在当时是很准确的翻译，现在查看每一本字典Kidney都翻译成肾。然而此一翻译却反映了相当多中西医冲撞的过程。

首先要指出来就是这个药品当时在西方先卖，之后它想要开拓东方的市场，不但想在上海，且在全中国各地卖，同时要在所有海外华人市场也卖，如加拿大、新加坡以及其他东南亚的华人小区的中文报纸都有兜安氏补肾丸的广告。这牵涉怎样将Kidney翻译成肾，而且将这个肾跟中医的肾亏连在一起。这其实是药商的操弄手法，是为了顺应国内的情境而出现的。中文广告中把两种不同的"肾"混为一谈，一种是中医的肾，中医的"肾"其实不能对等于西医的肾,中医理论上的"肾"是藏精之所,是与性功能有关的各个器官。"肾"创造精液之后,还能强精补脑,精液会从肾透过脊髓上升到脑,所以中医的"肾"不是指西方的Kidney,而是一整套跟性功能相关的身体的部位。中文的医药广告将两种肾做了转换与操弄。结果是在中国的广告中补肾丸几乎都与男性联结,以诉诸中壮年男子性功能障碍为主;而在美国、英国、澳洲所看到的补肾丸广告,却是塑造出适用于做家事操劳而容易腰酸背痛的女性。

第二个例子是补脑的药。1898年德国药厂制造的一种药品叫Sanatogen,也是在全世界营销。1910年在美国的报纸广告上可以找到Sanatogen,它是The Food Tonic,"Tonic"就是补药的意思。1910年时不但在美国,也在澳洲卖,可是因第一次世界大战,德国开始侵略其他国家。在澳洲,一次大战开打后该国抵制德国的药品。这时英国制的The Brain and Nerve Restorer,即脑跟神经的增强剂——Sanagen在澳洲上市,其药名将Sanatogen的"to"去掉,表示其效果与德国的药一样,不过强调不要用德国制品,要改用英国的代用商品。

这个德国的药也被引介到中国来,在中文叫"散拿吐瑾",或是"散拿吐瑾延年益寿粉",其中延年益寿的概念,强调对整体身体的功效。当时西方的Brain and Nerve药,不但补脑而且要补神经,这涉及当时身体观中脑跟神经是联结在一起的想法。从19世纪中叶时传教士所引介的西方解剖书里,就有脑与神经结合成的一个系统。1920年开始在中国推销Sanatogen,以广告中人虽终日忙碌,未见精神衰疲,将西方强调脑跟神经的药,转变成什么都补的提振精神的药,当然希望借此可以吸引更多的人来买。有趣的是,近代很多名人都很喜欢吃Sanatogen,例如:鲁迅在桌上常常放着鱼肝油和Sanatogen，鲁迅总觉得Sanatogen很麻烦，它是一种粉，要用冷水和热水把它泡开来。张爱玲的小说也谈到Sanatogen。最有趣的是徐志摩写情书给陆小曼时，问起她的身体，还叮咛她Sanatogen一定得不断地吃。那时候，泰戈尔来华演讲，徐志摩写了一篇文章介绍泰戈尔，谈到他最近的旅行非常劳累，泰戈尔的体力透支，都是靠Sanatogen支撑的。这几则报导显示Sanatogen在当时应该颇为流行。

第三个例子是补血的药。当时卖得最好的一种补血丸，称"威廉士红色补丸"，它就是诉诸补血的概念。红色补丸还卖到新加坡，在新加坡的报纸上有大量的广告，都是诉诸年轻女性：令嫒已届豆蔻年华，怎么样帮她补一补？就推荐了在美国的一种药品，英文叫Dr. Williams' Pink Pills for Pale People（粉红色的药丸为了脸色苍白的人们而设计的），翻译成中文，Pink变成红色，这主要是因为红色跟血液的联想，意指吃了这个药可补血。这个补药营销全世界许多个国家，而且都借着广告而达到强力营销的效果。

梁实秋就对这个广告留下深刻的印象，他在《雅舍小品》里记载：从前杂志背面常有威廉士红色补丸的广告，画着憔悴的人，弓着身子，手抚在腰上，旁边写着"图中寓意"四个字。这寓意对年轻人来说可能不怎么样，可是对中年人来说是具有说服力的内容，这篇文章就叫作《中年》，写给中年人看的。所谓的"图中寓意"其实是翻译，这个翻译倒不是翻译威廉士红色补丸，而是翻译自兜安氏的广告词，叫作"Every Picture Tells a Story"，每一张照片都告诉你一个故事。

另外一种补血丸，叫补尔多寿，广告中一边是药品名字，另一边却是补血强精，中间是以手托一瓶子，这个瓶子上并没有中文，旁边却声称这个药是德国一位非常著名的医生所发明的，它可以帮助你治疗各种各样的疾病，包括身体衰弱、脑神经衰弱等，最重要的就是补血强精。这是号称从德国进口的补血药之一，当时中国就有一翻版，称为赐尔福多，也是一种长寿丸。补尔多寿是从blutose来的，虽然号称是德国货，其实它是日本发明的一种新药。从1897年开始，一直到今天，这个药商藤泽友吉商店仍然存在。藤泽友吉商店在1916年开始贩卖blutose，是一种补血强壮增进剂，所以在日文的广告里面，重点是补血强壮。如果我们将中文广告与原始日文广告对照，有两点值得注意。首先，它刻意隐瞒这是一种日本商品，而宣称它是德国货。这是因为广告是登在1930年的报纸，隔一年发生"九一八事变"，当时中日之间有非常多的冲突，中国民众有反日情绪，或许因而才宣称是德国药，以转移注意。其次，补血强壮被改写为补血强精，增加了改善性功能的隐喻。很显然地，经过这两方面的更动，药商觉得中国的消费者将更能接受此一商品。

从以上的几个例子看来，近代以来报纸上的医药广告，尤其是国外传入的药品，其内容与国际文化传译有密切的关系。药品厂商借着对传译内容的操弄，来适应本土环境，促成商品销售。

翻译与启蒙：鲁迅

另外一种翻译活动是跟知识分子开启民智有关，亦即"启蒙"，启蒙很快跟翻译工作结合在一起。最早提出启蒙要求的是晚清时如严复、梁启超那一代知识分子。从19世纪末叶开始，他们提倡所谓"新民运动"，梁启超的《新民说》一书是此一运动的代表作品，曾发挥了很大的影响（参见拙著《一个被放弃的选择：梁启超调适思想之研究》，台北："中研院"近代史研究所，2006）。新民要追求什么呢？简单地说就是民力、民智与民德的提升，力就是身体，智就是智慧，德就是道德。梁启超觉得中国人是东亚病夫，必须改造人民的身体；中国人民智未开，必须要多读西方的学理；再者，中国人的道德不够，必须要依照中国人缺乏的各种德行加以补充（尤其是公德方面，如冒险进取、权利、自由、进步等）。这三个口号是怎么来的？其实它们源于严复翻译英国学者斯宾塞《论教育》（*Essays on Education*）一书，民德、民智、民力就是从斯宾塞书中译出来的。

近代中国的启蒙，一开始就跟翻译结合在一起，而且这个翻译的过程特别透过了西方和日本的中介环节，例如有时是由西方先传到日本，再从日本传入中国。近代因启蒙而翻译的书很多，像文学类有雨果的《悲惨世界》，史坦贝克的《愤怒的葡萄》，赛珍珠的《大地》等，这些书都是中国非常畅销的著作。另外，非文学类的例子更多，近代的新思想的传播，像《共产党宣言》《美国宪法》，各种主义的翻译，鲁迅翻译厨川白村的《苦闷的象征》（有关文艺理论），甚至《圣经》的翻译，像《新约》《约翰福音》里面的"太初有道，道与神同在，道就是神"，就是出自严复典雅的译笔。

以鲁迅翻译厨川白村的《苦闷的象征》来说，这本书虽是鲁迅从日文翻译来的，而实际上与西方脱不了关系，因为厨川的背后有法国的柏格森、奥地利的弗洛伊德的思想。柏格森和弗洛伊德的思想就借着鲁迅的翻译传到中国来。

所以现代世界的形成是跟不断翻译的过程交织在一起的。鲁迅翻译这一个作品，也跟他对中国的使命感有关。他认为中国处于非常低迷的状态，没有天马行空的大气魄，也不能产生大的艺术家，所以他翻译厨川白村其实是为了鼓励文艺创作，并以文学来启迪人心。鲁迅说他的文字是采用直译的，就是"硬译"，基本上保持了原文的口吻。另外最有名的例子是鲁迅对中国国民性的改造，我想大家可能都读过鲁迅的《阿Q正传》《狂人日记》《祥林嫂》等作品，鲁迅一生的使命就是透过大量翻译与著作来改造中国的国民性。在这方面鲁迅受到了日本人涩江保所翻译史密斯的英文著作《中国人气质》一书的启发，总之，鲁迅从外国人眼中看到中国国民性的缺点，因而引发出改造国民性、拯救国人灵魂的想法。

翻译与启蒙：梁启超

从鲁迅的例子可见近代中国的翻译与日本有密切的关系，因为在清末之时有大量的留日学生到日本读书，接触到相当多日文翻译西方的资料，就将这些书翻译成中文（包括很多教科书、工具书），而发挥了很强大的影响。这一个中国知识分子透过日文了解西方的源头必须要推到梁启超。

梁启超能读懂日文书有一个重要的文化背景，即所谓的东亚"汉字文化圈"。自明清以降，汉字就等同于东亚世界的拉丁文，东亚世界有学问的人都看中国书，如《论语》、《孟子》、医书、小说等。最近的研究发现东亚以中国、日本、韩国、越南（也包括东南亚其他国家）等使用汉字的国家为中心，有非常大的书籍流通市场。这市场在17、18世纪已经形成，流通的书籍包括通俗用的药书、经典、文集或艳情小说。书商将中国的出版品卖到这些国家，另外当地也出版汉字书籍，在日本称作"和刻本"。当我们试图了解19世纪后翻译世界的复杂性，首先必须上溯16到18世纪，这两三百年之间形成的东亚汉字文化圈。

总之，东亚有一个汉字文化圈，不过这个文化圈内各国虽同样使用汉字，但是意思、用法有一些不同，需要另行学习。戊戌变法失败后，康有为、梁启超逃亡到日本，在日本住了十多年。这一段时间梁启超开始透过日文的著作引介西方的观念，将西方最新的思想介绍到中国。梁启超是流亡日本之后才开始学习日文，据说他几个月之内就把日文学会。他有窍门么？其实诀窍是他和友人合编的一本书叫《和文汉读法》，此书至今还在，《和文汉读法》的意思就是让中国人很有技巧且迅速地阅读日本文字。这本书据说当时非常流行，而且卖得很好。梁启超自己亲身试验和文汉读法的效果，据说他坐船到日本的时候，在船上就开始翻译一本日文小说，叫《经国美谈》，来到日本后，他在朋友的协助之下，很快就学会日文。这也是因为明治时代所使用的日语中的汉字要比现在多，也较容易根据汉字，加上对日文假名的了解，而掌握其意义。

日文中有一部分汉字称为"和制汉语"，意指日本人创造的汉字词汇（中国人开始时并不使用）。和制汉语其实是由复杂的中日间交往而产生的。这些语汇有些源自中国古典，有些是19世纪中叶西方传教士在中国翻译的，传到日本，再由日本传回中国，所以中日之间有着非常繁复的语言交往的过程，这类词汇随着梁启超等人的翻译带到中国。和制汉语到底是什么？它指日本自中国引进汉字后，日本人所自行创造流行的汉语词汇，这些语汇又传入中国，19世纪末年起，以外来语的姿态逐渐在今日的汉语之内定着生根，而这些源自日本的外来汉语，就被称为和制汉语。像"世界"其实来自佛典，佛典里的意思是"宇宙"，它可能指国土、人间界、环境或宇宙，近代以来，"世界"开始指全球所有的国家，是梁启超开始引用，慢慢比较普遍的传布，有时他会用"世界主义"。还有一类称"回归词"，例："经济"，经济的英文是"economy"，但是传统的汉语其实是指经世济民的意思，在早期的翻译里，严复是把economics译成"计学"，有关经济的书早期是翻译成《富民学》，就是怎么样让老百姓致富，严复翻译Adam Smith的书也是《原富》，早期我们用"富"或者"计"这些概念去翻译西方的"economy"或者"economics"。经济这两个字是日本人开始用的，如上所述在汉文里经济本指经世济民之意，后来就转变成所谓的"economy"的意思。现代社会里面的和制汉语非常多，像"现代化""西化""物化"或者什么"主义"等；再者，我们所熟知的"共和国""电话""社会主义""资本主义""警察""航空母舰"等都是和制汉语。和制汉语最新的发展，包括最近流行的"达人""暴走族""援交"等，这些慢慢都融入中文世界。当然现代知识也随着日本词汇的流行引进到中国来。

翻译与启蒙：严复与新观念、新语汇的译介

严复跟梁启超不同，他是直接到英国留学，能阅读英文，而将英文的经典名著翻译成非常典雅的桐城派古文。在翻译的过程，他也引介、创造了相当多的语汇。

严复在近代思想家之中，是一位知识上既宽广又具有深度的学者。很多人指出他是一位19世纪时"感觉敏锐"的科学、民主启蒙

的先驱者。他所翻译的各种西方经典如《天演论》《群己权界论》《原富》《法意》《穆勒名学》等书，在近代中国发挥了很大的影响力。

不过谈到严复思想究竟影响力有多大时，首先要注意严复的历史角色有一个悖论之处，即他的思想面影响甚大（尤其是《天演论》中的天演、进化观念），而他所用的文字（桐城古文）与所创造的词汇，在20世纪初期之后却被胡适、陈独秀所主张的白话文，与上述梁启超等人，尤其大量留日学生所引进的"和制汉语"所彻底打败。

如果严译语汇难以存活，那么严复在思想面的影响就的确值得再作斟酌。在八种最风行的严译之中，真正有影响力的可能只有《天演论》。然而诚如贺麟所论，人们对《天演论》的理解，局限在"物竞天择""适者生存"的救亡感，而不是在生物学与哲学的学理面向。

严复所翻译其他的书大致可以分为三个部分：逻辑学、资本主义的经济学说与自由主义的政治学说三个部分。

以逻辑学来说，严复的译作最难为人所了解。包天笑的《钏影楼回忆录》有很精彩的一段记载，1905年《穆勒名学》刚出版，严复应金粟斋之邀在上海演讲名学，"使得大家明白一点"。当时一班名流都来了，包括张元济、郑孝胥，也邀请了常来的马君武、林白水、章士钊、章太炎等人。根据包天笑的记载："他的讲词中，常常夹杂了英文，不懂英文的人，便有些不大明白。但这种学问，到底是属于深奥的学问，尽有许多人，即使听了也莫名其妙。"在严复逻辑学翻译语之中，除了"逻辑"一词因为章士钊的大力推荐，仍然存在之外，其他的译语如："珠联"（三段论法）、内籀(归纳)、外籀(演绎)、"词"(命题)、"玄名"(抽象名词)、"察名"(具体名词)全为日译名所取代。

在经济学方面,根据赖建诚《亚当·斯密与严复》和吴建林的硕士论文《论严复于〈原富〉内经济类名词之翻译手法及其所译名词之消亡》(台北:辅仁大学翻译学研究所,2004),严复的"计学""版克"不敌日译的"经济""银行",这是大家所熟知的。再者,他援引古典词汇、喜用单音译词字,如以"阄博"来翻译lottery、"联"来翻译corporation、"货"来翻译commodity。此外,严复所用的大量音译词也被淘汰。其中一个原因或许是严复在音译时刻意引用佛典而产生距离感,如他将Royal Bank翻译为"赖耶版克",自注"赖耶,本梵语,译言王家"。赖耶源自"阿赖耶",为梵语alayavijnana(藏识)。其他的音译语如"赖摩"(Lima,秘鲁首都)、"毗勒"(bill)、"须弥"(Himalayas)等都有佛教语汇的意味。同时有些意译语也有佛教、《庄子》的痕迹,如free trade译为"无遮通商"、fixed capital译为"常住母财"、South Sea Company译为"南溟有限公司"。

在自由主义方面拙著曾讨论:严复不同意日人将rights译为"权利",他认为这是"以霸译王"(无论"权宜"或"权谋"都具有负面的意义),将西方一个具有正面意义的词翻译为一个带有负面意义的词,因此另行译为"职"或"直",如"天直""民直",因为他觉得rights在西文中也有直线、直角之意(right line与right angle),而中文的"直"也有"职"的意思,两者相互配合。再者,在翻译与rights相关的词时,他并不重复使用单一的词汇来翻译这个字,而常常依据上下文来做调整。例如他将rights and interests合并翻译为"权利";他有时又将interests翻译为"权利"；他也把constituted rights翻译为"权利"。根据笔者的考察，当密尔所称的rights是一种源于自然或不可让渡之意时，严复倾向于翻译为"天直""民直"；然而当rights与interest合用，而具有个人利益之意涵时，他则采用"权利"。众所周知，"民直"一词不敌"权利"，已被淘汰。

严复的失败有一个过程，大致上是在1901—1911年的十年之间所形成的。在1903年出版的《新尔雅》中其实仍包容了大量的严译名词。如在"释名"一节，编者即同时罗列了严复译语与和制汉语。然而到了1911年上海国学扶轮社出版《普通百科新大辞典》时，情况却有所改变。这一套书由黄人主编、严复为之作序，共15册，全书"一百数十万言"，收集词条11865条，据统计其中仅5500条属于社会科学方面，其他部分则为科学与技术方面的词汇，全书依照笔画排列，并附分科索引。

不少学者都指出《普通百科新大辞典》所收录新知识用语主要采取日本新名词，并刊载大量日本所翻译的地名和人名，这主要是因为编者所依赖的参考书籍大多数是日文书与日译本。陈力卫指出芳贺矢一编辑、1908年底出版的富山房《国民百科辞典》为此书之底本，"我们对照《国民百科辞典》与《普通百科新大辞典》后，发现两者规模相当，无论是在词义诠释上，还是在插图上，后者都大量采用了前者，等于是以前者为基础采纳新词，翻译新概念的"。

那么在这一套由严复作序的百科辞典中，严复的译语究竟保留了多少？根据笔者的考察，编者绝大部分都采取日译词汇，而放弃严译。例如书中收录了"神经""星云""单位""权利""银行""望远镜""社会学""人类学""进化论""有机体"，等等。"神经"之下附了早期的译语"脑气筋",却没有严译之"涅伏"。不过也有一些词语附了严复译语,例如,在"三段论法"之下附了"珠联","人为淘汰"之下附了"择种留良","论理学"之下附了"名学","经济学"之下附了"计学"。在书中所收录的一万多词条中,严复译语被采取作为主条目者仅有:"天择物竞""适者生存""内籀"(后附"归纳")与"外籀"(后附"演绎")。不过上述四个严译条目中,"内籀"与"外籀"最后还是被日译所取代,这样一来《天演论》的"天择物竞""适者生存"是仅存的词条。

严复译词为何失败?这些原因可以归纳为以下数点:清末以来译自日本的书刊数量太多,约定俗成之后,即难以抗拒;严译"太务渊雅,刻意模仿先秦文体",所以不易为人理解,而在五四白话文运动后很难受到人们的欢迎;严复翻译好用单音词(如计学、群学、心学),不敌"复合词"(如经济、社会、心理)在意义传递上的丰富性;严复喜用音译;严复所负责译名统一工作(他担任学部之下的"编订名词馆"总纂一职)迟迟无法有效推行等。

民国初年之后日译名词取得了绝对的胜利。今日少有华人会意识到"团体""组织""膨胀""舞台""代表"等词汇是从日文来的。《荀子·正名篇》曾说:"名无固宜,约之以命,约定俗成谓之宜,异于约则谓之不宜。名无固实,约之以命实,约定俗成,谓之实名。名有固善,径易而不拂,谓之善名。"上文中所谓"约定俗成"大致上可以解释日译的成功。这尤其表现在这些新名词在大众传播媒体(各种报刊)、翻译书籍、教科书、百科辞典等出版品之中随着新知识的传播大量出现,发挥了铺天盖地的影响力。相对来说,严复的翻译作品只占了出版市场之中很小的一块,只好败下阵来。不过，我们也不能忽略荀子还有"名有固善"的观点。对他而言，语言文字的创造（包括名词翻译）仍存在一个绝对的标准，只不过"名"的好坏与其是否能"约定俗成"并无必然的关系。严复非常努力地创造"径易而不拂"（简单明了而又不矛盾）的"善名"。他很清楚地意识到译名要有文字学的基础，并奠定在译者对翻译双方（所谓的主方语言与客方语言）文化背景的深刻认识之上，亦即一方面应上溯西文原字在希腊文或拉丁文中的原意，另一方面要寻找在中国文字学上有来历的适当名词来翻译西字，并细查其两方词汇的文化与思想背景。严复所采取的音义并重的译法，如以"乌托邦"翻译Utopia，以及以"民直"来译rights，都是很好的例子。很可惜在各种因素影响下，严译名词未能更广泛地为人们所采纳，然而他所揭橥的理想，无疑地值得我们继续追求。

结　语

本文尝试从翻译的角度来认识近代中国的文化变迁。中国的现代性可以说是翻译的现代性，西方的思想观念乃至日常生活的各种货品都是透过翻译，或是直接来自西方，或是经由日本的中介，引介到中国来。此一经过翻译所形塑的中国的现代生活，从抽象的语汇、对身体与疾病的认知，到具体的货品，都与19世纪中叶之前的传统世界有所不同，共同构成了我们今日世界的重要基础。

可是从另外一方面来看，翻译就是背叛，译者或因利益的因素，或因理念的因素，自觉、不自觉地背叛原著，而创造出复杂的文化情境。如此看来，翻译是无尽的循环，一方面有可能是单行道，一种文化产品从西方到日本到中国，或者再转到韩国；另外一方面也有双向道或多向道而交互影响的可能性，如梁启超到日本之后，读了很多日本人对中国的诠释，影响到他对中国的认识；中文作品也翻译到日本、韩国与西方，影响到这些国家的发展，由此可以看到反反复复的文化交流。翻译创造了新的世界，也给人们带来了相当多的灵感与新的选择，而这种文化杂糅的现象只有透过翻译过程的厘清，才能稍微说得清楚一些！

从"士大夫""士绅"到"地方精英":二十世纪西方汉学界对清末民初中国社会领导阶层之研究

前　言

有关近代中国社会领导阶层（leading strata）的研究在西方汉学界一直是一个引人注目的课题，对此课题的研究成果十分丰硕。这个课题受到重视的主因是许多西方学者认为研究领导阶层是了解中国社会结构的第一步，也是最核心的部分，因此从19世纪末、20世纪初开始，西方学者对中国的兴趣就环绕着中国社会中那些"发挥影响力的人物"。然而从方法论与基本概念的角度来说，在20世纪时，西方学者对此一问题的兴趣却经历了阶段性的变迁，这个变迁反映在三个词汇与概念的使用之上：士大夫（literati）、士绅（gentry）与地方精英（local elite）；笔者认为这三者的背后实际上是代表了三个不同的研究典范。本文的主旨即是以这三个研究典范之演变为轴心，分析与评估20世纪西方学者对清末民初中国社会领导阶层的研究。

首先笔者以归纳的方法列出有关社会领导阶层的重要课题，再以此标准来评估二手史料的得失。"领导阶层"（leading strata）是一个含义十分模糊的词，在本文中它用来指：在一个权力结构中，无论是在中央或地方层次，能够发挥影响力的领袖人物（leaders and other "influentials"）。对于领导阶层的全面研究至少应包括下列这些彼此相关的问题：

1.领导阶层是哪些人？他们又可分为几种类型或次类型，例如可否分为全国精英与地方精英，或城市精英与乡村精英？

2.领导阶层的人数有多少？

3.如何解释领导阶层的地域差异？

4.如何进入领导阶层？有多少的社会流动率？

5.领导阶层所赖以发挥影响力的社会资源与策略为何？

6.新的科技发明与领导阶层的变动有何关系？

7.文化因素（如思想传统、宗教信仰或政治文化）对领导模式有何影响？

8.领导阶层与次级领导阶层之间有何种的冲突与合作的关系？

9.领导阶层对一般人民施行其统治权力时，其权限为何？

10.领导阶层与当时社会上的职业和经济结构有何关系？

11.上述各现象在时间上有何变化？而导致变化的主要因素是什么？例如随着时间的变动，社会上有哪些新领导阶层的出现？

12.最后是研究者的评估问题，例如史家可依赖何种标准，对历史上领导阶层的表现作一评价？

西方学术界对此一课题的研究十分丰富，在此无法做全面的探讨，本文仅能就三个在20世纪影响深远的研究典范，配合这十二个问题来检讨一部分作者认为较为重要的二手研究之贡献与限制。

第一个典范是东方专制论，此一典范可见于马克思（Karl Marx, 1818—1883）、韦伯（Max Weber, 1864—1920）与魏复古（Karl August Wittfogel, 1896—1988）三人的著作之中。他们的理论中"国家"与"社会"为对立体，而作为领导阶层的"士大夫"是以国家权力的代理人之身份来统治社会。在此模式之中"国家"与"社会"的分野，以及"国家"对"社会"的统治力量受到高度的强调，而这种力量的基础源于国家对水利的管制。第二个典范是"士绅社会"理论，参与者包括艾伯华（Wolfram Eberhard）、张仲礼、何炳棣、瞿同祖、费孝通等人。此典范认为拥有科举功名的士绅阶层居于国家与社会之间的联系地位，他们一方面是国家的官员，另一方面也是社会中有势力者，因此在此典范中"士绅"成了中国社会的领导阶层，这些学者并借用英国史上gentry（绅士）的概念来翻译士绅。此一典范所关心的主要问题是士绅是谁？人数有多少？社会流动率又为多少？第三个典范是"地方精英"理论，此一理论深受施坚雅（G. William Skinner）作品之影响，重要的学者包括孔飞力（Philip Kuhn, 1933—2016），曼素恩（Susan Mann），周锡瑞（Joseph Esherick）与Mary Rankin等人，目前仍有不少人在从事这方面的研究。此一典范所问的问题从"士绅的定义"或"整体地讨论领导阶层"转移到"精英分子如何在不同的地域环境中发挥其影响力"，因此"地方精英"成为他们研究的主题，他们并运用"elite activism"（精英的实践主义）一词来说明精英分子所具有的自主角色。但此一典范的支持者并没有对地方精英一词作清楚的界定，他们认为这些人不仅是拥有功名的士绅，还包括商人、军人、宗派领袖或秘密社会的头目等。下文将依序讨论这三个典范的发展过程。

"东方专制论"下的国家代理人

西方汉学界对中国社会的一个经典解释可以追溯到马克思的"亚细亚生产模式"之观念以及韦伯"父权国家"的理论。马克思认为由无数自足之乡村所组成的中国社会完全受到国家专制力量所统治。这个理论到了魏复古的手上又有进一步的发展。在魏复古著《东方专制论》一书中,他认为古代中国社会依赖灌溉农业,同时又因为水利灌溉需要大规模的合作,而民间小规模的非正式的组织不足以完成这项工作,因此国家得以经由对水利的控制,能够在经济上剥削社会中的人们,并在武力上管制其运作。就领导的角色而言,魏氏认为中国皇帝是一个绝对的统治者,他所率领的百官能有效地控制社会。他指出官员与所谓的"封建"地主在性质上并不相同,前者为皇权的代理人,为领导阶层;而后者虽拥有土地却是被统治者,并无独立的权力。魏氏的理论也称为"水利社会理论",此一理论不但深受马克思的影响,也受到韦伯的启发。

韦伯对中国社会的理解较上述的理论要复杂得多,但他同样也强调国家所具有的控制角色。在《儒教与道教》(英译本冠以《中国的宗教》一名)一书中,他认为公元前3世纪时,中国的封建秩序为专制统治所取代。到了唐代,随着科举考试的出现,受过教育的士大夫形成统治阶层,并组成了父权的官僚政府。他对唐代以后中国士大夫的观察曾经一再地被人所引用:"十二个世纪以来,中国社会地位的决定主要在于任官资格,其重要性超过了财富。"在他的理论中通过科举考试的士大夫变成了国家的代理人,因为回避制度的关系，他们被派遣到本籍之外地区担任地方官；并且中央政府为了防止官员形成地方势力，规定地方官每三年要轮调。韦伯认为中国地方政府所在的城市与西方城市很不相同，中国城市主要是行政的中心，受到严密的官僚统治，它们并无西方城市所有的自主权。

在韦伯的观念中，中央集权的政府虽能有效控制社会，然其权力所及的范围却不及上述马克思与马克思主义者之理论所认定的范围。主因在于韦伯认为中国在县以下的乡村是一个"没有官员统治的自治区"，在乡村中地方宗族发挥了更重要的统治作用。他承认皇权与宗族势力之冲突，而且"中国的行政史上充满了皇权政府试图将其势力贯彻于城外地区的实例"（页90），不过他并不认为在乡村的宗族力量能够发展成为一个独立的社会势力。

韦伯也注意到士大夫价值取向的研究，他强调基督新教鼓舞其信徒接受上帝的意旨来改变现有的秩序；而受儒教影响的中国的士大夫则追求天人合一与复古，他们是传统主义者与调适主义者，抱持着与现实社会的妥协精神，这种精神阻碍创新的可能性，他并因此而推论中国的士大夫缺乏"资本主义的精神"，这是西方式的资本主义无法出现在中国的一个重要原因。

马克思、韦伯与魏复古三人对中国社会领导阶层的看法虽略有出入，但他们共同的看法是中国社会受一个中央集权的政府所领导，这个政府是由一个专制的皇帝以及许多受过教育的士大夫所组成，而士大夫以中央政府代理人的身份施行统治。因此，此一典范对上述第一个问题的答案是：中国社会领导阶层是受过教育并拥有功名的士大夫，他们以"国家"代理人的身份统治"社会"。除此之外他们的理论强调社会领导阶层以水利控制作为发挥其影响力的重要资源，此点涉及上述科技与领导的关系。再其次，韦伯指出士大夫之思想与价值取向与其领导角色之关系。整体而言，东方专制论之典范主要处理上述论题中的第一与第六个论题，并触及第五与第七个论题，但很明显地他们忽略了其他的课题，例如，领导阶层的人数、社会流动率、地域差异等，尤其重要的是，此一理论以"国家"与"社会"为对立体，两者之间冲突与合作的动态关系因此隐而不彰。

上述的研究典范对西方汉学研究有根深蒂固的影响力，也导致许多激烈的辩论，在批判《东方专制论》的许多书中，艾伯华的《征服者与统治者》一书是一个重要的里程碑，该书的出版直接影响到第二个典范：士绅社会理论之出现。

艾伯华与士绅社会理论的建立

艾氏的《征服者与统治者》一书出版于1952年，他对马克思主义者将中国社会硬套入一个现成的模式感到不满。他的论点主要基于以下两点：第一，他批评上述强调大规模的水利工程促成国家干预之可能的"水利社会理论"，艾氏以许多具体的例子显示在中国传统社会中，水利工程主要是由人民主动兴建，如果其中受到地方官员的干涉或协助，这也是由于来自下层的压力，而非上层的指示。第二，艾氏反对魏复古对官员与"封建"地主的区别，他认为官员实际上是来自地主集团，所以他以为中国社会只存在一个领导阶层，即士绅。在他的观念之中，中国的士绅社会有三个特点，（一）士绅阶级在经济上依赖土地资产而非工业资本。（二）士绅是由地主、学者与官员所组成，在士绅家庭中家人多半同时参与这三种职业。（三）理论上士绅社会是一个开放的社会，每一个人都有机会进入此阶层，但他认为实际上社会流动率很有限。

艾氏士绅社会的理论促成一个新的中国社会形象的兴起，在此理论中士绅不但是国家的代理人，也是乡民社会中的中坚分子。他们一方面扮演了国家与社会之间的中介人，另一方面也是城市与乡村的联系者。换言之，士绅并非单纯地为王权代理人，而是具有国家与社会两方面的认同对象。虽然艾氏的研究课题主要是中古时期，并未触及明清两朝士绅之研究，但后来学者对明清士绅的研究却深受其影响，在这方面较重要的学者有张仲礼、何炳棣与瞿同祖等人。

对于明清士绅角色的辩论

奠定士绅社会之理论的经典著作要推张仲礼两本有关19世纪中国士绅之研究：《中国绅士：关于其在十九世纪中国社会中作用的研究》与《中国绅士的收入：〈中国绅士〉续篇》，以及何炳棣《明清社会史论》一书。这三本著作详细地探讨了士绅的组成、人数，而且估计了社会流动率。他们的结论是：通过科举考试是获取士绅地位的必要条件，而在明清时期向上与向下的社会流动率都非常的高；也就是说明清士绅阶层中有不少人出身平民家庭，也有一些士绅没落为平民。因此他们完全以具有科举功名的一个条件来界定士绅阶层。两位作者间一个比较大的分歧是：生员与监生是否属于士绅团体？张仲礼的看法是肯定的，他认为生员与监生是低级士绅；何氏则持反对的观点，认为他们仅是平民的领袖，不应包括在士绅阶层之内。

费孝通的观点与张、何两人并不一致，他认为士绅与农民构成中国社会中最显著的两个阶级，士绅（约占人口的百分之二十）地位的维系依靠两个重要的因素，一是经济上他们拥有土地，一是政治上具有官位。此外他以为士绅受到宗族势力的保护，极少向下流动再变为农民，同时缺乏经济基础的农民要通过科举考试也十分困难，因此士绅与农民之间的社会流动率实际上非常的低。总之，费氏认为"财富"与"宗族组织"是促使家庭成员通过科举，晋升士绅的先决条件。费氏的著作鼓励Hilary Beattie以安徽桐城的宗族为例，反驳张仲礼与何炳棣的古典解释，他指出科举功名与官位并不是维持财富与权力的关键因素，在明清时期的安徽桐城，晋升领导地位的最重要的资源是土地资产与宗族组织。

张氏、何氏与费氏三人的作品均以士绅作为一个整体来探讨，并不强调他们在地方上所扮演的角色。瞿同祖有关地方政府的书《清代的地方政府》却是由此着眼。他接受张仲礼对士绅所采取的较广的定义，再深入探讨他们在地方行政上的重要性。他认为相对于地方官员的"正式"权力，士绅代表地方小区中的"非正式"的权力，他们不但与官员讨论地方事务，也参与统治地方的决策过程。瞿氏进一步指出，在此环境下，士绅的利益与地方官的利益直接冲突，然而，因为双方均依赖对方的支持，来维护现有的秩序，因此两者之间的紧张不至于升高到改变现存的政治与社会秩序。瞿氏此书中对士绅角色的界定与上述艾伯华的观点十分契合，难怪在艾氏所撰写的一篇书评中，推崇瞿同祖的《清代的地方政府》一书是"第一本对草根层次的中国政府所作的有意义而值得信赖的研究"。

士绅社会典范所问的主要问题是：谁是领导阶层？他们的人数有多少？以及社会流动率为何？对此三个问题他们以士绅的观念为中心提出了较具体的答案。至于士绅阶层的资源与策略，有些作者同意科举功名是最重要的因素，它可以导致财富、权力与声望；也有学者强调必须先有财富与宗族势力的支持，才能在科举考试中有较强的竞争力。这些观点虽受到后来学者的修正与批评，然无疑地，这个讨论本身加深了人们对中国社会的了解。这一典范的缺点是忽略了一些其他重要课题，例如地理、智识、科技因素对领导阶层的影响，所以他们主要视士绅为一个团体，而忽略其内部的差异，像首都士绅与边疆士绅，或城市士绅与乡村士绅之区别等问题并未受到关注。

　　张仲礼、何炳棣、费孝通与瞿同祖的作品影响十分深远，对1960年代、1970年代研究中国历史的学生来说，他们的书是了解中国社会结构最重要的作品，至1970年代、1980年代他们的观点逐渐受到修正，这些新的修正意见或多或少都受到施坚雅（G. W. Skinner）观点之影响。

施坚雅的理论架构与区域研究的兴起

　　从1964年在美国《亚洲学会会报》（*Journal of Asian Studies*）上有关中国农村地区的市场结构一文，到1984年美国历史学会主席的就职演讲，施氏以层级秩序的"中地理论"为中心，倡导将中国分为几个大的经济区域，作细致的区域研究。他的理论促成了西方汉学界在方法论上的一大变革。尤其显著的是分析的单位由原先将中国视为一整体，逐渐转移到强调小范围的区域研究。一旦学者的注意力转到地方，将区域研究与领导阶层之研究相配合的"地方精英"的观念就开始形成了。

　　施氏的观念对地方领导阶层之研究的影响可以从好几篇作品看

出来，例如在施氏与伊懋可所编《帝制晚期中国城市》一书收入伊懋可对清代江南水利管理阶层的研究，此一研究显示地方精英在一个逐渐商业化社会中所扮演的角色。施氏与伊氏等另外又编了两本有关中国城市的书，其中有多篇有关地方领导阶层的研究。

另一个直接受施氏理论影响的例子是萧邦奇（Keith Schoppa）有关20世纪初期浙江士绅的研究，他运用"核心—边陲"的理论架构以及社会生态学的观念，从社会经济系统的角度解释此一时期浙江的政治发展。他将浙江省分为内部核心、外部核心、内部边陲、外部边陲四区，再检验各区精英分子的组成，以及精英分子与地方官或其他区域之精英分子的关系。他发现各区精英分子的组成并不相同，其政治化的程度由核心向边陲逐渐扩展。在内部核心，经济发展刺激了许多代表精英分子之利益的不同团体之出现，而地方官员的权力也受到精英分子集团之抑制。相对来说，在外部边陲，地方官员享有较大的权威，而且直接领导变革。他进一步指出，各区之间精英分子的冲突是促成省级地方派系的重要因素。萧邦奇的书显示了空间分析与领导阶层之研究的结合。诚然，该书不仅受到史氏理论的影响，同时也受到1970年代其他学者对地方精英之研究的启发。其中之一是孔飞力，他的书对新典范的出现有直接的贡献。

"孔飞力学派"与地方精英典范的形成

孔氏第一本有关地方领导阶层的研究是1970年出版的《晚清叛乱及其敌人，1796—1864》。在此书中他研究农村的领导阶层组织地方武力，抵抗企图推翻现存社会秩序的反叛力量，在叛乱期间地方士绅负担起前所未有的在治安、征税与公共建设上的责任，而造成权力的扩张。士绅权力的扩张一方面起于维护旧秩序的动机，另一方面也促成帝国行政的解体。作者认为这是太平乱后地方势力崛起的根源。

上书主要研究19世纪的地方领导阶层，至20世纪，随着科举制度的结束与中华民国的诞生，地方上的精英分子又有一番新的变化。孔氏在1975年出版的《民国时期的地方自治政府：有关控制、自主与动员的问题》一书很深入地探讨了此一课题。他指出清末民初的地方自治政府与西方的民主政治体制少有关联，这个现象必须要从传统的延续，尤其是"封建与郡县之争"的传统来观察。文中指出冯桂芬（1809—1874）地方自治政府之观念受到顾炎武封建理想之影响；而康有为自治政府之观念则是多种来源的结合，其中包括封建理想、传统对士人角色的界定、经世思想中的改革理念，以及来自西方的以大众动员来救亡图存的体认。孔氏强调传统的"控制—自主"之关系与现代之"动员"观念的区别，他以为康有为是过渡期的思想家，他的观念同时基于"动员"与"控制—自主"两种模式。

在制度演变上，孔氏以为晚清到民国的地方自治政府的演变代表了承认生员、监生阶层之影响力，并使之正式化与制度化。然而不幸此一努力并不成功。至1930年代国民党政府面临此一问题，他们尝试建立一个基于动员观念的新的地方体系，但由于他们所控制的资源相当有限，此一计划亦无法实现。其中一个重要的障碍是所谓的"土豪劣绅"，孔氏认为这些人代表了帝国时期低层农村地方精英的残余势力，他们因为传统流动管道的封闭而受挫，相对来说无法成功地适应新时代的需求。民国时期的土豪劣绅仍值得再作深入研究，但孔氏的文章无疑是个很好的起发点。

孔氏的作品一方面结合了思想史与制度史，另一方面则着重20世纪地方精英的演变。此一研究取向由其学生杜赞奇（Prasenjit Duara）所延续。杜赞奇的起点是19世纪中国的地方精英。他主要运用南满铁路的调查报告，处理20世纪的前四十年间，在中国北部，由于国家势力的扩展对地方权力组织所造成的冲击。

杜赞奇的论点虽复杂却阐述得十分清楚。他认为在帝制晚期一个他称为"权力的文化关联"（cultural nexus of power）网络，将国家、士绅与其他的阶级联结在一起，这个文化的联结体包括了宗教、宗族、市场、水利以及其他的组织，并提供"公有的象征性的价值"。例如他指出水利设施与龙王庙信仰之关联，这些小区中的共同活动不仅是地方精英较劲之处，也象征性地表示地方精英对帝国统治的臣服。再者，这些宗教礼仪等象征性的活动或公众事务又与征税等实际的行政事务密切相关。

至20世纪，中国政府开始将势力深入农村社会，采取一些如打击宗教势力与课征新税等政策。其中一个很重要的新税是"摊款"，这是一种对乡村所课征的不定期的附加土地税。此一政策一方面使地方精英具有较大分摊税款的权力，同时也使他们脱离了旧有的"文化关联"。在这个过程中地方的领导结构亦逐渐转变，旧有的地方精英脱离了政治领域，与传统"文化关联"不直接相关的新的领导阶层则开始登上了历史舞台。杜赞奇的结论是国家在深入地方的过程中消除传统的象征的资源并损坏了传统的领导结构，如此使自身的统治缺乏合法性，也无力以国家的目的来动员地方精英。他并进一步指出国家对乡村的权力扩张侵蚀了农村的社会基础，此一因素悖论地促成共产革命的成功。

从孔氏的作品到杜赞奇的书，对晚清至民初地方精英的研究日趋精细，在这一段时间内对中国社会领导阶层研究的一个新的角度也逐渐地形成。1978至1979年，孔飞力与曼素恩所合著的一篇文章首次尝试将此一研究取向放在西方汉学传统的背景下来观察，而且表明他们的研究取向与前面的两个典范不同。本文的基本理论脉络即深受该文之启发。该文的主要论点如下，第一，他们采用"地方精英"而非"士绅"来讨论研究的对象，这一部分是由于他们的主题在处理20世纪的领导阶层，士绅的概念不足以包括此一课题；另一更重要的因素则是他们对领导阶层有一新的体认。第二，在该文中强调施坚雅对中国社会的区域研究取向。第三，他们怀疑士绅典范中将领导阶层界定为"中介者"（brokerage）的观念；并转而强调士绅所具有的自主角色。此文可谓是新典范的宣言，很明显地，他们的主要关怀已经从较静态的对士绅定义的研究转移到较动态的自主角色（activism）之研究。有一些其他的学者很同意他们的想法，较重要的有周锡瑞（Joseph Esherick）与Mary Rankin。

Esherick、Rankin与地方精英典范的建立

孔氏的研究主要在清末与民初，Esherick则着眼于上述二阶段的连接点：1911年的辛亥革命，以及革命与地方精英的关系。他的专书《中国的改革与革命——辛亥革命时的湖南与湖北》出版于1975年。他的书主要是针对Mary Wright与日本学者市古宙三的论点，市古宙三认为在清朝末叶士绅属于保守分子，对西化并不感兴趣；Wright则以为在辛亥革命中士绅是一个进步的势力，他们希望

以立宪来挽救危亡。Esherick则企图综合此二论点。他采取孔飞力的假设，认为现代化创造并加深了精英分子内部的分裂，而此一分裂主要是乡村精英与城市精英之区别。他以为城市精英寻求以西化中央与地方之政治制度的方式来强化中国与其自身；然而乡村精英则并不热衷于以建立地方自治政府来达到救亡的目标，但他们确实是视此为制度化地方政治权力的一个良机。Esherick与上述二位学者的一个重要不同是Wright与市古宙三的分析单位是士绅，而且到某一程度士绅被视为是一个同构型的团体；Esherick则以精英来取代士绅，同时他也注意到精英分子内部的歧义，其中包括了一些互相冲突的次级团体。此书的出现显示1970年代中期，除了孔飞力之外，其他学者也开始以地方精英的概念审视近代中国历史。

Rankin运用来自浙江的史料，她也关怀19世纪后半叶的地方精英与辛亥革命的关系。她的书是在Esherick的书出版十年之后完成的。她追溯太平乱后地方权力的兴起，并指出动乱后地方精英在社会救济与教育两方面参与地方的重建工作，这使他们逐渐形成一个新的社会阶层。至1870年代他们的力量扩张到超区域的饥荒拯救的工作，而到了1880年代与1890年代更进展到参与国家层次的事务，而与宫廷的改革计划抵触。在她看来晚清地方精英权力的扩张是一个长时间累积的过程，而新政的困难主要在于清政府与核心区域之精英分子之间的冲突。她认为帝制的结束主要涉及此种国家与社会的冲突，此一因素要比一个新社会阶级的形成的本身要来得重要。

Rankin的作品对前人的著作有所批评也有所补充。第一，她的解释与Esherick将两湖城市地方精英视为改革势力的看法并不相同。因为二书根据不同地区的史料，在此无法对这两种说法加以定位，但两者的不同却是进一步研究的一个很好的起点。第二，她的研究与Schoppa对同一省区的研究也不同，但两者可以互补，Schoppa显示核心与边陲精英分子之差异的多方面的意义，此一差异远超过我们过去所了解的传统社会的城乡差异；而Rankin则分析长期在官僚组织之外，精英分子参与公共事务之领域的扩展与结果。

由上述的比较可以了解在1980年代对地方精英的研究可说是众说竞起的战国时代。就在这个时候一种追求综合的呼声也开始出现，其中最重要的努力是1987年8月在加拿大Banff召开的"中国精英分子与统治模式研讨会"。三年之后由加州大学出版会议论文集，收录了经过选择的十一篇论文。编者即该次会议的召集人周锡瑞（Joseph Esherick）与Mary Rankin。该书编者撰写了相当出色的导论与结语，至此地方精英典范已正式成形。

从士大夫、士绅到地方精英等三个关键词的更迭发展，可以反映西方汉学界在20世纪长时段的过程之中对中国社会的探索。这些解释一方面有其本身关怀、时代的背景，以及不同理论的烙印，然而无疑地在典范转移的过程之中，他们也逐渐地深入了解中国社会内部的复杂面向。

世俗化理论是否适用于近代中国？[①]

本文尝试分析以"世俗化"（secularization）观念来研究中国思想史的几篇著作，以了解此一观念在近代中国研究上的限制与启示。笔者首先厘清世俗化一概念的意义，及近年来西方学者对此概念之反省；其次分析以世俗化来讨论中国近代思想变迁所引发的争议，而特别环绕着余英时与墨子刻等人对此议题的思考。近代中国世俗化的讨论与"五四话语"的出现，以及新儒家等人文主义学者对五四启蒙思想的反省与批判密切相关。五四话语的支持者接受单纯的世俗化理论，认为随着现代化（民主、科学的发展与物质生活的进步）的发展，宗教逐渐衰微；反五四论述则质疑以此观点认识历史传统及由此提出未来中国的蓝图。余英时与墨子刻均继承新儒家所开创的"内在超越"与"外在超越"的对照，来思索轴心文明建立之后，中西文化之差异及其对世俗化之影响。此外，墨子刻指

[①] 本文原刊于《探索与争鸣》，期10（2015），页34—40。

出中西认识论的差异亦不容忽略，西方世俗化深受怀疑主义和道德相对论的冲击，中国则否。两人的讨论不但丰富了世俗化的概念，也帮助读者深入了解近代中国世俗化的进程。

前　言

世俗化（secularization）即韦伯（Max Weber，1864—1920）所谓的"理性化"与"除魅"（disenchantment）的过程，意指在科学理性的引导之下，人类逐渐消除宗教信仰，进入一个以理性（reason）主导的科学时代。[1]此一变化是近代史上的核心议题，也是当今世界许多冲突的根源。"世俗化"理论源于西方学者，过去已有不少学者借此来探索西方近代的转型，不过多数的研究都只注意到宗教、迷信的消退，科学、理性的昂扬。然而诚如哈里斯（Sam Harris）在《信仰的结束》（The End of Faith）一书所述，在现代社会之中，随着科学、民主的进展，宗教信仰并未退居生活的边缘，反而仍持续活跃于现代世界，并影响到人们的思想与行为。[2]泰勒（Charles Taylor，天主教徒、社群主义者与黑格尔思想的专家）在2007年的著作《俗世的时代》也强调公元1500年至2000年的五百年间，西方社会的重大改变是无宗教信仰（unbelief）成

---

[1] 在近代的英华字典之中，以"理性"来翻译reason要到1908年颜惠庆（1877—1950）所编辑的字典才出现，在此之前该字多被译为"理"或"道理"，见颜惠庆等编辑：《英华大辞典》，上海：商务印书馆，1908，页807。有关韦伯的理性化观念讨论颇多，中文的研究可参考高承恕：《理性化与资本主义：韦伯与韦伯之外》，台北：联经出版公司，1988。

[2] Sam Harris, The End of Faith: Religion, Terror, and the Future of Reason, New York: W. W. Norton & Company, 2004.

为生活的一种选择，而此一现象的产生是一个非常复杂的历史过程。在此过程中世俗化并未扼杀宗教，而且科学有时反而强化信仰，同时世俗化的许多思想根源其实是来自宗教，因此西方所发展出的"世俗化主流权威论述的霸权"已逐渐受到挑战。①这样一来，即使在西方，"俗世"（secular age）并不是一个与宗教、神圣等截然相对的概念，它与自由、人权、民主化、现代性、知识范畴、终极关怀等议题密切相关，同时世俗化的过程也并非一往直前，而是折冲、反复，具有多重的历史背景。

同样地，随着西方科学之传入所引发近代中国世俗化的过程亦颇为复杂，其主轴虽是从"圣"到"凡"，或具体地说意指宇宙观方面从"天地人""阴阳五行"的宇宙观到科学的宇宙观的建立，以及在知识方面从儒家经典作为"道"的载体所树立的权威，转移到依赖实证科学而建立的权威。不过如果我们仅从线性、目的论式的进程，亦即重视物质的实证科学逐渐成为研究典范之角度来观察，往往会忽略一些复杂、细致的历史面向。②换言之，吾人对于世俗化观念之掌握与中西世俗化的认识，必须奠基于历史性的解析与反省之上。

---

① Charles Taylor, *A Secular Age*, Cambridge: The Belknap of Harvard University Press, 2007。"世俗化主流权威论述的霸权"见该书页534。
② 请参考拙著有关民初灵学论辩与科玄论战的研究，黄克武：《民国初年上海的灵学研究：以"上海灵学会"为例》，《"中研院"近代史研究所集刊》，期55（台北，2007），页99—136；黄克武：《灵学与近代中国的知识转型：民初知识分子对科学、宗教与迷信的再思考》，《思想史》，期2（台北，2014），页121—196。

何谓世俗化？

"世俗化"或称"俗世化",[①]是西方宗教社会学所提出来的理论概念,主要用来形容现代社会形成过程之中所发生的一种重要的变化,即宗教逐渐地由原先在现实生活中无处不在、影响深远的地位,经由"社会分化"(differentiation)、政教分离,退缩到一个相对而言较为独立的、私人的领域。世俗化之后,政治、经济、文化等层面的生活逐渐除去了宗教的色彩,例如以往由宗教所主导的慈善事业由"非营利组织"所取代。

美国学者拉里·席纳尔(Larry Shiner)的理解颇为细致。他在题为《经验研究中的世俗化概念》一文中,认为世俗化具有以下几种含义:第一,表示宗教的衰退,即指宗教思想、宗教行为、宗教组织失去其重要的社会意义。第二,表示宗教团体的价值取向从"彼世"转向"此世"的变化,即宗教从内容到形式都变得适合于现代社会。第三,表示宗教与社会、政治的分离,宗教逐渐失去其公共性与社会职能,变成纯粹的私人的事务。第四,表示信仰和行为的转变,即在世俗化过程中,各种"主义"发挥了过去由宗教团体承担的职能,扮演了宗教代理人的角色。第五,表示人们在现实世界中渐渐摆脱其神圣特征(如消除过去的神圣空间与神圣时

[①] 过去学界一般多将此词译为"世俗化"。此一翻译易与"风俗习惯""庸俗"等混淆,故余英时改译为"俗世化",两者是相同的。见余英时:《从价值系统看中国文化的现代意义》,台北:时报文化出版公司,1984,页30。

间），即社会的超自然成分减少、神秘性减退；此即由一个"神圣"社会转向一个"俗世"社会。①

席纳尔的理解大致概括了世俗化的重要含义。但如果考虑到世俗化一词来源与其使用的方式，根据席纳尔的观点，世俗化就是"非神圣化"，它意指一个漫长的社会变化过程。这个过程涉及两个方面，一是社会的变化，即指人类社会各个领域逐渐摆脱宗教的羁绊，社会种种制度日益理性化；二是宗教本身的变化，即传统宗教不断调节自身以适应社会的变化，一方面与政治、社会分离，另一方面退居私人领域。②

以上世俗化所引发的变化源自思想与价值来源的变迁。泰勒在上述的《俗世的时代》一书，为了描绘此一转变，提出了"超越的"（transcendent）与"内涵的（或内在的、固有的）"（immanent）之区别，来看"圣"（the sacred）与"俗"（the profane）的对照。他了解到所谓"自然的内在秩序"一词并不排除在此之上有一超越的造物主，不过所谓"内涵的"意指反对或质疑在"自然之物"与"超自然"之间，有任何形式上的"互相贯通"（interpenetration）之处。③

泰勒所谓的"超越的"与"内涵的"之区别可以说明西方世俗化过程中价值源头的转折。根据泰勒的《正当性的危机》一文，传统时期人的自我理解必须将自己视为是宇宙大秩序中的一部分（或

---

① Larry Shiner, "The Concept of Secularization in Empirical Research," *Journal for the Scientific Study of Religion* 6.2(1967), pp. 207—220.
② 参阅维基百科有关"世俗化"一词条的解释。http://zh.wikipedia.org/wiki/%E4%B8%96%E4%BF%97%E5%8C%96，检索时间：2014年8月17日。
③ Charles Taylor, *A Secular Age*, pp. 15—16.中文方面的讨论见黄进兴：《论儒教的俗世性格：从李绂的〈原教〉谈起》，《思想史》，期1（台北，2013），页60—61。

源自神谕）；世俗化之后（特别是笛卡儿的主体性革命之后），自我的理解则是在认识自我本性中的种种冲动、渴望和理想；换言之，自我身份必须在自我之内来寻求。因此对现代人来说，理想的生活不是实现宇宙所赋予我的职责，而是使自我本性中的欲望与理想得到充分的实现。[1]就此而言，世俗化与西方"个人主义"的发展息息相关。[2]用泰勒的话来说，世俗化背后有一个世界观的改变，他称之为"伟大的抽离"（the great disembedding）之后建立的一种"内涵的架构"（the immanent frame），此一架构构成了与"超自然的"、神圣的秩序相对的"自然的"秩序。[3]

此一变化也涉及知识论的改变。上述自我的实现与个人自由的追求对知识论有深远的影响，而知识论又影响道德观。在世俗化过程中知识论方面的变化即墨子刻所谓的"西方认识论的大革命"，促成"悲观主义认识论"的出现。悲观主义认识论源于以笛卡儿（René Descartes, 1596—1650）、休谟（David Hume, 1711—1776）、康德（Immanuel Kant, 1724—1804）、尼采（Friedrich Wilhelm Nietzsche, 1844—1900）、韦伯、波普尔（Karl Popper, 1902—1994）、维特根斯坦（Ludwig Josef Johann Wittgenstein, 1889—1951）和伯林（Isaiah Berlin, 1909—1997）等思想家为代表的西方认识论的转变，构成此

---

[1] Charles Taylor, "Legitimation Crisis," *Philosophy and the Human Sciences Philosophical Papers,* Cambridge: Cambridge University Press, 1985, Volume 2, pp. 248—288.中文方面的介绍可以参考徐文瑞：《作者介绍》，收入Charles Taylor著，徐文瑞译：《黑格尔与现代社会》，台北：联经出版公司，1999，页xvii-xx。

[2] 有关西方个人主义的发展，请参考Steven Lukes, *Individualism*, New York: Harper & Row, 1973. 不过值得注意的是作者非常强调个人主义在思想上与基督教的关联性，如人的尊严、自主与"宗教的个人主义"均与基督教有关。

[3] Charles Taylor, *A Secular Age*, pp. 146, 542.

一转变的思潮包括怀疑主义、逻辑实证论、分析哲学,与所谓"语言学转向"等。这个转变最重要的主张就是将知识的范围缩小到可以充分证验的范围之内。用波普"三个世界"的理论来说,知识的范围仅限于"第三个世界",亦即能以实验来反驳某种命题之境界,而关于"道德与本体的世界",只有"心理的一些立场"(states of mind)或意见,而没有客观的知识。①西方认识论大革命之所以把知识范围如此缩小,最重要的是埃里克·沃格林(Eric Voegelin,1901—1985)所强调的,大约八百年以前(从12世纪的Joachim of Flora开始),在欧洲人们开始把知识化约到完全精确的观念。②为了追求知识的精确性,很多欧洲思想家偏到金岳霖在《知识论》所说的"唯主方式"(主观的唯心论)。据此,知识的渊源限于"经验"或"所与","所与"的内容则限于主体意识中的"当下呈现"或感觉,而"当下呈现"的内容与客观真实的关系,完全是一个有待探索的问题。换句话说,明显地指涉真实的命题只能指主体心中当下呈现的命题,而不是指个人内心之外的真实。指涉人心外真实的说法仅是有待反驳的猜想或假设,而这种猜想当然不是知识。这样一来,无论是上帝、天经地义的"常道"(及道德实践的标准)、关于"人性"之本体,或新儒家所说的"智慧"都渺不可得。③

① Karl R. Popper, *Objective Knowledge: An Evolutionary Approach,* Oxford: Oxford University Press, 1994, p. 154.
② Thomas A. Metzger, *A Cloud Across the Pacific: Essays on the Clash between Chinese and Western Political Theories Today,* Hong Kong: The Chinese University of Hong Kong, 2005, p. 43.
③ 墨子刻:《道统的世界化:论牟宗三、郑家栋与追求批判意识的历程》,《社会理论学报》,卷5期1(2002),页83。有关"西方认识论大革命"(The Great Modern Western Epistemological Revolution)的详细讨论,请参考Thomas A. Metzger, *A Cloud Across the Pacific: Essays on the Clash between Chinese and Western Political Theories Today,* pp. 37—50.

知识论的变革也连带影响其他方面的改变。根据泰勒的看法，世俗化的观念不但用来描写环绕着"现代化"的社会变化之过程，其背后也有一套相应的政治发展的理论。此一理论源自18世纪西方启蒙运动的"科学主义"（scientism），认为自由、平等与科学研究的进步是绝对的价值，因此在组织公共生活之时，这些绝对价值要超越并取代所有宗教的观念。上述的发展也与现代国家主义（nationalism）的出现若合符节。这一个观点不但反对宗教，也反对柏克（Edmund Burke, 1729—1797）的保守主义政治哲学与哈耶克（F. A. Hayek, 1899—1992）的观点；柏克与哈耶克认为人们只有在文明社会之中才能繁荣发展，而文明社会之整合与福祉在很大程度上依赖与传统的连续性。这样一来，世俗化的政治理论也可以说是一种激烈的"反传统思想"。[1]不过，诚如论者所述，无论是18世纪的启蒙思想所创造的"天堂"或现代国族主义之下的仪节、情操与不容忍，都具有强烈的宗教倾向。[2]

世俗化的政治哲学是当代美国自由主义与实用主义（Pragmatism）的核心理念，如美国哲学家罗蒂（Richard Rorty, 1931—2007）认为人们不仅应该放弃基督教，也要放弃苏格拉底的人文主义。他秉持功利主义的宇宙观，对他而言，宇宙只是为了实现人类的目的而存在的环境，不具有道德的意涵。又如罗尔斯（John

---

[1] Thomas A. Metzger, "Overdosing on Iconoclasm: A Review of Sam Harris, The End of Faith: Religion, Terror, and the Future of Reason," in *The Ivory Tower and the Marble Citadel: Essays on Political Philosophy in Our Modern Era of Interacting Cultures,* Hong Kong:The Chinese University Press, 2013, pp. 705—713.

[2] Carl Becker, *The Heavenly City of the Eighteenth-Century Philosophers,* New Haven: Yale University Press, 1932. Carlton Hayes, *The Historical Evolution of Modern Nationalism,* New York: The MacMillan Company, 1968, p. 299.

Rawls, 1921—2002）的"政治自由主义"同样地将民主的理论奠基于免除对特殊文化传统之偏好的"原初状态"（original position）与"合理性"（reasonableness）。对他而言，所有的信念（包括宗教信仰在内）乃是所谓的"整全论说"（comprehensive doctrines），并非绝对的真理。"理性的"公民同意对于这些涉及人类终极问题的普遍性的理论，人们无法论断其真伪。[1]此一观点也与马克思主义者无神论相互配合，亦即将宗教视为人们精神上的鸦片。

简单地说，西方学者提出世俗化的理论主要处理近代以来人与宇宙关系中"由圣入凡"的重大改变，伴随着人文主义（humanism）、个人主义的兴起、教育的推展，出现了宗教在公共生活中消退、信仰与实践的衰微，以及与信仰相关情况的改变。[2]同时，世俗化也带来价值来源、知识论与相对应的政治理论的变迁。简单地说，近代西方的主要变化均与世俗化有密切的关系。

不过，世俗化作为一种认识历史发展的社会理论，本身历经许多变化，并在西方学界引发了诸多争议，这些讨论不但涉及理论内涵之讨论、适用性问题（社会学家、人类学家与历史学家的讨论），[3]也涉及对西方世俗化发展趋势的批判（哲学家的讨论）。

---

[1] 有关罗蒂与罗尔斯的政治哲学请参考：Thomas A. Metzger, *A Cloud Across the Pacific: Essays on the Clash between Chinese and Western Political Theories Today*, pp. 136—140, 607—670. Thomas A. Metzger, "The Contemporary Predicament of Political Philosophy East and West: The Epistemological Implications of Culture," in *The Ivory Tower and the Marble Citadel*, pp. 567—570.

[2] Charles Taylor, *A Secular Age*, p. 424.

[3] Michael Szonyi, "Secularization Theories and the Study of Chinese Religions," *Social Compass* 56 (2009), pp. 312—327.作者指出社会学界对世俗化理论至少有三种反应：拒绝此一理论（rejection）、认为此说在应用上有限制（limitation），以及认为应加以改良（refinement）。见页3。

当我们将世俗化概念运用到中国时,也触及这两类的讨论。

世俗化概念是否适用于近代中国?

　　许多学者都同意一部西方近代史主要就是一个"由圣入凡"的世俗化过程。然而中国近代是否也经历同样的过程呢?"世俗化"的观念是否适用于中国?如果不适用,其原因何在?

　　如果将中国近代的历程视为是追求西方民主与科学的过程,世俗化代表了一个"普遍历史"的进程,此一理论对吾人研究中国历史应有所启示。在20世纪初期,许多接受西方启蒙理性的中国思想家几乎都同意:近代中国应该努力的方向是以理性扫除蒙昧(即传统社会中的"封建迷信"),朝向现代化(有些人同意即西化)的路途迈进,此一理念在五四新文化运动中凝聚为对科学与民主的追求(可以称之为"五四话语")。[1]在"五四话语"所主导的"现代化"史观之下,近代中国历史是一个追求经济成长、科学进步、物质生活之提升、政治参与、教育普及(识字率的提升)、社会平等、个体解放等目标之历程。中国传统文化对于现代化之追求有助力,亦有阻力。[2]简言之,现代化史观基本上可以配合"世俗化"的观点,将中国近代的演变视为是一个儒家经典、宗教信仰与普遍王权崩解与追求西化的过程。此外,现代化史观影响下的历史

---

[1] 黄克武:《"五四话语"之反省的再反省:当代大陆思潮与顾昕的〈中国启蒙的历史图景〉》,《近代中国史研究通讯》,期17(台北,1994),页44—55。
[2] 此一角度的讨论可参考张朋园:《中国现代化初期的助力与阻力》,《知识分子与近代中国的现代化》,南昌:百花洲文艺出版社,2002,页177—201。

视野还包括探讨以下几个议题,如探讨时间观念的变化:追求时间安排的精确性、历法的改变(如祭祀时间的消退)、西方纪元的实行;[1]历史观念的变化:传统三代史观与循环史观的消失,线性进步史观的出现;知识观念的变化,注意到"经典的消逝"、[2]信仰的衰退与科学知识的推广等。简言之,现代化史观与线性发展的世俗化观念相配合。

其后随着人们对五四启蒙观念的反省,现代化史观或说以西方线性进化的世俗化经验来认识中国历史的观点,才开始受到质疑。这一类的质疑有许多不同的面向,有的涉及对儒教性质的认识,有的则涉及从比较文化而产生的对中西文化差异的体认。本文无法检验所有的研究,仅举几个例子来做说明。例如黄进兴认为泰勒所说的西方近代从"超越"到"内涵"的世俗化过程不适合用来理解近代儒家思想的转变。其原因在于"儒教从古至今即具有鲜明的俗世性格",无论在"天人之际""生死之际"的两个面向,都显示出儒家俗世之特征,此点与释、道思想形成明显的对比。黄进兴所说的"俗世"主要是指儒家所论者乃在"世间法",并非"出世间法",虽然儒者亦有"天"的观念,却是就人生而谈天命。简言之,"从原始儒家开始,孔、孟、荀便把儒家的价值摆在俗世里边,并不另外托诸一个超越的世界"。[3]黄进兴的讨论着重于显

---

[1] 世俗化带来时间观念的转变,尤其是时间精确性观念之建立,可参考吕绍理对日本侵占台湾时期台湾地区历史的分析,见吕绍理:《水螺响起:日据时期台湾社会的生活作息》,台北:远流出版社,1998。

[2] 这是罗志田所指出的一个重要现象,见罗志田:《经典的消逝:近代中国一个根本性的变化》,发表于台北"中研院"所举办的"第四届汉学会议",2012年6月20—22日。

[3] 黄进兴:《论儒教的俗世性格:从李绂的〈原教〉谈起》,《思想史》,期1(台北,2013),页60—84。

示儒家"现世主义"(this-worldliness)的一面。然而,即使如黄氏所述,世俗化的观念不适合用来讨论近代中国儒家思想,他似乎不反对在讨论释、道的现代转变之时,世俗化的观念有其效用。事实上,在近代中国除了李文孙所提出之"儒家中国及其近代命运"之外,佛教、道教(及一些民间宗教、新兴宗教等)也经历了世俗化的冲击,而有所调整,将科学与宗教之关系作新的整合。① 同时,黄进兴也指出新儒家以"内在超越"来阐释儒教之方向,是"由'内涵'隐摄'超越'",与泰勒所论近代西方世俗化之过程由"超越"迈向"内涵",乃"背道而驰,然而复有异曲同工之妙",二说汇聚或可开出新论。②很可惜的是,黄文未能深入讨论如何"开出新论"的议题。

由此可见世俗化的观念在讨论中国议题时虽有其限制,然另一方面亦可作为思索中国议题的参考。这方面的研究涉及学术界对"五四话语"的检讨,以及人文主义者对五四启蒙论述之批判。其中余英时在1984年所发表的《从价值系统看中国文化的现代意义》

---

① 巫仁恕、康豹、林美莉主编:《从城市看中国的现代性》,台北:"中研院"近代史研究所,2010,页221—296。本书中刘迅、范纯武与康豹的文章均讨论道教与佛教在近代中国的肆应转变。此外David Ownby所研究的李玉阶所创办的"天帝教",及李氏所写的《天帝教教义:新境界》(台北:天帝教始院,1995),均尝试将科学与宗教教义,及政治关系结合在一起。见David Ownby, "The Politics of Redemption: Redemptive Societies and the Chinese State in Modern and Contemporary China," 收入康豹、刘淑芬主编:《信仰、实践与文化调适》,台北:"中研院",2013,页683—741。有关世俗化理论与中国宗教的研究,可参考Michael Szonyi, "Secularization Theories and the Study of Chinese Religions," *Social Compass* 56 (2009), pp. 312—327。该文指出中国宗教的研究成果可与社会学中世俗化理论对话,反之亦然,此种对话可促成各自领域之反省。例如在世俗化过程中,中国宗教并不必然走向私人化(privatization),反而更积极地扮演公共角色(deprivatization)。此外,在中国政教分离的结果不是政治不干涉宗教,而是以更复杂的方式来介入。

② 黄进兴:《论儒教的俗世性格:从李绂的〈原教〉谈起》,页78—79。

一书直接地处理到世俗化观念的适用性议题。

余氏认为：传统中国人将人间秩序与道德价值归于超人间的来源——天。不过中国的超越世界与现实世界却非泾渭分明，而是"不即不离"。然而如何才能进入超越世界呢？中国采取"内在超越"一途，亦即孔子所谓"为仁由己"与孟子所谓"尽其心者知其性，知其性则知天"的方式。换言之，追求价值之源的努力是向内，而非向外、向上的。①在2012年出版的《天人之际——中国古代思想的起源试探》一文与2013年的《中国轴心突破及其历史进程——〈论天人之际〉代序》，他采用雅斯贝尔斯（Karl Theodor Jaspers，1883—1969）所谓"轴心突破"之后标志着"超越世界"的出现的观点，从比较文化史之架构解析中国"道"的超越所具有的性质，而将以往"内在超越"一词改为"内向超越"（inward transcendence）来概括中国轴心文明之特点。余著更引用大量的考古与文献资料细致地讨论从"绝地天通""天人合一""心道合一"到"内向超越"的发展，归结到"内向超越"为中国轴心突破的一个主要文化特色，并对中国精神传统产生了基本的影响。他指出：第一，内向超越预设了"心"为"天"与"人"之间的唯一中介，自轴心突破以来"心"在思想史上的地位不断提升。第二，价值之源的"道"可直通于心，故道不是外在的；这样一来在超越世界与人伦日用之间的关系有两个特点，一方面来说二者清楚分隔，另一方面双方却非断为两极，而是"不即不离"。②

---

① 余英时：《从价值系统看中国文化的现代意义》，台北：时报文化出版公司，1984，页38—40。

② 余英时：《天人之际——中国古代思想的起源试探》，陈弱水主编：《中国史新论：思想史分册》，台北："中研院"、联经出版公司，2012，页88。余英时：《中国轴心突破及其历史进程——〈论天人之际〉代序》，

如前所述，余英时所谓"内在超越"或"内向超越"是出于比较文化史的考虑，是与西方文化"外在超越"或"外向超越"比较的结果。希伯来的宗教信仰将宇宙起源、价值来源等问题归诸无所不知的上帝。西方超越界至此具体化为"人格化的上帝"，对他们而言上帝是万有的创造者，也是价值的源头。因此西方文化采取"外在超越"之路径的两个基本特征为：超越世界或生命与价值之源在人之外；再者，此一超越世界与现实世界高下悬殊，形成两极化。①

上述中西之对比与中国轴心突破后的思想特色影响到中国近代的过程。余英时指出近代中国知识分子往往希望套用西方的模式来追求中国的现代化。如康有为要建立孔教为国教，五四知识分子要在中国推动"文艺复兴"与"启蒙运动"。余氏认为："他们对儒教的攻击即在有意或无意地采取了近代西方人对中古教会的态度。换句话说，他们认为这是中国'世俗化'所必经的途径。但事实上，中国现代化根本碰不到'世俗化'的问题。"②

余氏强调随着西方科学的传入，中国近代思想界并未出现类似西方那样宗教与科学的两极化。余英时认为这是因为中国人价值之源不是寄托在上帝观念之上，也没有包罗万象的神学传统。在西方，科学知识不可避免地要与西方神学中的宇宙论、生命起源论等发生冲突。但是在中国，对于西方科学知识的接纳几乎都是"来者不拒"，各种科学知识传入之时并未引起争端，而且常常引用传统

《思想史》，期1（台北，2013），页46—47。余英时用"内向超越"一词，而不用新儒家（与他在1984年）所用的"内在超越"是一个值得注意的变化。

① 余英时：《天人之际——中国古代思想的起源试探》，页85。
② 余英时：《从价值系统看中国文化的现代意义》，页36。

观念来解释（或"附会"）西方科学。例如"达尔文的生物进化论在西方引起强烈的抗拒，其余波至今未已。但进化论在近代中国的流传，几乎完全没有遭到阻力"。①又如谭嗣同在《仁学》中以"以太"来解释儒家的"仁"，用物质不灭、化学元素的观念来解释佛教的"不生不灭"。对谭嗣同来说，西方科学与儒家的根本理想可以会通在一起。②

余英时认为这是因为中国认定价值之源虽出于天，而实现则落在心性之中，所以对于"天"往往存而不论，只肯定人性之中具有"善根"即可。中国思想中"天地之大德曰生""生生不已""一阴一阳之谓道""人之异于禽兽者几希"等价值观念，并不与科学处于尖锐对立的地位。总之，余氏认为"内在超越的中国文化由于没有把价值之源加以实质化（reified）、形式化，因此也没有西方由上帝观念而衍生出来的一套精神负担"，内在超越的价值系统影响近代中国对西方科学的接纳，因而表现出一种异于西方的历史过程。③余氏的著作显示他以批判性的方式引用西方世俗化的观念，并借此说明近代中国的思想历程在"内向超越"影响下展现的独特性。

---

① 余英时：《从价值系统看中国文化的现代意义》，页36—39。这一点与笔者对严复"天演之学"及其影响的分析相配合，参见黄克武：《何谓天演？严复"天演之学"的内涵与意义》，《"中研院"近代史研究所集刊》，期85（台北，2014），页129—187。

② 余英时：《从价值系统看中国文化的现代意义》，页39。王汎森指出谭嗣同在《仁学》之中将"仁"的观念与"最科学性"的"以太"观念结合在一起。他又把亨利·乌特"《治心免病法》的思路套在中国固有的心性之学上，加以改变、激化，并把'心力'扩充到难以想象的地步"。参见王汎森：《"心力"与"破对待"：谭嗣同〈仁学〉的两个关键词——〈仁学〉导论》，谭嗣同原著，王汎森导读：《仁学》，台北：文景书局，2013，页xiv、xvii-xviii。

③ 余英时：《从价值系统看中国文化的现代意义》，页38—40。

墨子刻基本上同意余英时上述从雅斯贝尔斯"轴心突破"的观点对中国思想所做的分析,他也同意余英时所谓儒家传统与现代价值可以兼容,因为儒家价值体系环绕着并非威权主义的"名教"观念,而是具有道德自主的"内在超越"。墨氏对于余英时的观点有两个评论。第一,他指出"内在超越"的观点应该是余英时借自新儒家,不过很可惜余英时在书中却没有提到新儒家如唐君毅(1909—1978)、牟宗三(1909—1995)等人的开创之功。墨子刻指出至少在余文发表的三十多年前,当新儒家要为儒家思想辩护之时,他们不重视传统儒家的宇宙观,而强调工夫论以及儒家道德理念与宇宙之关联,为阐明此一关联,他们提出了"内在超越"的观念。[1]墨子刻的观点是有根据的。1951年唐君毅在《中国文化之精神价值》一书就提到中国文化中"既内在又超越"的特点,而且唐君毅指出他与熊十力、牟宗三有相同的见解:

> 对"人生之精神活动,恒自向上超越"一义,及"道德生活纯为自觉的依理而行"一义,有较真切之会悟,遂知人之有其内在而复超越的心之本体或道德自我,乃有《人生之体验》(中华出版)、《道德自我之建立》(商务出版)二书之作。同时对熊先生之形上学,亦略相契会。时又读友人牟宗三先生《逻辑典范》(商务三十年出版),乃知纯知之理性活动为动而愈出之义,由此益证此心之内在的超越性、主宰性。[2]

---

[1] Thomas A. Metzger, *A Cloud Across the Pacific: Essays on the Clash between Chinese and Western Political Theories Today*, p.189.
[2] 唐君毅:《中国文化之精神价值》,台北:正中书局,1955,页2。

至于牟宗三关于"内在超越"观念之阐述，可以参考郑家栋的研究。① 这些观点显示从"内在超越"来谈中国文化，不始于余英时，而是源自新儒家。事实上，余英时所谓"不即不离"的观点在1940年代冯友兰（1895—1990）的《新原道》中已有阐述。冯友兰说：中国哲学有一个思想的主流，即是追求一种最高境界，但是这种最高境界却又不离人伦日用，是"超世间底""即世间而出世间"，是"极高明而道中庸"。②

墨子刻提出的第二点评论是：无论新儒家或余英时以"内在超越"来形容古代思想是"把二十世纪人文主义的看法投射到周代思想之上"。他说：

> 二十世纪思想中宇宙是科学的对象，所以不容易把人生价值和宇宙本体交织在一块，这样一来，二十世纪人文主义必须要替人生价值找寻基础，最后他们不得不在人生之内找寻到这种基础。儒家思想与此不同，因为儒家没有受到科学的压力，儒家的宇宙是天地人的宇宙，是有道心的宇宙，也是生生不已的宇宙，而生生不已是兼内外的。同时，基督教的上帝也是兼内外，因为上帝与人的良心也有内在的关系。③

墨子刻觉得讨论中西文化之对照，谈内外，不如谈生死。中

---

① 郑家栋：《牟宗三》，台北：东大图书公司，2000，页126—158。郑家栋指出牟宗三在1955年的《人文主义与宗教》一文中说儒家是"亦超越亦内在"，基督教之上帝是"超越而外在"。此即后来"内在超越"与"外在超越"一组概念之由来，见页129。
② 冯友兰：《新原道》，上海：商务印书馆，1946，页3。
③ 墨子刻：《中国近代思想史研究方法上的一些问题——一个休谟后的看法》，《近代中国史研究通讯》，期2（台北，1986），页47。

国"生生不已"的观念环绕着"生",亦即从宇宙进入形而下的生活;西方思想,尤其基督教思想,环绕着死,亦即从形而下的生活之中出来,回到宇宙的根本过程。这样一来,即使在世俗化之前,儒家思想与基督教有异亦有同,不宜简单划分。

墨子刻不倾向于从内在超越、外在超越的单一对照来讨论中西文化之比较。他将文化视为一个辩论的过程(problematique),其中有共有的预设(premises),也有不同的宣称(claims)。墨子刻指出中国轴心突破之后思想上有八个重要的预设,而"内在超越"是其中之一。他所说的八个预设包括:第一,现世主义(this-worldliness):无论是冯友兰所谓"极高明而道中庸"、牟宗三所说的"内圣外王",或新儒家与余英时所说的"内在超越",都显示中国文化的核心是"现世主义",意指在这一个世界实现人类最高的道德与权力、财富与声望的合理分配(这也配合上述黄进兴的观点)。第二,乌托邦思想倾向,认为德治可以实现,因而缺乏张灏所说的"幽暗意识"。[1]第三,政治构造是一元性而非多元性的,不过其中有"治统"与"道统"的张力,或说"位"与"德"或"尊君"与"由己"的张力。第四,"认识论的乐观主义",认为可知的范围很广(与上述西方怀疑主义所代表的"认识论的悲观主义"有所不同)。第五,缺乏"原罪"的观念。第六,生生不已的想法:显示个人尊严的基础与宇宙有非常密切的关系。第七,环境的乐观主义:主张天然资源十分充足,人生问题在于人为的努力。第八,礼的精神:在社会活动上强调"礼"的重要性,这也包

---

[1] 墨子刻:《乌托邦主义与孔子思想的精神价值》,《华东师范大学学报》2000年2月,页18—23。

括对家庭的重视。①

墨子刻认为上述八项预设可以帮助我们思考中国传统文化与现代思想的关系，并讨论"世俗化"的议题。他同意现代世界的一个重要特点是"世俗化"，亦即人与宇宙关系的科学化。不过他强调中西世俗化的特点有所不同。西方的世俗化与"怀疑主义"（即墨子刻所谓"西方认识论的大革命"）有关，而中国的世俗化的过程中却缺乏类似西方的认识论上的革命。墨子刻又根据麦金太尔（Alasdair Chalmers MacIntyre）的研究指出西方怀疑主义思潮引发对于知识范畴的讨论，将知识范围缩减，并衍生出"道德的相对论"，成为当代西方国家所面临的重要挑战。相对来说，中国世俗化过程却没有出现怀疑主义，也没有引发类似西方所出现的道德与知识危机。②

余英时与墨子刻均受到当代人文主义思潮的影响，同时也都从轴心文明的思想突破与"比较文化史"的观点来探讨中国传统文化的特点、中西文化的差异，以及此一差异对中国近代世俗化过程的影响。墨子刻又将历史视野进一步地从"内向超越"拓展到植根于传统的其他的思想预设。这些研究有助于吾人认识中国思想的现代演变。

---

① 墨子刻对于植根于中国传统的思想预设又有进一步的探讨，请参看Thomas A. Metzger, *A Cloud Across the Pacific: Essays on the Clash between Chinese and Western Political Theories Today,* Hong Kong: The Chinese University of Hong Kong, 2005; Thomas A. Metzger, *The Ivory Tower and the Marble Citadel: Essays on Political Philosophy in Our Modern Era of Interacting Cultures,* Hong Kong: The Chinese University Press, 2013.
② 墨子刻：《中国近代思想史研究方法上的一些问题———一个休谟后的看法》，《近代中国史研究通讯》，期2（台北，1986），页44—48。

结　语

从以上对"世俗化"议题的讨论可以导引出几个初步的结论：首先，世俗化的观念经由西方学者细致地讨论后，已放弃了过去单线进步的观点，而注意到应从历史的面向认识由"圣"到"俗"的演变。这样的观点可以适用于中国。其次，在将该观念应用到中国时，学者们注意到中西世俗化过程有所不同，而造成二者不同的重要原因是思想的连续性。余英时强调到"轴心突破"之后两种文化中寻求价值之源的不同形态，或说"超越"与"内涵"之关系所扮演的角色。他指出中国人"价值之源虽出于天而实现则落在心性之中"；西方在世俗化之前将价值之源寄托在"人格化的上帝观念之上"，世俗化之后转为"理性"与"科学"。用新儒家与余英时的观念来说，西方那种"外向超越"型易引发宗教与科学的两极化冲突；而在中国的"内向超越"型之中，科学与传统的伦理价值及宗教信仰没有根本的矛盾。这也涉及墨子刻所强调的认识论的面向。他将此一面向放在八个古代中国思想的预设来谈这个问题，这八个预设包括"内在超越"（墨子刻称为"现世主义"），也包括"乐观主义的认识论""生生不已"等。墨子刻特别指出近代西方世俗化伴随着认识论的革命与道德相对论的危机（即余英时所谓"价值无源论的危险"[①]）；中国的世俗化没有经历悲观主义认识论的挑战，也没有产生"道德相对论"的思潮。以此观之，近代中国随着

[①] 余英时：《从价值系统看中国文化的现代意义》，页31。

西方科学的引介所导致科学对"价值之源"的冲击显然不如西方来得严峻。再其次，如果我们接受以"内向超越"与"外向超越"之对照来讨论中国古代思想的特点，姑且不论是否有墨子刻所谓以今论古的"投射"问题，此一对照的提出不能忽略新儒家（包括影响墨子刻与余英时的唐君毅、牟宗三，和余英时的老师钱穆（1895—1990）等人的开创之功。再者，如墨子刻所述此一特点必须放在其他七种预设之中来合并考察，方易彰显其意义。换言之，如果我们用墨子刻所说的"自我""群体""知识""宇宙"，以及"目标"与"现实世界"等范畴来看，"内向超越"所指涉的自我与宇宙的关系，不能与群己关系、知识、对目标、现实世界与实现目标之方法等议题割裂。最后，在应然的层面，余英时与墨子刻均同意中国近代在因应世俗化的挑战时，中国人所面临的问题不但在于五四思想家所指出传统之缺失与西化之不足，也在于人文主义者所强调以西方的模型来解释历史并面对未来所产生的"扞格不入"的问题，以及如何以"继往开来"之精神来"接引"西方的民主与科学，并合理安顿涉及精神面向的伦理与宗教生活。

以"世俗化"的概念来观察近代的变化仍是一个极富挑战性的工作。泰勒以八百多页的篇幅来处理西方"俗世的时代"，而仍意犹未尽，他说"我尝试去澄清这一个过程所涉及的各个面向，但它仍然不是很清楚。要妥当地完成此一工作，我应该要述说一个更密集与更连续的故事……"。[1]余英时与墨子刻等人对于中国的世俗化与中西世俗化的比较等课题，已提出初步的考察，而无疑的这些课题仍涉及一个十分广阔而有待开发的研究领域。

---

[1] Charles Taylor, *A Secular Age*, p. ix.

建立史学典范的一个努力：论余英时《史学评论》"代发刊辞"[1]

余英时的《中国史学的现阶段：反省与展望》一文是他为在台北发行的一个学术刊物《史学评论》所写的发刊辞，[2]笔者认为此文与1928年傅斯年所写《历史语言研究所工作之旨趣》具有同样的意义，而性质上则类似1923年胡适的《国学季刊发刊宣言》。余氏发刊辞（下简称余文）的基础是透过对史料学派（即傅斯年所谓"史料即史学"的看法）和史观学派（主要唯物史观，以马列思想解释中国历史）的反省，进而指出未来中国史学研究的一个路向，此文可以视为是为了建立史学新典范所做的一个努力。

套用库恩（Thomas Kuhn）《科学革命的结构》一书中的观念，今日史料学派和史观学派可以说都到了"技术崩溃

---

[1] 本文原刊于《史学评论》，期8（台北，1984），页153—168。
[2] 此文刊于《史学评论》，期1（台北，1979），后收入余英时：《史学与传统》，台北：时报出版公司，1982，页1—29。

（technical breakdown）的局面。就史料学派而言，1972年《思与言》杂志社举办"二十年来我国的史学发展"讨论会，杜维运教授就含蓄地指出"近二十年来，不可否认的，考据学仍然是史学的主流"，但是"考据学风下，史学家容易陷在史料与枝节问题里面，而不能高瞻远瞩地看历史的发展"；李恩涵教授则明确地表示："历史为史料学"的时代已经过去，史家在史实重建之外还应从事历史解释的工作。[1]1980年代以来史学与社会科学结合的新动向，更使许多史学工作者不再同意傅斯年所谓"史学即史料学"的主张。就史观学派而言，1954年中国大陆《历史研究》发刊后，有中国大陆史家以马克思理论为基础从事历史研究，把中国的史实套入唯物史观的历史阶段论之中，使史学在某种程度具有高度的政治色彩；到了1977年，随着"四人帮"的倒台，又开始批判这种过度政治化的史学，认为是"古为今用"、"影射现实"、随心所欲地伪造历史；其后又产生了新的反省，喊出"实事求是"的口号，因此目前鼓励文物的发掘、实际的调查、资料的搜集等工作，中国大陆史学似乎在某种程度上又从史观学派折回史料学派的旧路。在史料学派和史观学派逐渐为人批评之时，余文尝试为中国史学界指出一个新的路向，对未来的发展具有深刻的意义。余氏曾指出：胡适《国学季刊发刊宣言》对民初史学界而言有"典范"（Paradigm）的意义，[2]今天我们或许也可以说余氏《史学评论》发刊辞同样地希望建立一个新的史学研究的典范。

---

[1] 《二十年来我国的史学发展讨论会记录》，李弘祺等著：《史学与史学方法论集》，台北：食货出版社，1980，页376—383。
[2] 余英时：《〈中国哲学史大纲〉与史学革命》，收于氏著：《中国近代思想史上的胡适》，台北：联经出版公司，1984，页90。

余文对史料学派和史观学派的批评大致有以下几点:

(一)就历史研究的目的而言:史料学派以史料之搜集、整理、考订、辨伪作为史学研究的中心工作,当一切事实考证清楚,历史真相自然显现;史观学派则为运用中国经验来"证实"马克思的"一般性的历史哲学学说"。

(二)就史学与时代而言:史料学派为史学与时代脱节,置现实于不顾;史观学派则为两者绾合得过分密切,史学为现实服务。

(三)就方法论上的主客关系而言:史料学派对史学之客观性认识不足,以为将事实考订清楚就是绝对的客观;史观学派则过分的主观,将历史视为任人予取予求的事实仓库。

英国史家伯林把一切思想家和作家分为两大类型,一是刺猬型,这一型人喜欢把所有东西都贯穿在一个单一的中心见解之内,他们的所知、所思、所感最后全都归结到一个一贯而明确的系统;一是狐狸型,他们从事于多方面的追逐,而不必有一个一贯的中心系统。①以伯林的"刺猬"与"狐狸"来看史料学派和史观学派,"狐狸"正是知道许多复杂事实的史料学派,"刺猬"则是只知道一件大事的史观学派。

余文在反省之后也指出了新的展望,他认为史料学是史学的下层基础,史观则为其上层建构,两者合则双美,离则双伤。历史研究的目的是在众多历史事实中,发现它们之间主从轻重的复杂关系,以说明历史之变化与发展,此即传统所谓"疏通知远"和"通古今之变"。所以今后中国史学研究应"认清中国文化的基本型态

---

① 转引自余英时:《论戴震与章学诚》,台北:华世出版社,1977,页69—70。

及其发展过程,并透过对过去的了解而照明今天的历史处境"。这一点又牵涉史学与时代的关系,余氏认为史学应配合时代,但史学与现实之间又必须保持适当的距离,因为史学有其自身的纪律与尊严,应负起批导时代的责任。再就方法论的主客关系而言,余氏主张主客交融,将疏通工作建立在史料考订的坚固基础之上,以一家之言来贯穿古今之变。余氏提倡史学与社会科学的结合也奠基于这种看法之上。

笔者认为余文的提出既是承旧,也是创新,它一方面代表中国史学传统中章学诚至钱穆史学观念的发展,另一方面也在此基础之上以开放的心胸融入了许多新的见解。在承旧方面拙文先探讨史料学派和史观学派的传统渊源,再进而追溯章、钱史学对余文的影响。

史料学派虽受到德国兰克史学的影响,但与清代考证学风更有血脉相连的关系。傅斯年就明确地指出:史语所工作的第一条宗旨是"保持亭林、百诗的遗训"。[1]顾亭林(1613—1682)提倡"博学于文",认为学问的范围包括至广,不仅指一切文字记载的书籍,而且包括宇宙间一切事理事物,他在经、史、音韵、训诂、金石、地理的成就,为清代考证学开创了新方向,而治学的方法,如"以证据普遍归纳""反复批判""探求本源""实地考证"等,皆为考据学家所师法。[2]阎若璩(1636—1704)著《古文尚书

---

[1] 傅斯年:《历史语言研究所工作之旨趣》,原载《"中研院"历史语言研究所集刊》,第一本,1928年广州初版,1971年台北再版,收入杜维运、黄进兴编:《中国史学史论文选集》,台北:华世出版社,1976,第2册,页975。
[2] 黄秀政:《顾炎武与清初经世学风》,台北:台湾商务印书馆,1978,页107—122。

疏证》，以充分的证据辨明古文尚书十六篇及孔安国尚书传皆为伪书，曾谓"古人之事，应无不可考者，纵无正文，亦隐在书缝中，要须细心人一搜出耳"，方法上则为"读书不寻源头，虽得之殊可危。手一书，至检数十书相证，侍侧者头目皆眩，而精神涌溢，眼烂如电"。①一百多年后的傅斯年还称誉此书为"那么一个伟大的模范著作"。②此外傅氏所谓"我们反对疏通，我们只是要把材料整理好，则事实自然显明了"，③这种态度无疑地正是考据学者"训诂明而后义理明"的翻版，两者在方法论上的假设并无不同。总之，史料学派在精神上和方法上都顺应着清代乾嘉考据学的发展而产生。

史观学派的主流（马克思唯物史观）虽然是由外国传入，然而余文已指出"奉天承运"的观念是重要的背景，但是如果我们进一步检讨中国史学传统与政治之关系，可以发现历史为现实政治服务的例子层出不穷。历史上正统论的争执是为了证明政权的合法性；弗里曼（Michael Dennis Freeman）也指出11世纪中国历史撰写是一种政治工具，④北方人所写的史著中奸臣大都是南方人；不过最典型的例子是清末康有为的"三世说"，这种说法源于《春秋公羊传》，也受到社会达尔文主义的影响，认为历史的演变是由"据乱世"进为"升平世"（小康），再演变为"太平世"（大

---

① 阎若璩语，转引自钱穆：《中国近三百年学术史》，台北：台湾商务印书馆，1972，上册，页220—221。
② 傅斯年：《历史语言研究所工作之旨趣》，页975。
③ 傅斯年：《历史语言研究所工作之旨趣》，页976。
④ Michael Dennis Freeman, "Lo-yang and the Opposition to Wang An-shih: The Rise of Confucian Conservatism, 1068—1086," Ph.D. Dissertation, Yale University, 1972, pp.133—168.

同），反对因崇古心态所造成的退化论，随着时间的演变，不同的阶段应实行不同的制度，而人类社会会不断地进步，最后则实现康氏《大同书》上所描绘的理想世界。这种历史观和唯物史观的思想模式十分类似：（一）两者皆为历史演化的阶段论，只是一为三阶段，一为五阶段。（二）演变的最后阶段都是乌托邦世界，康有为的"太平世"有浓厚的社会主义色彩。（三）都认为历史是无法抗拒的潮流。（四）都以历史为政治服务，为政治运动寻找历史的根据。因此笔者认为在唯物史观还没有传入中国之前，一些传统的观念已经为它奠下了基础，用库恩的话来说，即一切概念的范畴（conceptual categories）都已事先准备齐全了。

笔者当然无意将史料学派与史观学派比附为清代今古文之争，因为事实的情况远较此为复杂。史料学派重视史料真实性之考订受康有为《孔子改制考》的影响，余文也指出古文派的章太炎和康氏的弟子梁启超都有史观学派的倾向；而史料学派和史观学派之背后同样具有"科学主义"的心态。拙文对史料学派和史观学派的溯源工作，只是希望进一步厘清余文之背景。

其次，余文背后所展现的章学诚、钱穆之史学思想亦值得加以分疏。余氏曾深入分析章实斋，称之为中国二千年来唯一的历史哲学家，也是中国传统历史思想之集大成者。[①]章氏的史学思想有下列四个重点：

（一）"六经皆史"说的提出——使史学脱离经学而独立，甚至可以笼罩经学，同时认为六经只是古代的政典，而事变出于后

---

① 余英时：《章实斋与柯灵乌的历史思想》，收入氏著：《历史与思想》，台北：联经出版公司，1976，页186、209。

者，六经不能言。此一观念也使"变迁"具有学术研究的价值。这个看法有助于"经典神圣性"观念之破坏，具有韦伯所谓"神话祛除"（disenchantment）的意义。①

（二）反对"道"的永恒性——认为"道"具有历史的性质，透过历史研究才能充分掌握"在时间之流中演变"的道。因此史家必须"不离事而言理"。②

（三）记注与撰述的分别——记注是指史料的保存与编纂，撰述则为"成一家之言"的历史著作。

（四）史学的经世精神——为学应切于人伦日用。

从以上观点出发，章学诚对当时盛行的考据学风十分不满，他认为学者应探求大本大原，而勿流于烦琐，考据为"补苴罅漏"，只是基础工作。"立言之士，读书但观大意，专门考索，名数究于细微，二者之于大道，交相为功。"③所以"整辑排比，谓之史纂；参互搜讨，谓之史考；皆非史学"。④而史学之异于史纂和史考是在于掌握到"史义"，史义有两层含义，一方面是"纲纪天

---

① 此观念之介绍见高承恕：《布劳岱与韦伯：历史对社会学理论与方法的意义》，收入黄俊杰编译：《史学方法论丛》，台北：台湾学生书局，1981年增订再版，页146；亦见高承恕：《从马克斯·韦伯的再诠释谈社会史研究与社会学的关联》，收入"中研院"三民主义研究所编：《第一届历史与中国社会变迁（中国社会史）研讨会》，台北："中研院"三民主义研究所，1982，页33。在此意义之下，章氏"六经皆史说"对疑古派产生影响，顾颉刚在《史林杂识》小引曾说"六经本古史料也"，他虽然把"六经皆史"的"史"化约为史料，但不承认"经典神圣性"的精神却与章实斋的观点有类似之处。
② David S. Nivison, *The Life and Thought of Chang Hsueh-ch'eng, 1738—1801*, Stanford: Stanford University Press, 1966, pp.139—190.
③ 章学诚：《外篇三·答沈枫墀论学》，《文史通义》，台北：史学出版社，1974，页309。
④ 章学诚：《内篇二·浙东学术》，《文史通义》，页52。

人，推明大道"，①另一方面则为"史学所以经世"。②

因此余氏在《章实斋与柯灵乌的历史思想》一文中认为：章实斋对清代学术的批评，在20世纪上半叶，中国史学将乾嘉考证和兰克以后的历史主义汇合之潮流中，"尚未完全失去时效"。③笔者认为余氏对史料学派的不满与章氏对考据学风的批评如出一辙，对史学未来的展望也和章氏史学理想符合。

至于章氏观点和近代史观学派的关系，不易掌握，因为"事变出于后者"章氏不能言，但是我们可以透过章氏观念在今古文两派的不同见解而得到一些讯息。古文派重考据训诂与章氏之旨不合，但章氏的观点与今文派"寻先圣微言大意于语言文字之外"的基本精神相同，而且两者同为乾嘉考据之回响，只是一从经学立场，一从史学立场。因此今文派之龚自珍深受章氏影响，他主张通经致用，重思想、发挥，不仅为个别事实之考订，亦追求原理原则的探讨，正是结合了庄存与和章实斋而成。但今文派从龚自珍到康有为的发展却逐渐地远离此一路向，变成了"不经不史"。郭斌龢在《章实斋在清代学术史上之地位》一文对此有所批评：章氏思想与今文学家有暗合之处："惟今文学家，每言大而夸，师心自用。好以简单之公式解释复杂之史实。削足适履，牵强附会。流弊所及，至束书不观为荒诞不经之议论，或且卤莽灭裂，为实际政治之冒险。此与实斋精神根本不侔。"④

从以上的讨论可见：如果以章氏史学精神来批评史料学派与史

---

① 章学诚：《内篇四·答客问上》，《文史通义》，页136。
② 章学诚：《内篇二·浙东学术》，《文史通义》，页52。
③ 余英时：《章实斋与柯灵乌的历史思想》，页206。
④ 郭斌龢：《章实斋在清代学术史上之地位》，《国立浙江大学文学院集刊》，卷1（1941），页57。

观学派，发现史料学派偏于"事"，史观学派则偏于"理"，而历史是人类以往一系列发展的行动，每一行动都包含了事与理，因此史家应"不离事而言理"——此一见解正是余文的重要基础。

除了章学诚的观念之外，钱穆史学思想亦对余文有影响。钱氏在《中国史学名著》中盛赞章实斋，而且该书结束于章之《文史通义》，因为"其下无合于标准的史学名著可讲"，[1]并指出治中国史学应跳出道咸以下至目前之学风，而游神放眼于章实斋之前。这样的结束似乎暗示：钱穆将自己的史学上接于章实斋。当然我们也承认，钱穆史学已经在传统的基础上建立了一个新的体系，这个体系对余文有直接的影响。

钱穆史学的一个重要观念是"不站在史学立场来讲史学，而是在学术全体的大流变之下谈史学"，[2]因此他希望"诸位不要把眼光心胸专限在史学上，史学并不能独立成为史学……学问与学问间都有其相通互足处，诸位该懂得从通学中来成专家"。[3]

余文中亦呈现出此一精神：

（一）余文一开始就指出：现在中国史学的衰弱并不是一个孤立而突出的现象，实际上它只是整个学术荒芜的一个环节而已，因为史学必须不断而广泛地从其他学科中吸取养料。这个看法不但点出了病因，也指出了解决问题的方向是：重振史学不能只重视史学本身，根本之途必须培养社会中整体学术的生机。

（二）钱穆史学虽然是"社会科学史学前的史学"，[4]但却带

---

[1] 钱穆：《中国史学名著》，台北：三民书局，1973，页336。
[2] 钱穆：《中国史学名著》，页336。
[3] 钱穆：《中国史学名著》，页336。
[4] 胡昌智：《〈钱穆的国史大纲〉与德国史历史主义》，《史学评论》，期6（台北，1983），页16。此语主要指《国史大纲》一书。

有开放的精神，使余氏"能出钱穆史学方法论之上，敞开大门接受社会科学的解释法则"。①

钱穆对史料学派与史观学派的批评也与余文是一致的。从这点来看，余文与钱穆史学的脉络关系就更清楚了。余氏所谓之史料学派，钱穆称为科学派或考订派，其缺点为"震于科学方法之美名，往往割裂史实，为局部窄狭之研究，以活的人事换为死的材料"，②"要了解在方法与材料之外，尚别有所谓学问"。他并以泡茶来比喻，"一杯茶亦要好多片茶叶冲上开水，始成一杯茶，若把茶叶一片片分开，单独泡，便不能泡出茶味来"，③史料考证便是将茶叶一片片地分开，单独泡茶。余文所谓之史观学派，钱穆称为革新派或宣传派，此派优点为"治史为有意义，能具系统，能努力使史学与当身现实缩合，能求把握全史"；缺点则为"急于求知识而怠于问材料"，"其缩合历史于现实也，特借历史口号为其宣传改革现实之工具，彼非能真切沈浸于已往之历史智识中，而透露出改革现实之方案"。④

在对以上缺点加以反省之后，钱穆指出：今日所需要之"国史新本"要具备两个条件，一、是使人了解中国已往政治、社会、文化、思想的种种演变，及其独特精神之所在；二、要从历史统贯之中映照出现在中国种种复杂难解之问题，作为有志革新之参考。⑤

---

① 胡昌智：《从孔恩的"典范"观念谈〈史学评论〉发刊辞》，《史学评论》，期6（台北，1983），页160。
② 钱穆：《引论》，《国史大纲》，台北：台湾商务印书馆，1975年修订二版，页3。
③ 钱穆：《中国史学名著》，页326。
④ 钱穆：《引论》，《国史大纲》，页4。
⑤ 钱穆：《引论》，《国史大纲》，页7。

余文所谓"中国文化独特型态与发展历程"即钱穆之第一个条件，而"对过去的确切了解可以照明我们今天的历史处境""认清势的作用与性质，对我们眼前的处境有指点方向之功"则为钱穆所要求的第二个条件。

以上笔者从余文中承旧的一面作初步地分析，认为余文扣紧了章实斋的史学观念和钱穆对国史的反省而展开。章氏对考据学风的不满，钱氏对史料、史观学派的批评与余文有类似之处，但余文的典范意义不是单从传统的内在演变所能解释，章氏在17世纪所受到的考证压力，钱氏在抗战时所见国人对历史的漠视与误解，和1979年余氏撰写此文的背景有所不同，余文的出现有其时代的意义。从整个发展趋势来看：章实斋的历史思想已经逼近了一个新典范，但在清代学术风气之下，他虽想力挽狂澜，最后却郁郁而终；钱穆的历史思想则为新典范立下初步规模，然而他的看法也没有获得普遍的回响，很多人对钱穆的作品充满误解，傅斯年甚至宣称"向不读钱某书文一字"。[①]一直到余氏，在传统的基础之上，融入许多新的见解，才有比较重要的转变。

首先余文所面对的是近三十年来中国史学界的极端发展，因此余氏针对史料学派和史观学派的基本主张提出反省，然而极有意义的是，余文的反省中只有两派的看法，没有提到任何一位历史学者的名字，这种处理在方法学上属于韦伯所谓的"理想型"（ideal type），因为现实的史学状况不可能那么泾渭分明。如史料学派的主流——"中研院"历史语言研究所，从傅斯年和李济到今天许倬

---

① 钱穆：《八十忆双亲·师友杂忆合刊》，台北：东大图书公司，1983，页202。此语虽系钱氏晚年之回忆，真实性待考，但至少反映钱氏认为自己的看法并未被普遍地接受。

云、毛汉光诸先生，看法不断地调整与改变，有些人早就放弃"史学即史料学"的工作旨趣；而大陆史学界中亦有不少依赖马克思主义框架，而内容很扎实的史学作品。所以我们只能说史料与史观的划分是为讨论上的方便而指出的趋势，现实中并不是那么清楚。但这样的处理却可以增加新典范在解释上的应用，因为这二种研究趋势可能在不同的地区以不同的方式表现，例如中国大陆史学从史观折回偏重史料的旧路，台湾地区史学界某些作品是以历史为特殊的政治主张服务，或以设定的架构套用于历史现象之上，这些态度应该是同样地受到余文的批判。

其次，余氏对研究态度主张"史学研究上理性和情感是能够而且必须取得平衡"，笔者发现余文中隐去了强烈的民族激情，他不像钱穆那样强调"对其本国已往历史之温情与敬意"，[1]取而代之的是以世界的眼光或全球的视野来观察中国文化的特色，这一点是余文与钱穆史学不同之处。近代以来中国在内忧外患之下民族意识高涨，民族主义几乎成为一种新的宗教，史家的著作之中都充满了浓郁的民族情感，甚至产生民族的偏见，余氏所表现之世界眼光正是希望平衡民族主义的偏狭。在此前提下，余文所谓"中国文化的基本型态及其发展过程"之目标更具深刻的意义。然而民族激情和世界眼光是否无法协调？"世界史家"的境界是否必然高于"民族史家"？这些问题仍然值得思考。

为了达到余氏所倡导的目标，他主要提出了下列几种方法：（一）比较研究，（二）史学与社会科学的结合，[2]（三）基本功

---

[1] 钱穆：《引论》，《国史大纲》，页1："凡读本书请先具下列诸信念。"
[2] 余文之中有时强调"吸收有关科学的方法以为己用"，有关科学主要即指社会科学。

力的长期累积,(四)分析、综合的交互运用。第三点和第四点都是切实可行,争论和困难较少,下文中笔者只讨论第一点和第二点。

比较研究主要是配合上述之世界眼光,使中国文化之特色能在与其他文化比较中突显出来。消极地说,要避免比附,不应将目标定为追求发展中的"通则"或"规律";积极而言,比较之时不但要异中求同,还要同中求异,所以异文化的历史进展足资参证,小区域研究的文化体认也可用于中国史的分析。余氏所谈的比较方法对史学界来说,还是一个有待努力的方向,这牵涉学者的素养,治本国史者多半不接触外国史的著作,甚至外国史的经典作品在国内也不易找到,这些缺陷不但"削弱了史学家提出新问题的能力",也使史家对问题的解答不够深入。

史学与社会科学的结合亦值得加以检讨,此一看法从民初以来就不断地有人提倡,如何炳松翻译鲁滨逊(James Robinson)的《新史学》,著《通史新义》,一直到《食货》与《思与言》杂志的鼓吹,所以黄俊杰教授认为:近十年来,国内史学研究方法的基本特征是"史学与社会科学之理论与研究方法的结合",[1]余文的见解正是配合此一动向。但余氏却别有会心地提出"史无定法以切己为要"的基本原则。[2]史无定法的法,胡昌智从研究程序的角度指出:不是指一般的史学研究技术——如找寻史料、考证真伪、论文与批注的形式等,而是指"社会科学提供出的解释规则",[3]

---

[1] 黄俊杰:《近十年来国内史学方法论的研究及其新动向(上)》,《汉学研究通讯》,卷2期2(1983),页69。
[2] 此原则不专用于史学与社会科学的结合,亦可广泛地指一切史学方法的运用。
[3] 胡昌智:《从孔恩的"典范"观念谈〈史学评论〉发刊辞》,页157。

也就是说就前者而言，历史学有其纪律，但后者则并无成法。我们尝试以Abraham Kaplan的比喻作一诠释，如果把史学研究比喻为球赛，则社会科学所提供的方法，不是裁判，也不是制定规则的委员，它只是球队教练为适应实际状况所提出的对策，它的好坏端赖能否有效地赢球而定。①能够使我方赢球的方法应该就是余文所谓的切己。然而"史无定法切己为要"之说仍然值得讨论，有经验的史学研究者对这种说法可能会认为"与我心有戚戚焉"，但对初学者而言，这一个原则却显得空泛，不易掌握，常常会在面对史料时仍是手足无措。不过史学之所以引人入胜或许正在于此，它不是一种一加一的学问，它不但需要基本功力的长期累积，更需要内在心灵的细致领悟。

余英时先生不但讨论了历史写作之原则，也将这些原则落实到具体的研究。例如他在《论戴震与章学诚》一书中以心理分析的观点研究章实斋早年的认同危机；在《近代红学的发展与红学革命：一个学术史的分析》和《〈中国哲学史大纲〉与史学革命》两文中以库恩的"典范论"来分析学术史的发展。②最近出版的《论天人之际：中国古代思想起源试探》则利用"轴心时代"作为分析的概念；他认为只有在与其他古文化——特别是西方——的对照之下，中国轴心突破的文化特色才能充分地显现出来。③上述的作品在方

---

① 康乐、黄进兴编：《历史学与社会科学》，台北：华世出版社，1981，页39。
② 余英时：《近代红学的发展与红学革命：一个学术史的分析》，收于氏著：《历史与思想》，台北：联经出版公司，1976，页381—418；余英时：《〈中国哲学史大纲〉与史学革命》，《中国近代思想史上的胡适》，页77—92。
③ 余英时：《论天人之际：中国古代思想起源试探》，台北：联经出版公司，2014。

法的运用上都可谓是圆融无碍,对"史无定法切己为要"的原则而言,具有示范的作用。

然而当前史学界中有类似水平的作品并不多见。台湾学界中史学与社会科学的结合还牵涉社会科学研究的问题,今日我们所接触的社会科学理论与方法都有浓厚的西方性格,产生于特殊的历史文化脉络,这些理论与方法应用到本土研究时,必然有其限制性,因此1980年,"中研院"民族所召开"社会及行为科学研究的中国化"研讨会,就是要追求学术研究的本土化,希望从中国的历史文化中建立社会科学理论。这和余文所谓:脱离佛教史上的"格义"阶段,实现自创天台、华严的理想境界,在精神上完全一致。但是从该研讨会的论文之中也显示了一些问题,提倡社会科学研究中国化的学者,多半缺乏对中国历史文化的深入了解,也就是心思为善,其学不足以济之,这可能使社会科学研究中国化的理想徒成具文。①

以上笔者分别从承旧和创新(指超出传统史学之外的部分)的两个角度对余文作一反省,在承旧的方面本文厘清章、钱的史学渊源,在创新的方面则尝试以近年来国内的学术经验回观余文。余文具有深厚的史学根源,尤其可贵的是它能适当地结合传统与现代,以此批判史料学派与史观学派,再系统地指出一些切实可行的研究路向。当史料、史观学派逐渐为人质疑甚至放弃的时刻,此文"指点方向之功",具有十分深远的意义。因此,余氏的发刊辞和与此相呼应的史学作品,对现代史学而言应具有建立典范的意义。在理

---

① 对此问题的反省见杨懋春、黄俊杰:《史学、社会学与社会科学研究的中国化》,黄俊杰:《儒学传统与文化创新》,台北:东大图书公司,1983。

论层面上：他指出历史的多样性与发展性，而从发展的脉络之中可以了解未来的动向；在方法层面上：他强调适当地应用比较研究与社会科学的解释法则，在坚实的史料基础上从事疏通知远的工作；在价值层面上：第一，史家应关怀时代，但要与现实政治保持距离；第二，应以世界的眼光超越民族主义的偏狭态度。这一系列的看法已经逐渐地为人们所接受，而成为史学界的共识，在未来的一段时间内，史学工作者或许将继续在此一典范所启示的方向上，展开进一步的研究工作。

晚清史的反省

经世文编与中国近代经世思想研究[1]

前　言

从20世纪80年代开始中国经世思想的研究逐渐受到国内外学者的重视。1983年8月，"中研院"近代史研究所在刘广京和陆宝千教授的主持下召开"近世中国经世思想研讨会"，首开其风；1986年1月，美国学术团体联合会（ACLS）举办"宋代经世思想与行动研讨会"；同年3月，台湾清华大学历史研究所亦在黄俊杰教授的主持下召开"中国思想史上的经世传统研讨会"；经世思想的研究蔚为风气。

经世思想的范围十分广泛，表达的方式亦多彩多姿，[2]很难给

---

[1] 本文原刊于《近代中国史研究通讯》，期2（台北，1986），页83—96。
[2] 见刘子健："经世——关于英译名词和史科分类的讨论"（未刊稿，台湾清华大学"中国思想史上的经世传统研讨会"参考数据），刘氏认为经世之学的目标可以大别为道德、制度、专项事功三类；其根据也有经书、心性哲学、历史三类，两者交织可分成九项不同的史料，由此可见经世之学的复杂性。

予清楚的界定。在近史所及清大所召开的研讨会中，学者们曾热烈地讨论经世思想的"定义"问题。有人认为只要关怀外在世界秩序的思想就是经世思想，所以经世思想不限于儒家，墨家、道家、法家、佛家都有经世思想，甚至无政府主义、钱穆的"国史大纲"、托尼（R. H. Tawney，1880—1962）对中国农业的看法皆属经世，这种看法被批评为"泛经世"，经世思想等同于政治思想；也有人认为只有自称经世，或被同时代学者视为经世的思想家才有经世思想，这种看法又被认为范围太狭窄。从上述的讨论中我们发现依靠现有的研究成果，仍无法对经世下一定义，目前对经世思想的研究或许应抛开定义问题，先深入探讨不同时代经世思想家对"经世"的具体看法，在研究过多数的个案后，才可以归纳出一个较恰当的定义。

在各类有关经世思想的著作中，"经世文编"是一个值得研究的对象，它是明朝末年至民国初年间知识分子表达经世思想的一个重要方式。由于明显地标出"经世"之名，故属于经世思想绝无疑问，详细研究"经世文编"将有助于了解中国近代经世思想。"经世文编"的共同特色是借着文章的纂集而表达编者的经世意念，在近三百年中（明末至民初）"经世文编"的编纂前后相承，形成一个延绵不断的经世传统，这批数量庞大的史料（据估计总字数超过三千万字）仍是一片有待开辟的领域。本文的目的是对晚明以来各种的"经世文编"以及初步的研究成果作一介绍，并反省研究方法，展望未来的发展。[1]

---

[1] 本文所探讨的对象仅限于1980年代中期的研究状况，有关其后的发展可以参考丘为君、张运宗：《战后台湾学界对经世问题的探讨与反省》，《新史学》，卷7期2（台北，1996年6月），页181—231。韩承桦：《评介两

"经世文编"简介

近代"经世文编"的编辑一般多溯源到《皇明经世文编》,[①]此书编于崇祯十一年(1638),编者主要是隶属"几社"的陈子龙(卧子,1608—1647)、徐孚远(闇公,1599—1665)、宋征璧(尚木,生卒待考)三人,全书网罗明洪武至天启年间臣僚著作三千余篇,正文504卷,补遗4卷,共508卷。编排方式是以人物为中心,多数是一人一卷,少部分为一人数卷或数人一卷。收录的文章包括奏折、文集中的作品、往来书信等。清初因政治因素,将此书列入"应销毁书目档",故道光以前该书流传并不广泛。[②]日本学者曾出版了一本明代经世文分类目录,包含了《皇明经世文编》

岸学界近十年有关〈经世文编〉的研究概况》,《史原》,复刊期2,总第23期(台北,2011),页205—238。"中研院"近代史研究所开发了"清代经世文编"数字数据库(收入"近代史料全文数据库"之内),计有贺长龄《皇朝经世文编》、葛士浚《皇朝经世文续编》、盛康《皇朝经世文续编》、邵之棠《皇朝经世文统编》与陈忠倚、麦仲华、何良栋、甘韩等人所编的经世丛书等。这几部书成书时间起自道光,迄于光绪年间,在记载方面亦各具特色,可说是晚清时期最重要的史料之一。此一数据库可供检索,使用十分方便。

① 其实在《皇明经世文编》出版之前已有经世文编性质的书籍,如万表(1498—1556)在嘉靖三十三年(1554)即编有《皇明经济文录》,41卷;此外江右的冯应京(1555—1606)在万历三十一年(1603)亦编有《皇明经世实用编》,28卷,内容包括《皇明祖训》《六部事务》《礼乐射御书数》《诸儒语录》等。见L. Carrington Goodrich and Chaoyin Fang, eds., *Dictionary of Ming Biography,* New York: Columbia University Press, 1976, pp. 1141, 1339。

② 李光涛:《正在影印中的皇明经世文编》,载《大陆杂志》,卷25期9(台北,1962),页10。

等11部明代的"经世文编",使数据的运用更为方便。①

清朝第一部较著名的"经世文编"是乾隆四十一年(1776)出版的《切问斋文钞》(以下简称《文钞》),编者为山东地方官陆耀(朗夫,1723—1785),全书搜集清初以来各类文章四百余篇,计30卷。该书的编辑方式与《皇明经世文编》不同,不采人物为中心,而以类别为分类标准,将性质相同的文章集合在一特定项目之下。全书分为学术、风俗、教家、服官、选举、财赋、荒政、保甲、兵制、刑法、时宪、河防等十二项。这种以类别为中心的分类方式,以及将"学术"置于卷首统领全书的方法为道咸以下各"经世文编"所仿效。《文钞》出版之后陆续再版,道光初年河南布政使杨国祯曾重刊此书;同治八年(1869)江陵钱氏再度重印,并将书名改为《皇朝经世文钞》,目前"中研院"史语所、台大、近史所分别收藏了一种版本。《文钞》出版于考据学风大盛之时,足证乾嘉时期士人的经世传统仍未断绝。②

《文钞》出版后的半个世纪,又出现了第二部重要的"经世文编",此即魏源(1794—1857)应贺长龄(1785—1848)之邀而

---

① 该目录由东洋文库明代史研究委员会编纂:《明代经世文分类目录》,东京:东洋文库,1986年3月,附作者姓名索引。收录的书籍如下:(1)陈子龙等编:《皇明经世文编》,508卷。(2)万表编:《皇明经济文录》,41卷。(3)汪少泉编:《皇明奏疏类钞》,61卷。(4)张瀚编:《皇明疏议辑略》,37卷。(5)孙旬编:《皇明疏钞》,70卷。(6)王嘉宝等编:《皇明两朝疏钞》,12卷。(7)黄训编:《皇明名臣经济录》,53卷。(8)陈九德编:《皇明名臣经济录》,18卷。(9)黄仁溥编:《皇明经世要略》,5卷。(10)陈子庄编:《昭代经济言》,14卷。(11)吴亮编:《万历疏钞》,50卷。
② 笔者曾撰一文讨论此书对清代官僚制度改革之意见,见黄克武:《乾隆末年经世思想论清初官僚行政:〈切问斋文钞〉服官、选举部分之分析》,《近代初期历史研讨会论文集》,台北:"中研院"近代史研究所,1989,页579—618。

编辑的《皇朝经世文编》（以下简称《文编》），该书于道光六年（1826）出版，书中收录清初至道光三年间的文章2200多篇，共120卷。全书分为八个部分，第一部分是"学术"，为全书之纲领；其次是"治体"，说明政治的基本原则；再其次则依六部的顺序分为"吏政""户政""礼政""兵政""刑政""工政"，讨论具体的行政技术。各部分之下编者再细分为65个小目。由此可见《文编》不但条理清晰，且笼罩面更为完备。就思想内涵而言，《文编》出版于鸦片战争前14年，足可反映西方冲击前夕中国知识分子的思想状况，同时也说明儒家求变的精神绝不能单纯地解释为对西方挑战的反应，而是中国思想史自身的一种发展。[①]

《文编》出版后广受学者的欢迎，中国近代史上的重要人物如曾国藩（1811—1872）、左宗棠（1812—1885）、张之洞（1837—1909）、康有为（1858—1927）等人早年都曾批读此书。[②] 俞樾（1821—1907）尤其给予好评：

> 自贺耦耕先生用前明陈卧子之例，辑《皇朝经世文编》，数十年来风行海内，凡讲求经济者，无不奉此书为矩矱，几于家有

[①] 余英时：《清代学术思想史重要观念通释》，"经世致用"条，《史学评论》，期5（台北，1983），页45。

[②] 曾国藩在日记中表示"经济之学吾之从事者二书焉，曰《会典》，曰《皇朝经世文编》"，见王启原校编：《求阙斋日记类钞》，长沙：传忠书局，光绪二年（1876）刊印，卷上，页8下。左宗棠早年曾仔细阅读《皇朝经世文编》，所藏该书"丹黄殆遍"，见罗正钧：《左文襄公年谱》，湘阴左氏刻本，清光绪二十三年（1897），卷1，页7上，"道光九年"条。张之洞认为《文编》为最为切用，故将之列入《书目答问》，建议士子阅览。张之洞：《书目答问》，台北：台湾商务印书馆国学基本丛书简编，1948，页268。康有为阅读《文编》的记录见康有为：《康南海自编年谱》，台北：文海出版社，1966，页11，光绪五年项下。

此书。①

由于《文编》广受士人欢迎，出版之后的六七十年间，以《补编》《续编》为名的书籍接踵而出，前后有二十多种。这些出版物不仅在名称上沿用《经世文编》之名、体例上多数与《皇朝经世文编》类似，甚至有些书的卷数亦保持120卷。学术界曾有多篇文章介绍这批史料，为了说明上的方便，我们综合各文，将《皇朝经世文编》之后的各《经世文编》列成下表：②

	名称	编者	刊行年代	卷数	附记	数据源
1	《皇朝经世文编》	魏源 贺长龄	道光六年 1826	120		①②③④
2	《皇朝经世文编补》	张鹏飞	道光二十九年 1849	58	原120卷中62卷有目无文	①②③④
3	《皇朝经世文续编》	饶玉成	光绪七年 1881	104	原120卷中16卷有目无文	①②③④
4	《皇朝经世文续编》	管窥居士	光绪十四年 1888	120		②
5	《皇朝经世文续编》	葛士濬	光绪十四年 1888	120		①②③④
6	《皇朝经世文续编》	盛康	光绪二十三年 1897	120	盛宣怀与缪荃孙协助	①②③④

① 俞樾：《皇朝经世文续集序》，《春在堂杂文》，4编，卷7，页20上—下。
② 表中所列仅限于沿用《经世文编》为书名者，除此之外还有《时务丛钞》《边事丛录》《洋务丛钞》《策论汇海》《治平十议》等书亦由《经世文编》衍生而成，为免庞杂，拟日后再予介绍。参考王尔敏：《经世思想之义界问题》，载《"中研院"近代史研究所集刊》，期13（台北，1984），页34。

续表

	名称	编者	刊行年代	卷数	附记	数据源
7	《皇朝经世文三编》	陈忠倚	光绪二十三年 1897	80		①②③④
8	《时务经世分类文编》	求是斋主人	光绪二十三年 1897	32		②④
9	《皇朝经世文新增时务洋务续编》	甘翰	光绪二十三年 1897	时务40卷 洋务8卷	亦名《皇朝经世文三编增附时事洋务》	①②③④
10	《皇朝经世文新编》	麦仲华	光绪二十四年 1898	21		①②③④
11	《皇朝经世文新编》	麦仲华	光绪二十八年 1902	21	为上书之改订本，删除一百多篇	①②④
12	《皇朝经济文编》	求自强斋主人	光绪二十七年 1901	128		②④
13	《皇朝经济文新编》	宜今室	光绪二十七年 1901	62		①
14	《皇朝经世文统编》	润甫（邵之棠）	光绪二十七年 1901	107		①②③④
15	《皇朝经世文统编》（增辑经世文统编）	阙名	光绪二十七年 1901	120		②③④
16	《皇朝经世文四编》	何良栋	光绪二十八年 1902	52		①②③④

续表

	名称	编者	刊行年代	卷数	附记	数据源
17	《皇朝经世文五编》	求是斋	光绪二十八年 1902	32		①②④
18	《皇朝经世文五编》	阙铸	光绪二十八年 1902	26		③
19	《皇朝经世文续新编》	储桂山	光绪二十八年 1902	20		④
20	《皇朝经世文新编续集》	甘韩 杨凤藻	光绪二十八年 1902	21		①②③④
21	《皇朝蓄艾文编》	于宝轩	光绪二十九年 1903	80		①③④
22	《民国经世文编》	上海经世文社	民国二年 1913	40(册)		①③④

数据源：

① 日本近代中国研究委员会：《经世文编总目录》，东京：近代中国研究委员会，1956。

② 平凡社：《アジア历史事典》，东京：平凡社，1960，卷3，页283—284，百濑弘撰"皇朝经世文编"条。

③ 钱实甫：《关于经世文编》，载《历史教学》，1968年8月，页13—18。

④ 黄丽镛：《魏源年谱》，长沙：湖南人民出版社，1985，页266—268。

当代学术界中首先注意到这批史料的是日人百濑弘，他在1941

年撰成《清末の經世文編に就いて》，对于《文钞》以后的十部"经世文编"的编者、成书背景、收录文章作简明的介绍。他强调时代的变迁会促使文编内容与编纂形式的变化，故文中详细地讨论各书纲目的增减及其代表的意义。他认为陆耀的《文钞》是以朱子学思想为基础，故注意各种典礼，强调政治与道德的结合；至魏源所纂《皇朝经世文编》加强了实际倾向，故删除了天文、乐律部分，而增加水利、河防方面的文章。鸦片战后中国局势发生变化，光绪年间葛士濬、盛康的续编为适应新情况，增加"洋务"部分，介绍新知；至陈忠倚的三编，更明言《皇朝经世文编》中儒行、宗法、礼论、婚礼、丧礼、服制、祭礼等项对富强之术毫无裨益，故多予删除，而另增测算、格致、化学、矿务等。麦仲华的新编在"经世文编"发展之上是一大突破，作者认为该书不但在体例上打破了以"六部"为中心的编辑格式，内涵上亦有所创新，书中宣传康、梁的维新变法，收录外人著作，介绍泰西史地。总结清代的几部《经世文编》，百濑弘认为这些书籍先则主张继承传统逐步修改，后则力倡维新变法追求富强，反映出清末中国读书人政治思想的变迁。①

日本学者对"经世文编"一直有浓厚的兴趣，1956年日本近代中国研究委员会在市古宙三（1913—2014）的提议下，搜集了17种《经世文编》，编成《经世文编总目录》，并附作者索引及各书纲目变化的对照表，该书的编成使这批史料更为人所知，对于"经世文编"的研究有很大的贡献。

---

① 百濑弘：《清末の經世文編に就いて》，加藤繁编：《池内博士還曆記念东洋史论丛》，东京：座右宝刊行会，1940，页877—892。

1968年大陆亦有学者撰文介绍"经世文编",即钱实甫《关于经世文编》一文,文中介绍了16部《经世文编》的编者、纲目与内容大要,钱氏亦谈到各书收录文章的差异可以反映编者的不同立场。例如邵之棠辑《皇朝经世文统编》,"主要搜集清季以来有关新政言论,混合中外著述编排";阙名所辑《皇朝经世文统编》,"主要是封建文士和洋务官僚以及帝国主义侵略分子的言论,维新色彩较少";于宝轩所辑的《皇朝蓄艾文编》则"选辑冯桂芬以后各家有关变法的著述";至于《民国经世文编》则明显地偏向袁世凯:

很像"公牍汇编"的性质,主要的侵略分子如古德诺和有贺长雄等也被选入,但全书无孙中山一文,对袁世凯则称"大总统"而不名。关于张振武被害和宋教仁被刺,以及镇压"二次革命"的材料,全部列入内政门的"定乱"目中,其态度可知。

钱文对于《经世文编》内容的介绍十分丰富,但分析不及百濑弘之细腻。

美国方面也有学者注意到这批材料,不过仅限于《皇朝经世文编》。据说费正清曾建议张灏以《皇朝经世文编》作为博士论文的题目。在介绍文字方面,1969年魏斐德(Frederic Wakeman)在《清史问题》上撰写"The Huang ch'ao ching shih wen-pien",次年Peter Mitchell又在同刊物发表"A Further note on the HCCSWP",两文均为简短的介绍性质。[1]此后似乎并无学者从事

---

[1] Frederic Wakeman, "The Huang ch'ao ching shih wen pien", Ching-Shih Wei-T'i, 1.10(Feb., 1969), pp. 8—22; Peter Mitchell, Ching-Shih Wei-T'i, "A Further note on the HCCSWP," 2.3(July, 1970), pp. 40—46.

"经世文编"思想内涵的分析,至1978年《剑桥中国史》晚清篇出版时,Susan Mann Jones和Philip A. Kuhn在讨论到道光初年经世思想时,仍然认为《皇朝经世文编》值得作进一步的研究。[1]

综上所述,我们发现从二次大战期间日本学者就已经注意到"经世文编"的资料,但半个世纪以来对"经世文编"的研究却仅限于内容的介绍,至多观察纲目的变迁。虽然也有不少文章引用"经世文编"中的史料,不过多数是从事制度史的研究,并没有学者以"经世文编"作为一个整体,深入分析其思想内涵。关键的问题是"经世文编"一方面有编者主观的选辑排比,另一方面又包括数百位作者不同的意见,它如何能成为一个思想的"整体"?又应该采用何种方法来分析?或许是由于这样的困难,以"经世文编"研究中国近代经世思想的工作一直没有推展。这种情况从1980年代中期开始逐渐改观,下面我们先介绍初步的研究成果,接着再反省研究方法上的一些问题。

"经世文编"思想内涵之分析

从1985年6月至1986年6月间先后有四篇论文分析"经世文编"的思想内涵,分别是:

(一)《皇明经世文编》部分:许淑玲:《几社及其经世思

---

[1] Susan Mann Jones and Philip A. Kuhn, "Dynastic Decline and the Roots of Rebellion" in John K. Fairbank ed., *The Cambridge History of China*, vol. 10, Late Ch'ing, Part 1., Cambridge: Cambridge University Press, 1978, pp.149—150.

想》，1986年6月，台湾师范大学历史研究所硕士论文。

（二）《切问斋文钞》部分：黄克武：《从理学到经世——清初〈切问斋文钞〉学术部分之分析》，1986年3月发表于台湾清华大学"中国思想史上的经世传统研讨会"。后正式出版：《理学与经世——清初〈切问斋文钞〉学术立场之分析》，《"中研院"近代史研究所集刊》，期16（台北，1987年6月），页37—65。

（三）《皇朝经世文编》部分：有两篇

1.黄克武：《〈皇朝经世文编〉学术、治体部分思想之分析》，1985年6月，台湾师范大学历史研究所硕士论文。

2.刘广京、周启荣：《〈皇朝经世文编〉关于"经世之学"的理论》，1985年12月于"中研院"近代史研究所发表专题演讲，全文刊于《"中研院"近代史研究所集刊》，期15（台北，1986年6月），页33—99。

下面介绍各文的主要论点：
（一）许淑玲《几社及其经世思想》
该文由李国祁教授和墨子刻教授指导，全书主旨在分析几社的组织活动与经世思想，其中经世思想部分主要即以《皇明经世文编》作为分析对象。作者从"历史观""经世目标""济世方策"三项讨论该书的思想内涵。

在历史观方面，几社同意三代是理想的时代，而三代以后则有盛有衰。例如秦晋隋是衰世，汉唐宋元则有不错的表现；较特殊的是几社认为明朝初年是一个理想的黄金时代，足可媲美周、汉，但明中叶以后逐渐步入衰微。对于历史人物他们特别推崇张居正。

在经世目标方面，几社主张追求王道，但他们认为王道不离富强，因为王霸之辨在于"心"不在"迹"，所以只要出于爱民之念，不必讳言追求富强。富强的目标具体而言包括武功强盛、社会均富、风俗淳美。此外，他们反对实施高远而不切实际的井田制度与封建制度，主张在现行的郡县制度之下实现上述的理想，同时对明初的盛世感到不胜向往。

在济世方策方面，几社特别强调制度应随时势而不断调整，要"以昭代（当代）之人文，经昭代之国事"，故全书收录各种有关制度改革的意见。作者以影响深远的"一条鞭法"为例，说明几社对制度改革的看法，她认为几社倾向于支持一条鞭法的各种改革，从大量的选文与编者的眉批，足以显示他们的立场，作者并分析这种肯定一条鞭法的主张是由于几社所居的江南地区适合实行这种新制度所致。但是《皇明经世文编》亦收录少数（如葛守礼和何瑭等）反对一条鞭法的意见，这种情形显示几社也了解地理位置的差别会影响制度实施的效果，所以他们亦提出"条鞭有利有弊"的观点。上述对一条鞭法的复杂意见充分反映几社经世思想中的调适精神。

为了突显几社经世思想的特色，作者将之与东林党人和明末清初的经世思想家作一比较。她认为东林经世思想有浓厚的道德色彩，几社基本上肯定道德的意义，但重心却在制度的因革损益，与东林不同。此外，顾炎武（1613—1682）、黄宗羲（1610—1695）有强烈的复古倾向，要求恢复封建；几社却主张法后王、行郡县，反对泥古。几社这种重视变通的精神反而与王夫之（1619—1692）的思想颇为契合。

从以上的描述可知作者虽然没有全面地分析《皇明经世文编》的思想内涵，因此遗漏了许多几社对制度改革的精彩意见，但大致已勾勒出该书的特色。

（二）黄克武《理学与经世——清初〈切问斋文钞〉学术立场之分析》

本文借着分析《文钞》学术部分的51篇文章解决两个问题：第一，乾隆末年出现的《文钞》是在何种学术基础之上提出其经世的主张？第二，该书与道光初年的《皇朝经世文编》有何关系？

对于第一个问题，作者认为《文钞》经世思想主要渊源于清初的程朱理学，而与顾、黄、王等大儒者的经世思想没有直接的关系。它继承了理学长期以来由抽象转向具体的趋势，进一步地不再讨论太极、理气、心性等抽象问题，而将焦点置于日用事物；此外它放弃了清初理学中强烈的宗派色彩，改采尊崇程朱但不排挤陆王的调和主张。在思想内涵上《文钞》学术部分各篇文章环绕着"体用兼备""有体有用""明体达用"的理想，细绎其"体"的含意主要指道德与知识的涵养而较少宇宙论的意味，而"用"则确指外在的事功。这种体用合一的理想一方面矫正了理学末流已流于空疏无用的弊病，另一方面亦使士人在关怀外在事物时不致落入法家或功利思想的"邪说"。《文钞》各文反复地提出这种观念使理学思想"外转"，开出一条通往经世的道路。《文钞》正是处于这种思想转向的关键地位。

但是清初理学不是《文钞》的唯一渊源，书中还包含了其他的思想因素。例如编者强调官僚制度内部的技术改革，他亦提出"文以载道"的观念，认为士人撰写有意义的文章或将这些文章集结出版是经世的一个重要方式；此外在编者的观念中学术具有准备、尝试与咨询讨论的精神，不一定要立即实现内圣外王的理想等。这些观念都与理学的看法不同，而共同塑造该书经世思想的另一种特色。

对于第二个问题作者首先指出，魏源所编《皇朝经世文编》在编辑形式与文章选裁方面都受到《文钞》的影响，两书前后承接的关系十分明显。但《文编》除了继承主要源于清初理学的经世思想外，还受到许多其他思想的影响，其中明末清初经世思想家顾炎武、唐甄（1630—1704）等人的影响力尤其显著。因此作者认为道光初年经世思想的兴起背后有两股重要的推动力量，一为主要源于清初程朱理学的经世思想，一为明末清初顾炎武、唐甄等人的经世思想，而与今文学派并无直接而密切的关系。

（三）黄克武《〈皇朝经世文编〉学术、治体部分思想之分析》与刘广京、周启荣《〈皇朝经世文编〉关于"经世之学"的理论》

《皇朝经世文编》学术、治体部分是全书的理论部分，与后面讨论行政技术的"六政"部分各篇文章性质不同，构成独立分析的对象。这两篇文章是在互不影响下选择了相同的史料从事分析，因此予以合并介绍。拙著硕士论文是由李国祁教授与墨子刻教授指导，刘广京先生的大作则是与他的学生周启荣先生合作完成。

首先在研究方法上，拙文是以一套分析架构为基础，打散各篇文章的界限，用归纳的方法描述《文编》学术、治体部分的思想内涵；接着再以"转化—调适"的分析架构，配合比较方法观察其思想的特点。刘文则依循《文编》的编排顺序，逐篇介绍学术6卷与治体8卷中各文的内容；其次再综合分析其学术取向与政治立场。比较两文的大纲可以看出作者处理方式的差异：

拙文	刘文
一、导论 二、背景 三、《皇朝经世文编》学术、治体部分思想之内涵 1. 知识的来源 2. 现实世界的基本组成与活动 3. 目标 4. 对历史的看法 5. 经济之策 6. 经世思想家对目标、障碍和济世之策的综合评估 四、《皇朝经世文编》学术、治体部分思想之特点 1. 转化思想与调适思想 2. 文编学术、治体部分思想之特点 五、结论	一、导论 二、学术六卷内容大要 三、治体八卷内容大要 四、综合分析 （一）学术 1. 立志与经世 2. 经世致用 3. 对考证学之态度 4. 对道学之态度 （二）治道 1. 君道 2. 臣道 3. 行政功效 （三）天人观 1. 以气为本之宇宙观 2. 福祸报应 （四）重势通变之历史观 （五）王霸之辨与变法 五、结论

这两种不同的思想史研究法很难比较其优劣，或许只能说是风格上的差异。

在结论上，两者的主张如下：

拙文认为《文编》经世思想中有很重要的一部分源于先秦儒家思想与宋明理学。从各文对诸葛亮的推崇显示，只要是出于爱民之念，儒家也可以改革制度、追求实效，甚至可以推行严刑峻法，借着诸葛亮的例子，经世思想家说明儒家注意外在事功的合法性。但是《文编》除了承袭儒家传统外还受到其他因素的影响，如儒家思想的法家化、官僚制度的经验、民间宗教中"福善祸淫"的观念等。再者，《文编》特别强调儒家传统中"兼内外"的理想，因此调和了理学与功利学派，对于内在道德的涵养，与外在事功的表现赋予同等的重视。此外它亦调和了汉学与宋学，主张以宋学为本、汉学为末的调和论。若与明末清初的经世思想比较，《文编》避免了顾炎武、黄宗羲等人复古和反清复明的主张，亦与《皇明经世文编》过度尊重当代政治权威，要求返回明初祖制的思想形态有所不同。作者认为《文编》的经世理论结合了重视理想、主张彻底改造的转化思想，与重视现实、主张逐步改良的调适思想两种形态，因此它一方面以高远的王道为理想，坚持道尊于势；另一方面则反对复古（恢复井田、封建），肯定现存的政治秩序。这种思想趋向理想与现实并重，而要求在现实世界中实现其理想。

刘广京先生的大作指出《文编》首十四卷具有体制严谨，立场鲜明的特点，同时以"经世之学"为一门学问，足与汉学、宋学分庭抗礼，并非如《皇明经世文编》仅为施政文牍之汇编而已。

其次，作者认为《文编》"经世之学"的含义十分复杂。举凡为学为政之原则，以及学者之志向、为学方向、个人道德修养，以及对人性、天道、历史之了解等，凡与政事及致用之原则有关者，皆属其范围，故《文编》经世之学可视为大学八条目之具体发挥。但就《文编》史料而言经世之学虽牵涉甚广，仍有三个原则决定其范围：

1.须以能"致用"为目的。

2.以政府施政为立场，特别重视君主与朝廷，但亦不轻视各省及州县地方行政。一切经世活动均以合法之政府为权威之泉源。

3.专取以民为本之经世观，此点显示《文编》仍基于儒家爱民的立场，而非法家尊君的立场。

最后作者点出《文编》在中国近世思想史上的意义。他们认为

《文编》"经世之学"在鸦片战后扩大而为救时之学问，成为近代讲求经济、变法及各种学术、政治运动之先趋。就19、20世纪中国思想史而言，《文编》揭橥之"经世之学"乃一"基线"，道光初年以后思想学说之发展，皆须凭此基线衡量比较。

由以上的叙述可以发现两文的结论不完全一致，但可以互相补足加深读者对《皇朝经世文编》经世理论的了解。

以上我们简单地介绍过去一年中对于三部《经世文编》的研究，各文显示这三部《经世文编》并非漫无中心的文牍汇编，而是表现出一套特殊的价值取向，不同时代的编者面对了不同的挑战，选择不同的文章，因此也反映出不同的思想特色。

研究方法的反省

最后我们尝试依据以上的四篇论文提出研究《经世文编》时值得思考的一些问题。

（一）《经世文编》要成为一个思想的整体，必须假设该书的编者在编辑过程中表现出高度的选择性。因此研究《经世文编》首先必须掌握住"编者的选择性"。例如在该书序例中，编者是否谈到编书的动机与标准？这些标准与选文是否配合？又如编者在书中是否有眉批或圈识？此外，编者的选择性可能表现在以下几个方面：

1.对不同作者而言，编者为何选择某个人的文章而不选另一个人文章？文章选入数目较多的作者有哪几位？他们是否具有某些相同的背景？

2.对同一位作者而言,为什么书中选择这一篇文章而不选另一篇文章?亦即某一位作者本来的形象与他在《经世文编》中被塑造出来的形象有无不同?

3.就同一篇文章而言,在作者文集上的标题和内容与它在《文编》中的标题和内容有无出入?亦即编者有无更改标题或删除内容?如果有,他的动机何在?

对于"编者的选择性"而言,目前初步的看法是:《经世文编》的编者对于学术、政治的基本原则往往抱持着一套较鲜明的立场;然而对于技术层次的问题(如治河、礼仪、开矿等)常常并不提出一个固定的答案,而是提供两个以上的选择,但是这些选择仍然包含在一个特定范围之内,并非漫无边际。研究《经世文编》必须针对其史料性质来解释,对哪些问题编者持有确定的立场,对哪些问题则提出一系列"意见的光谱"(spectrum of the opinions)?

(二)为了较清楚地掌握《经世文编》的思想倾向,可以运用两组观念来对照。第一,该书经世思想的目标较接近彻底改变的转化思想,还是逐步改良的调适思想?[①]第二,书中所采取的经世手段是强调政治核心的改革,还是偏重政治核心之外的各种行动?上述一组观念交织成四种思想形态,即强调政治核心的转化思想、强调政治核心的调适思想、政治核心之外的转化思想,以及政治核心之外的调适思想,研究者可据以从事思想形态的分类,并比较其异同。

[①] 转化与调适的对照请参考墨子刻:*The Internal Organization of Ch'ing Bureaucracy: Legal, Normative, and Communication Aspect,* Cambridge: Harvard University Press, 1973,第一章; *Escape from Predicament: Neo-Confucianism and China's Evolving Political Culture,* New York: Columbia University Press, 1977,第四章。

（三）研究《经世文编》时值得注意的另一个问题是各书对历史的看法。例如他们认为历史上有哪些黄金时代，是三代？三代以后？还是本朝？对黄金时代的看法往往影响到目标的设定与方法的抉择。此外书中认为历史上有哪些值得效法的英雄人物或应该警戒的前车之鉴？例如许淑玲的文章谈到《皇明经世文编》对张居正的推崇，拙著硕士论文谈到《皇朝经世文编》各文推崇诸葛亮、贬抑王安石，刘广京先生的大作认为《皇朝经世文编》之理想乃仿效管仲之政法。这些对历史人物的评价都反映出各书经世思想的特色。

（四）研究《经世文编》不但要考虑编者所肯定的观念，也要掌握他所拒绝或否定的观念，因为他所拒绝的部分影响到他所肯定部分的意义。例如拙文分析《皇朝经世文编》学术立场时谈到《文编》一致反对的学术或思想计有老庄佛道、"王安石"类型的儒家思想、考证训诂、辞章之学、市井小民的逐利态度，不完全反对的学术思想有法家和功利学派，只有小部分人反对但大多数人都支持的学术思想为宋明理学。这样的研究可以从另一面烘托其基本立场。

（五）具体而言，研究《经世文编》主要是利用归纳法与比较法，前者适合分析思想内涵，后者则可突显其思想特点。用归纳法研究思想内涵可细分为以下几个步骤：

1.仔细阅读《经世文编》中的史料。

2.归纳出各文所讨论的重要议题（agenda）。

3.对于每一个议题编者采取一个固定的立场？还是收录了一系列"意见的光谱"？

4.各议题之间是否有内在的关联或逻辑上的顺序？如何能做一较清楚的叙述？

了解思想内涵后可以进一步运用比较法观察其特点，比较的对象可选择同时代或异时代的思想主体。例如许淑玲的文章将《皇明经世文编》与东林经世思想、顾、黄、王等人的经世思想作一比较；拙文讨论《文钞》时将之与《性理精义》《皇朝经世文编》作一比较；刘广京先生则将《皇朝经世文编》与《皇明经世文编》、宋代理学和功利学派等作一比较。

以上各项是综合四篇研究成果，从研究方法的角度所作的反省，而然诚如余英时先生所谓"史无定法"，[①]上述各项仅为从事研究时值得考虑的一些问题。

研究展望

1985年由于墨子刻教授和刘广京教授的提倡，逐渐有人开始利用《经世文编》从事中国近代经世思想的研究。但还有十几种《经世文编》仍乏人问津，[②]在这批为数高达三千多万字的史料中，包含了中国近代知识分子对学术、政治、社会、经济、军事、科技等方面的复杂看法，这是中国近代史研究中不可忽略的一环。以上述的研究为基础，还可以从事许多的研究工作，例如：

（一）目前对《文编》的研究多偏向学术、政治基本立场之

---

① 余英时：《中国史学的现阶段：反省与展望——代"发刊辞"》，《史学评论》，期1（台北，1979），页14。
② 笔者指导的一篇硕士论文曾研究一个个案：杨玓洁：《晚清科举改制与经世思想的变迁——〈最新经世文编〉（1903）为中心》，台北：台湾师范大学历史系硕士论文，2013。本论文以1903年出版之《最新经世文编》为例，观察该文编的编纂与出版，以展示科举制度如何在转型时期产生作用；同时亦分析文本内容，以了解晚清时期民间的经世思想在转型时期新资源的刺激之下所产生的思想变化。

分析，没有从事有关六部行政技术的探讨，而这一部分的数据是各《经世文编》中数量最庞大的部分。因此我们还不了解各书对行政技术的看法，也不了解学术、政治基本立场与行政技术之间的关联。这项研究工作同时涉及制度史与思想史两个层面，极具挑战性。

（二）在分析工作进行的同时也不可忽略综合的工作，亦即如何利用已有的研究成果来重建明清经世思想的"地图"。例如我们可以列出明清时代各种形态的经世思想：（1）东林党人的经世思想。（2）几社编辑的《皇明经世文编》。（3）顾炎武、黄宗羲的经世思想。（4）王夫之的经世思想。（5）唐甄的经世思想。（6）陆耀编辑的《切问斋文钞》。（7）魏源、贺长龄编辑的《皇朝经世文编》等。我们还可能列出其他的经世思想，然而值得考虑的是他们之间有何异同？我们又应如何透过已有的研究成果掌握明清经世思想的发展？这样的工作可以扩大视野，将研究的对象放在历史脉络中来思考。

（三）诚如刘广京先生所谓：《皇朝经世文编》为一"基线"，可据以衡量鸦片战后中国思想的发展。因此我们可以问鸦片战争以后一连串的《经世文编》各有何特色？它们与鸦片战前的经世思想又有何异同？研究这些问题将有助于我们了解现代化时期中国思想的延续与变迁。

清代考证学的渊源——民初以来研究成果之评介[1]

清代考证学的兴起可以追溯到明末中国思想界的巨大变化,这个变化伴随着明亡清兴的历史变局、社会经济的变迁,以及耶稣会士引进西学的冲击,对中国近三百年的学术思想产生相当深远的影响。明末思想转变的基线是从"理学"转向"实学",亦即从道德形上学的关注转移到对实际事物的高度兴趣。具体而言,这个转变的过程包括三个主要的学术方向,一为气的哲学,一为经世之学,一为考证学。这三者后来成为清代学术思想的主流,其影响一直延续到19和20世纪。以考证来说,甚至一直到今天还是一个具有相当支配力量的学术理念。[2]

---

[1] 本文曾刊于《近代中国史研究通讯》,期11(台北,1991),页140—154。
[2] 现在许多学者仍从事考证的工作,傅斯年曾说"中研院"历史语言研究所的工作旨意是"保持亭林(顾炎武)百诗(阎若璩)的遗训",杜维运也曾在1972年"二十年来我国的史学发展"讨论会中指出近二十年来"考据仍然是史学的主流",考据传统在台湾地区史学界延续不断。至于在中国大陆,"文化大革命"之后"实事求是"——清代考证学的口号——又为学术界所强调。这个口号虽是针对"影射史学"而发,但与乾嘉传统不无

气的哲学、经世、考证三者虽同时展现了儒学由抽象转向具体的精神，其间有互相增强的作用，但亦各自有其独立的起源与发展。以气的哲学（亦称"气的一元论"）来说，它为理学内部的发展，是针对程朱理气二元论而起的反动，这种哲学强调本体论的基础是物质性的"气"（英文多译为material force或ether of materialization），认为理与气合而为一，而理只是气的一方面；其思想可追溯到明代程朱学者罗钦顺（1465—1547）以及王学中从刘宗周（1578—1645）到黄宗羲（1610—1695）一系列的发展，至清代则以王夫之（1619—1692）、戴震（1724—1777）、阮元（1764—1849）的哲学为代表。[①]至于气的哲学与考证的关系则颇为歧异，例如黄宗羲、戴震的考证学可能与其气的哲学有密切的关系，但杨慎（1488—1559）、陈第（1541—1617）、方以智（1611—1671）的考证工作则与气的哲学之关系不深。经世与考证二者也有分途与合流的错综关系，有些学者的考证工作源于经世之志，并以考证来表达经世的意念；有的学者的考证工作则纯粹出于知识上的兴趣，与经世的理想背道而驰。至清末二者的关系更为复杂，举例言之，康有为（1858—1927）的《新学伪经考》与《孔子改制考》是以考证的形式来建构经世的理论；而钱穆（1895—1990）的《刘向刘歆父子年谱》则以考证的作品来批评

关系。见傅斯年：《历史语言研究所工作之旨趣》，《"中研院"历史语言研究所集刊》，第一本，1928。《二十年来我国的史学发展讨论会记录》，李弘祺等：《史学与史学方法论集》，台北：食货出版社，1980，页376—383。

[①] 山井涌：《明清時代における氣の哲學》，《哲學雜誌》，46:711, 1951，页82—103。后收入氏著：《明清思想史の研究》，东京：东京大学出版会，1980，页149—175。

康有为。①总之，由于这三种学术取向的交错发展，再加上数百年来理学的背景与西学的冲击，近世实学的起源问题成为一个迷人的学术挑战，而学者们在相互辩论的过程中提出了许多不同的解释。

有关近世气的哲学与经世思想的研究成果相当丰硕，在此不拟细述，②本文的焦点是近世考证学的源起，作者企图澄清自民初以来中西学术界对此问题的解释及其互相辩论的历程，并思考未来研究的方向。

---

① 有关考证学兴起与经世思想的关系见陆宝千：《论清代经学》，《台湾师范大学历史学报》，期3（1975），页1—22。后收入氏著：《清代思想史》，台北：广文书局，1978。余英时也指出戴震、钱大昕、汪中等考证学者始终不能忘怀经世致用，见余英时：《清代学术思想史重要观念通释》，收入氏著：《中国思想传统的现代诠释》，台北：联经出版公司，1987，页429—430。有关汪中思想之中考据与经世的关系，见周启荣："Scholar and Society: The Textual Scholarship and Social Concerns of Wang Chung（1745—1794）"，载《汉学研究》，卷4期1（台北，1986），页297—313。考证与经世的冲突反映在章学诚对考证的批评之上，他以为考据学只知"补苴罅缺"，未能掌握"史义"；史义有两层含义，一方面是"纲纪天人，推明大道"，另一方面则是"史学所以经世"。见章学诚：《浙东学术》与《答客问上》，收入《文史通义》，台北：史学出版社，1974。对康有为"二考"的精彩研究见王汎森：《古史辨运动的兴起》，台北：允晨文化实业股份有限公司，1987，页61—208。

② 有关近世经世思想的研究甚多，见"中研院"近代史研究所编，《近世中国经世思想研讨会论文集》，台北："中研院"近代史研究所，1984，在《"中研院"近代史研究所集刊》上也有多篇重要著作，有关《经世文编》之研究的评介见黄克武：《经世文编与中国近代经世思想研究》，《近代中国史研究通讯》，期2（台北，1986），页83—96。英文方面有Benjamin A. Elman, *Classicism, Politics, and Kinship-The Ch'ang-chou School of New Text Confucianism in Late Imperial China,* Berkeley: University of California Press, 1990。而有关气的哲学之研究除了山井涌之外还有胡适：《戴东原的哲学》，台北：台湾商务印书馆，1967；唐君毅：《中国哲学原论——原性篇》，香港：新亚书院研究所，1974；Wm. T. de Bary ed., *The Unfolding of Neo-Confucianism,* New York: Columbia University Press, 1975。书中有多篇论文与此有关，如Ian McMorran, "Wang Fu-chih and the Neo-Confucian Tradition," Chung-ying Cheng, "Reason, Substance, and Human Desires in Seventeenth-Century Neo-Confucianism"，另有Irene Boom对罗钦顺的《困知记》之翻译与研究，见Irene Boom, *Knowledge Painfully Acquired,* New York: Columbia University Press, 1987。

民初以来学者多同意考证学的兴起涉及多方面的因素，但各学者因着重点不同，有下列六类的解释：

1. 考证学源于明末前后七子的复古以及杨慎、陈第、方以智等人个人的经历与博学的雅好。

2. 考证学受到耶稣会士所传西学的影响。

3. 由于清廷的高压统治与笼络，士人参加政府的学术计划或自行从事与政治无关的考证工作；并有学者由此评估考证学者精神上的沦落。

4. 考证学与社会经济变化有关，社会中的许多成员如官员、商人的奖掖、出版印刷业的发达以及人口的成长，都直接或间接促成此运动的发展。

5. 考证学源于思想性的因素或儒学内部的发展，例如认为考证的兴起涉及对宋明理学"空谈心性"之反动，或认为受程朱陆王的辩论、气的一元论的提出或经世思想的出现等因素影响。

6. 认为考证学的出现是内在因素与外在因素的交互影响，并强调上述第四项社会经济变化的重要性。

上述解释因素的排列顺序主要不在提出时间的先后，而在性质上的不同。

有关考证学兴起的第一个解释将之追溯到明末前后七子文章之复古，以及杨慎、陈第、方以智等人个人的经历与博学的雅好。例如朱希祖（1879—1944）与萧一山（1902—1978）认为：

> 窃谓清代考据之学，其渊源实在乎明弘治嘉靖间前后七子文章之复古……然欲作秦汉之文，必先能读古书，欲读古书，必先能识古字；于是说文之学兴焉。……然古书之难读，不仅在字形

而尤在字音；于是音韵之学兴焉。

他们认为杨慎的《古音丛目》《古音余》，陈第的《毛诗古音考》是由此而来，而顾炎武（1613—1682）的《音学五书》也是继承此传统。①

钱穆虽然没有提到明末前后七子，但同样地将顾炎武、阎若璩（1636—1704）考证工作追溯到杨慎、陈第、梅鷟（约1483—1553，主要活动时间在16世纪初叶）、焦竑（1540—1620）、方以智等人，他引用《四库全书总目》子部杂家论方以智通雅：

> 明之中叶，以博洽著者称杨慎，而陈耀文起而与争。然慎好伪说以售欺，耀文好蔓引以求胜。次则焦竑亦喜考证，而习与李贽游，动则牵缀佛书，伤于杂芜。唯以智崛起崇祯中，考据精核，迥出其上，风气既开，国初顾炎武、阎若璩、朱彝尊等沿波而起，一扫悬揣之空谈。

而这些明末先驱者的考证兴趣一方面是个人对博学的喜好与友朋之间相互辩论而起，另一方面似乎也有宋元的传统。②

---

① 萧一山：《清代通史》，台北：台湾商务印书馆，1967，册1，页941—942。所谓前七子是：李梦阳（1472—1529）、何景明（1483—1521）、徐祯卿（1479—1511）、边贡（1476—1532）、王廷相（1474—1544）、康海（1475—1540）、王九思（1468—1551）。后七子是：李攀龙（1514—1570）、王世贞（1526—1590）、谢榛（1495—1575）、宗臣（1525—1560）、梁有誉（1521—1556）、徐中行（1517—1578）、吴国伦（1524—1593）。

② 钱穆：《中国近三百年学术史》，册1，页135—136。钱氏虽详细分析了陈第与顾炎武考证作品的连续性，但并没有说明陈第等人考证的渊源，笔者推测他认为这些人是袭自宋元以来考证之风，例如钱穆在《朱子新学案》一书中详细地说明了朱子的考证学，见《朱子新学案》，台北：三民书局，1971，第五章。

至于个人经历对考证兴起的影响可以以陈第为例，根据容肇祖（1897—1994）的研究，陈第考证的方法"大约本着他的家庭传习的法律的观念（其父为老吏），而推用到考证古书上"。陈第自己也说他读书时常参看传注不同的解释而作判断，有如断狱。①其后的学者也同意前后七子的复古与杨慎的特起，以及受杨慎影响的焦竑、陈第等人对晚明考证学的兴起有相当的助力。②

有关考证学兴起的第二个解释是强调耶稣会士的影响。梁启超（1873—1929）指出：

> 自明之末叶，利玛窦等输入当时所谓西学者于中国，而学问研究方法上，生一种外来的变化；其初惟治天算者宗之，后则渐应用于他学。③

事实上，明末清初学者如焦竑、陈第以及刘献廷（1648—1695）似乎都受到利玛窦所译有关拉丁拼音字母之著作的影响，而认识到拉丁字母在拼写古音上的价值，三人在考证音韵的研究上有重要成就，成为清代考证学者的先驱。④

彼德生（Willard Peterson）有关方以智的研究也显示耶稣会士

---

① 容肇祖：《明代思想史》，台北：台湾开明书局，1962，页279。
② 林庆彰：《实证精神的探求——明清考据学的发展》，林庆彰主编：《中国文化新论·学术篇：浩瀚的学海》，台北：联经出版公司，1981，页298。
③ 梁启超：《清代学术概论》，长沙：商务印书馆，1921年初版、1940年国难后四版，页46。
④ Benjamin A. Elman, *From Philosophy to Philology: Intellectual and Social Aspects of Change in Late Imperial China*, Cambridge: Harvard University Press, 1984, p. 216. 有关刘献廷的贡献见梁启超：《清代学术概论》，页41—44。

所传西学与17世纪思想变动有关。方氏一方面是一个耶稣会士传入西学的评注者，另一方面他又从未真正地醉心于理学；他个人选择了以考证与有益社会之研究工作，来作为安身立命之处。[1]方氏的生平经历成为17世纪思想变动的一个重要案例，这个案例显示在主流的学术辩论（理学对心性的辩论，下详）之外，其他因素如个人的抉择或西学的影响也促成考证学的兴起。

有关考证学兴起的第三种解释则着眼于当时的政治环境，亦即认为：由于满洲贵族对士人的压迫，因而促使他们转向考证学的研究。首持此说的可能是清末民族主义史家章炳麟（1869—1936）。[2]梁启超也指出："异族入主中夏，有志节者耻立乎其朝；故刊落声华，专集精力以治朴学。"[3]此外，亦有人强调清初文字狱更对士人造成内心的强烈恐惧，故转而从事考证，例如Luther Goodrich与Lawrence D. Kessler的作品详细描述了清初皇帝为消解士人反清情绪发起了各种不同的运动，[4]在这种环境下，不具政治色彩的（apolitical）考证学逐渐兴盛起来。

钱穆与唐君毅（1909—1978）都支持此说。钱穆认为宋明学者的理想是得君行道，以天下为己任，但乾隆时期皇帝却公然表示"以天下治乱为己任尤大不可"，难怪"乾嘉学术一趋训诂考订，

---

[1] Willard J. Peterson, "Fang I–chih: Western Learning and the Investigation of Things," in W. T. de Bary ed., *The Unfolding of Neo-Confucianism,* pp. 369—411; Bitter Gourd, *Fang I-chih and the Impetus for Intellectual Change,* New Haven: Yale University Press, 1979.
[2] 章炳麟：《清儒》，《检论》，台北：广文书局，1970，卷4，页23上。
[3] 梁启超：《清代学术概论》，页45。
[4] Luther C. Goodrich, *The Literary Inquisition of Ch'ien-lung,* Baltimore: Waverly Press, 1935. Lawrence D. Kessler, "Chinese Scholars and the Early Manchu State," *Harvard Journal of Asiatic Studies*, 31:179—200（1971）。亦见吴哲夫：《清代禁毁书目研究》，台北：嘉新水泥公司，1969。

以古书为消遣神明之林囿"。唐君毅在《人文精神之重建》中分析考证学之起因时强调："当时因无讲学自由，为避免遭祸而埋首陈编。"同时钱、唐二人均认为考证学者因避祸而走入故纸堆中，精神上便有一种委屈感，其后又以文物之发明而沾沾自喜，因此气度狭窄，丧失了知识分子的崇高精神。①

在中国大陆的马克思主义史家侯外庐（1903—1987）也强调政治方面的解释。他认为考证学的兴起主要是受到康熙以来"反动文化政策"的影响。这些政策包括文字狱、荐举山林隐逸与博学鸿词，以及一些像《古今图书集成》和《四库全书》等大型的编纂工作。尤其是四库计划征集了数百位包括戴震在内的有名的学者，成为考证学的大本营。侯氏认为：皇室的鼓励与"封锁"限制了士人的学术兴趣并形成了新的学术潮流。②

上述环绕着政治因素的解释着重文字狱与四库计划等历史事件，但笔者觉得最近一本有关《四库全书》编纂过程的研究，对上述观点提出了新的挑战。该书作者盖博坚（R. Kent Guy）认为四库计划并不是一个完全贯彻皇帝旨意的计划，相反地，它是在士绅、官僚以及皇室之利益的互动情况之下成长，它受到所有力量的形塑，而并非受到任何力量的完全控制（shaped by all but dominated by none）。该书作者发现在实行这个计划的过程中知识分子不仅没

---

① 钱穆：《自序》，《中国近三百年学术史》，台北：台湾商务印书馆，1968，册1，页2；唐君毅：《人文精神之重建》，香港：新亚研究所，1955，页113—114；然而钱、唐二人对考证之批评重点亦有不同，钱氏强调士人经世理想之沦落；唐氏则重视考证学者丧失了精神价值，"不愿亦不能，直接与活泼新鲜之宇宙人生，自然，社会之事之理接触"以及"使学术成私人之事，而不能以树立民族之公共精神为目的"。
② 侯外庐：《中国思想通史》，北京：人民出版社，1956，卷5，页410—411。

有受到压迫，而且还积极地利用这个计划来为本身谋利。这本著作间接地修正了上述视考证为满洲贵族压迫之结果的解释，此书显示满洲贵族的控制与笼络政策并不足以完全解释新学术风气的源起，而清代政治与学术之关系也不像我们过去所想象的那样单纯而直接，士人学术思想发展有其自主性的一面。①

此外，许多学者都同意文字狱虽会影响士人论政，但论政之外有许多学术选择，不一定非得从事考证，故文字狱等政策是考证学兴起的外缘而非本因，其本因要从内在的演变来探讨。②

有关考证学兴起的第四个解释强调社会经济变化对学术思想的影响。例如倪德卫（David Nivison）在讨论章学诚（1738—1801）思想一书中注意到考证和清初士人阶层之成长的关系，他指出对于那些因为社会上职位有限，无法借此博取声名的士人而言，考证学成为一个自我实现的方法。③虽然他并没有进一步分析这一问题，但却已指出由于人口增加造成士人阶层的扩大是考证学出现的一个

---

① R. Kent Guy, *The Emperor's Four Treasuries: Scholars and the State in the Late Ch'ien-lung Era*, Cambridge: Harvard University Press, 1987.

② 强调内在因素的学者如余英时与陆宝千都有这种看法。知识分子对文字狱这类思想钳制的反应有许多方式，例如Leo Strauss认为西方的思想迫害使学者发展出特殊的写作技巧，将寓意隐藏在字里行间（writing between the lines），而只有会心的读者才能读出其真正的意涵。如Swift的《格列佛游记》与Montesquieu的《波斯书简》以想象出的幽默故事对专制作严厉的批判，就是很好的例子。余英时也指出清初士人在专制淫威下常有"象征性之隐语"。这些都是对思想钳制的其他反应。见 Leo Strauss, *Persecution and the Art of Writing*, Glencoe, Illinois: The Free Press, 1952, pp. 22—37; Jonathan Swift, *Gulliver's Travel*, Harmondsworth, Middlesex England: Penguin Books, 1985; *Charles-Louis de Secondat Baron de Montesquieu : Persian Letters*, Oxford, New York: Oxford University Press, 2008。余英时：《方以智自沉惶恐滩考》，氏著：《中国思想传统的现代诠释》，页511—512。

③ David Nivison, *The Life and Thought of Chang Hsüeh-ch'eng, 1738—1801*, Stanford: Stanford University Press, 1966, p. 15.

重要的社会背景。

比较广泛地注意到考证学之社会背景的作者仍推梁启超。他第一个将考证视为是一个整体的社会运动，而且指出"当运动热度最高时，可以举全社会各部分之人人，悉参加于此运动"。他提到当时官员的生活形态、家中藏书、相互讨论质疑的风气；当时豪商阀族的奖掖，例如淮南盐商"既穷极奢欲，亦趋时尚，思自附于风雅，竞蓄书画图器，邀名士鉴定，洁亭舍丰馆谷以待"；著名的书肆以及出版业聘名流担任校雠工作等。梁氏认为当时除了学者对考证的兴起有所贡献之外，其他的社会角色亦直接间接地推动此一运动。①

或许最企图将中国思想史放在社会经济脉络中来观察的学者是马克思主义的史学家。上述的侯外庐是这一研究取向的重要代表。在《中国思想通史》一书中，他将明末清初的变迁视为是"封建"秩序的解体以及商业经济（资本主义）的萌芽。他认为这一时期的思想发展——他称为"启蒙运动"——是社会经济变迁的反映。根据他的看法，启蒙运动的领导者像顾炎武、黄宗羲等人，代表了城市中等阶级的利益，所以黄宗羲提出了"工商盖皆本也"的观念。不过侯氏否认17世纪顾、黄等人的考证工作与18世纪考证运动之间的关联。因为对前者而言，考证是经世的手段，但在后者考证却丧失这种崇高的精神而沦为清廷统治的工具。②在书中作者花了很长的篇幅描述18世纪商业的发展，但遗憾的是他却没有澄清这种经

---

① 梁启超：《清代学术概论》，页106—109。
② 侯外庐：《中国思想通史》，卷5，页29。有关侯氏论点之描述与批评见 Thomas A. Metzger: "Ching-shih Thought and the Societal Changes in the Late Ming and Early Ch'ing Period: Some Preliminary Considerations," "中研院"近代史研究所编：《近世中国经世思想研讨会论文集》，页21—34。

济变迁和学术兴起的关系。这种解释的空隙留给后人继续研究的机会，艾尔曼的书后来补足了这方面的缺憾（下详）。

对于近代考证学兴起的第五个解释认为：考证学的兴起涉及儒学内部的发展。其中最普遍的看法认为考证是针对理学空谈心性而起的反动，故转而研究经史实学。这个意见至少可以追溯到顾炎武、黄宗羲等人。顾氏在《与友人论学书》中指出："今之君子，聚宾客门人数十百人，与之言心言性；舍多学而识以求一贯之方，置四海困穷不言，而讲危微精一，我弗敢知也。"①黄宗羲也反对理学家束书游谈，力主"穷经"与"读史"。②在清初有不少的学者和他们有相同的看法。其后梁启超在《清代学术概论》一书中，根据顾、黄等人的意见，更力持这种观点。他在书中开宗明义地指出：清代思潮是对宋明理学的大反动。因为理学研究的是"昭昭灵灵不可捉摸之一物"，后来产生"狂禅"一派，不避酒色财气；同时士人又受科举制度的腐化，至明末学术界已无生机。梁氏认为清代的考证学的兴起其基本动力是对晚明学风的攻击与反弹：

承明学极空虚之后，人心厌倦，相率反于沉实。

因矫晚明不学之敝，乃读古书，愈读愈觉求真解之不易，则先求诸训诂名物典章制度等等，于是考证一派出。③

---

① 顾炎武：《与友人论学书》，《亭林文集》，《顾亭林遗书汇集》，台北：中华文献出版社，1969，册6，卷3，页1下。
② 见全祖望：《梨洲先生神道碑文》，《鲒埼亭集》，台北：文海出版社，1967，卷11，页9下。
③ 梁启超：《清代学术概论》，页45—46。此书于1959年由徐中约译为英文，并由史华慈作序，Liang Ch'i-ch'ao, translated by Immanuel Hsu, *Intellectual Trends in the Ch'ing Period*, Cambridge: Harvard University Press, 1959.

这一种解释在一段很长的时间被人们广泛接受，成为明清思想变迁的一个正统解释。例如萧一山于1923年完成的《清代通史》以理学的反动为清学成立的第一背景。① 而被誉为民国以来影响力最大的学者胡适（1891—1962）也十分同意这个观点。胡适认为宋明理学讨论了五百年的玄学，结果导致政治腐败与异族入侵，因此17、18世纪反理学运动兴起，反对空虚冥想并注重实证。他并大力赞赏考证学中的"归纳方法"合乎西方的科学精神。②

李文孙（Joseph R. Levenson, 1920—1969）在《儒家中国及其现代命运》（*Confucian China and Its Modern Fate*）一书中也讨论到清代的考证学，他将之置于"经验主义"（empiricism）的范畴之下。与梁启超和胡适相类似的是，李文孙同样将清代的经验主义视为是对理学的批判，并认为经验主义具有现代科学中反玄学、重视理性推理与经验事实的精神。但他认为清代经验主义虽在反玄学这一点上与西方科学一致，然它本身却不是科学的，也不必然会导致现代科学的兴起，关键在于清代学者所问的问题，以及所提出的答案，与现代科学家大相径庭。他指出顾炎武等学者虽提出实事求是的口号，但他们却很少探索事物间之秩序的彼此关联，或像培根（Francis Bacon, 1561—1626）那样，以实验工作与理性推理来建立对自然世界的了解。

---

① 萧一山：《清代通史》，册1，页940。
② 胡适：《几个反理学的思想家》《清代学者的治学方法》，均收入《胡适文存》，台北：远东图书公司，1975，卷3，页53—107与卷1，页383—412。其后的学者，如杜维运也持同样的观点，见杜维运：《顾炎武与清代历史考据学派之形成》，《清代史家与史学》，台北：东大图书公司，1984，页95。

在结论中李文孙用"流产的"（abortive）一词来形容清代的考证学。由此可见他对清代学术思想的根本关怀在于探讨：为何考证学无法导致现代科学的兴起？[1]这种研究取向在西方汉学界曾产生相当大的影响，但近年来却受到严厉的批评，许多人指出这种问题的方式沿袭自韦伯（Max Weber, 1864—1920）学风，带有强烈的西方中心论与目的论的色彩。[2]但李文孙式的思考方式无疑地是根深蒂固的，在艾尔曼（Benjamin A. Elman）有关清代考证学的重要著作中，他仍然问了一个李文孙式的问题：为什么考证学无法发展成"现代科学"？[3]

这些主张考证学源于对宋明理学之反动的学者强调宋学与清学之间的不连续性。但有些学者则对这种不连续性有所质疑。最直接对此提出挑战的是余英时。余英时认为上述的满洲压迫论、社会经济变迁的解释，以及反理学说都是"外缘"，这些因素虽有助于学术的转向，但却无法说明为何学者们选择特殊的题目作为考证的对象，他认为这一问题必须从学术发展的内部变迁来寻找解答。他尝试以"内在理路"的观点阐明宋明理学和清学之间的连续性关系。他的观点相当有创见，但亦有其学术上的渊源，在他之前有好几位学者曾强调宋明理学与清代考证学的连续性关系。这些看法对余氏都有不同程度的影响。

---

[1] Joseph R. Levenson, *Confucian China and Its Modern Fate,* Berkeley: California University Press, 1958. pp. 3—14.
[2] 对西方汉学中西方中心与目的论取向的批判见Paul Cohen, *Discovering History in China: American Historical Writing on the Recent Chinese Past,* New York: Columbia University Press, 1984, pp. 61—79.
[3] 艾尔曼所提的问题见Benjamin A. Elman, *From Philosophy to Philology: Intellectual and Social Aspects of Change in Late Imperial China,* pp. 83—34.该书主旨将于下文作进一步介绍。

第一位是章学诚，在《朱陆异同》与《浙东学术》（分别作于1777年与1800年）二文中，章氏认为顾炎武与阎若璩的学术立场源于朱熹（1130—1200）；而黄宗羲与万斯同（1638—1702）则袭自陆九渊（1139—1193）与王阳明（1472—1529）。虽然这两条学术谱系是章氏所自创，其原因在此无法细论。①但无疑地他的观点刺激学者重新评估宋明理学与考证学的关系。因此研究章氏思想的学者多注意到思想的连续性，倪德卫就是一个很好的例子。②余英时的观念一方面直接受章氏启发，另一方面似乎也受到倪德卫的影响。

另一位注意到理学与考证学之连续性的是钱穆，钱氏是余英时在香港新亚书院时的老师。钱穆在《中国近三百年学术史》中以《两宋学术》与《晚明东林学派》为引论，说明清学有其宋明的渊源，这是针对梁启超对清代学术史之见解所提出的批判。他并指出许多考证学者都深受宋明理学的影响，而且一个学者在汉学（考证学）上的成就要从宋学（理学）的角度来评估。③

冯友兰（1895—1990）也看到理学与清学的关系。冯友兰认为当清代汉学家讨论"义理之学"时，他们所讨论的主题以及所用的

---

① 二文均收于《文史通义》，有关章氏建立学术谱系的详细分析见余英时：《论戴震与章学诚》，香港：龙门书店，1976，页45—81。
② 倪氏对理学与清学连续性的强调可以追溯到他于1953年在哈佛大学所写的博士论文 "The Literary and Historical Thought of Chang Hsüeh-ch'eng"，当1959年史华慈为徐中约所译《清代学术》概论写序时，他表示这种连续性或可适用于章学诚，但他怀疑可用于说明整个清代的考证传统。Benjamin I. Schwartz, "Foreword," in Liang Ch'i ch'ao, *Intellectual Trends in the Ch'ing Period*, p. xiv.
③ 钱穆：《中国近三百年学术史》，册1，页1。他说："言汉学渊源者必溯诸晚明诸遗老，然其时如夏峰、梨洲、二曲、船山、桴亭、亭林、蒿庵、习斋，一世魁儒耆硕，靡不寝馈于宋学，继此而降，如恕谷、望溪、穆堂、谢山，乃至慎修诸人，皆于宋学有甚深契诣。而于时已乾隆汉学之名，始稍稍起。而汉学诸家之高下浅深，亦往往视其所得于宋学之高下深浅以为判。"

经典文献仍与宋明理学家相同，就此而言清代的汉学是宋明理学的延续发展。①

在西方学术界狄百瑞（William. Theodore de Bary，1919—2017）也可属于此一范畴。狄氏认为明代思想有其本身的活力与多样性，不可一言以蔽之地说是"空虚"，他并指出在宋明理学之内就有一实学的传统，这些实学家居于17世纪思想变动的起点。②狄氏对宋明理学的重新评估使后来学者进一步思考宋学与清学的连续性问题。总之，这些学者均已认识到反理学情绪之本身不足以完全孕育考证学的兴起，理学与实学之间虽有抵触，但也有连续性的一面。笔者认为上述这些作品所形成的学术背景使余氏注意到理学与考证学之间的"内在"关系。

余氏以为宋明以来儒学发展的一个内部动力是程朱学派和陆王学派之间的辩论，这个辩论是长久以来儒学之中"尊德性"与"道问学"之间的冲突。至晚明这二派都各自坚持本身的学术立场，而无法说服对方，双方却又都坚持本身所言是儒学的原始意涵，因此义理的辩论就演变为如何发明经典之真正意涵的辩论，而玄学思考也就逐渐为经史考证所取代。

为了支持以上的论断，余氏指出清代学者的考证作品很多是以考证的方式来谈义理问题，而延续了程朱与陆王的辩论，例如顾炎

---

① Fung Yu-lan, *A History of Chinese Philosophy,* Princeton: Princeton University Press, 1957, Tr. by Derk Bodde, vol. II, pp. 630—31.
② 狄百瑞曾编好几本这方面的书，可谓西方汉学界中研究理学之先导，见Wm. Theodore de Bary, *Self and Society in Ming Thought,* New York: Columbia University Press, 1970; *The Unfolding of Neo-Confucianism,* New York: Columbia University Press, 1975; *Principle and Practicality: Essay in Neo-Confucianism and Practical Learning,* New York: Columbia University Press, 1979。

武和阎若璩的考证作品是为了反陆王,而陈确(1604—1677)、毛奇龄(1623—1716)的考证工作实际上是将矛头对准了程朱。至此学术的战场已从玄学思辨转到考据。同时他认为就儒家思想的整体演变而言,明学至清学的转变是从"尊德性"到"道问学",亦即是从强调道德面转向强调知识面。清学中考证与经世二者都显示了儒学"道问学"精神的高度发扬。所以他将这整个过程描述为清代知识主义的兴起。①

除了余英时之外,从程朱、陆王之争的角度观察考证学之兴起的学者还有陆宝千。他在《论清代经学》一文指出明中叶之后朝政日非、边患日亟,而有经世思想的兴起,由于要求经世所以转向儒家经典来汲求治道之泉源,因而造成经学研究的盛行。因双方力图互相否定,在争辩中除了运用玄学思辨之外,也注意文献的探讨,以"取证于经书"来支持自身的论点,学者因而从事考证;陆氏并更进一步从程朱、陆王哲学上的差异认为陆王主张心理为一,故不以读书为必然;程朱以心、理析为二,心以经书为对象,故程朱理学蕴含有从经书体认义理的精神,而正音读、通训诂是了解经书的第一步。所以陆氏认为"考据为程朱理学中所必蕴之物",清初官方力倡朱学,为考据学的兴起奠定基础。②陆氏的解释不但与余英时的看法不谋而合,更重要的是点出了经世思想兴盛对考证的影响。

---

① 余英时的观点见上述《论戴震与章学诚》之外,尚有《从宋明儒学的发展论清代思想史》,原载《中国学人》,期2(1970),页19—41,后收入氏著:《历史与思想》,台北:联经出版公司,1976;《清代思想史的一个新解释》,《历史与思想》,页121—156;英文论文见Ying-shih Yu, "Some Preliminary Observations on the Rise of Ch'ing Confucian Intellectualism," *Tsing Hua Journal of Chinese Studies*, 11(1975), pp. 105—146.
② 陆宝千:《论清代经学》,《台湾师范大学历史学报》期3,(台北,1975),页1—22。

也有学者从气的哲学之角度分析考证学的渊源。日本学者山井涌早在1950年就注意到这一点，他详细地追溯明清时期以"气"为主之哲学取代朱熹以"理"为主之哲学的过程。他认为气的哲学至戴震而完成，而此过程可溯及明代罗钦顺、王畿（1498—1583）、吕坤（1536—1618）、刘宗周，至清初则有陈确、黄宗羲、王夫之、颜元（1635—1704）、李塨（1659—1733），到18世纪除戴震之外还有程瑶田（1725—1814）、凌廷堪（1755—1809）、焦循（1763—1820）、阮元等24位学者；而上述学者中有多位是著名的考证学家。他认为这二者之间所展现的一致性并非偶然，这展现了气的哲学与考证学的内在关联。因气的哲学之兴起与王学有关，在结论中他指出：以考证学是"源于以左派王学为中心之明代心学之反动"的论点有重新检讨之必要。①

钱新祖（1940—1996）对焦竑的个案研究也从思想史的观点对考证的源起提出一个新的见解，而与上述山井涌的论点不无关系。他以明末对考据甚感兴趣的陆王学者焦竑为例，说明考证学源于陆王。他指出焦竑一方面支持陆王学派反对程朱学派，另一方面又对佛道思想有高度的兴趣，但他对佛道的兴趣并没有导致对儒学的否定，他是由儒进于佛道，并认为佛道是儒学的进一步开展，最后他并由此而达到对儒学的重建。重建后的儒学对程朱学派"理气二元"（the li in ch'i），变成"气之理"（the li of ch'i）。作者认为重建的儒学对后来清代的发展有相当有意义的启示，尤其重要的是它构成了清代考证学运作的脉络。他同意前述梁启超视考证为理学之反动的说法并非全无事实根据，但他以为考证学者对王学与

---

① 山井涌：《明清時代における氣の哲學》，页82—103。

王学左派的批评之逻辑是出于上述重建后的儒家思想。他以下棋做比喻，认为晚明的"狂禅"论者和清考证学家虽然互相攻伐，但玩的却是同样的棋。倾向陆王又主张三教合一的焦竑、反理学并为汉学代言人戴震，与攻击戴震的章学诚虽学术立场截然不同，从"气的一元论"之角度来看三者却是属于同一论述传统（discursive tradition）。所以他认为考证学是从陆王学派一系发展出来的。①

钱氏的论点遭到余英时强烈的批评，他的批评有以下几点：

一、余英时认为钱氏的论点太模糊，书中有许多地方在用字与论证上让读者捉摸不定而似懂非懂。

二、余英时从史料运用的角度质疑，他认为作者引《焦氏笔乘》为史料有些时候并不适当，因为该书为焦竑的读书笔记，许多部分是抄自他人著作，不可一概视为焦氏的思想。余氏发现有许多关键性的史料实际上是焦竑引赵贞吉（1508—1576）的作品。对于余氏这一点批评笔者并不完全同意，《焦氏笔乘》中虽有不少引自他人的话，这些部分在运用时要十分谨慎，但未尝不可在其中找到焦氏思想的线索。事实上每一个人的思想中都包含了他人的思想。

三、余英时以为焦竑的考证兴趣不是受其哲学立场的影响，而是从阅读杨慎、梅鷟等人的作品而得到的刺激。他认为焦竑作为一个理学家、考证学者以及文人不可分别从明代三个学术潮流——哲学、考证、文学——来理解，这三者虽非无关然有其自身脉络的发

---

① Edward T. Ch'ien, *Chiao Hung and the Restructuring of Neo-Confucianism in the Late Ming*, New York: Columbia University Press, 1986. 中译本：钱新祖著，宋家复译：《焦竑与晚明新儒思想的重构》，台北：台大出版中心，2014。

展。例如他指出明代的考证即是继承了宋元传统而发展。余氏反对将焦竑的理学与考证两方面的兴趣建立内在的关系。

四、最后余氏剖析气的一元论与考证的关系。他强调气的一元论源于程朱学者罗钦顺,并引章炳麟的看法认为戴震有关理气的理论是从罗钦顺来的。因此若要从理学传统中找寻考证的根源,余氏以为与其强调陆王还不如强调程朱。他并怀疑可以将焦竑、章学诚认定为气的一元论者。总之,他同意建立气的哲学与考证之联系是一个迷人的课题,但必须谨慎处理。他认为Irene Bloom的说法较恰当:

> 许多主要清代思想家,包括十七世纪的王夫之与十八世纪的戴震,亦支持气的哲学,因此可以辩称气的哲学虽不是考证的先决条件,却必然是伴随着清代考证的新型态而发展。气的哲学虽然无疑地是清代思想的重要主题以及许多著名思想家关怀的重点,但是在大多数的时候它却似乎不是兴趣之所在与辩论之焦点。[①]

上述的学者分别研究了影响清初考证学兴起的内在与外在因素,至此综合性的研究方有其可能,1984年一本有关清代考证学的专书终于出现了,该书虽早于钱与余的辩论,却综合了上述多数的论点,此即艾尔曼的《从哲学到考证——帝制晚期思想与社会方面的变迁》。该书的主旨是研究明清江南地区考证的源起、发展

---

① Ying-shih Yu, "The Intellectual World of Chiao Hung Revised: A Review Article," in *Ming Studies*, 25(1988), pp. 24—62.所引Irene Bloom的意见见*Knowledge Painfully Acquired*, pp. 31—32。

与意义，而他同时注意到内在与外在两方面的因素。全书三分之一的篇幅用来描述内在思想的演变，山井涌、Irene Bloom 与余英时的作品都为作者所引用，而三分之二的篇幅则分析促成江南地区考证成长的社会与制度因素。该书对内在因素的介绍多依靠二手的研究；有关外在因素的分析则颇有创意，上述梁启超所提到的社会因素作者都做了深入的探讨。他提到豪门巨室的支持、官方与私人图书馆的设立、出版与印刷业的兴盛等。尤其重要的是他以引自库恩（Thomas Kuhn, 1922—1996）的学术社群的概念阐明社群内知识沟通的管道，例如共有的研究方法、通信、集会、集体合作等，这些因素构成学术社群的共识。作者以为这种共识的产生对考证的发展十分重要。①

艾氏著作成功之处有两点：第一，他澄清了考证运动的社会根源，因此我们可以了解考证不仅是思想变迁的产物，或是对政治情况的反动，它同时也受社会组织与沟通形态的影响；第二，他的讨论结合了促成考证兴起之内在与外在两方面的因素，使读者对此一运动有一持平的了解。这两方面的贡献使该书成为有关此一主题的重要著作。但笔者也觉得该书有些美中不足之处，例如上述李文孙式的问题仍带有西方中心的线性史观，似宜避免，中国文化的发展，不一定非得走西方文化所曾走过的路；如果改问"考证学与中国近代科学发展的关系"或较适合。其次是作者似乎假设所有的读者对清代学术史有相当的了解，因此对一些专有名词如"汉

---

① Benjamin A. Elman, *From Philosophy to Philology: Intellectual and Social Aspects of Change in Late Imperial China*.该书的中文评介见黄进兴：《评 Benjamin Elman 的 *From Philosophy to Philology*》，《汉学研究》，4卷1期（台北，1986），页339—343。

学""宋学""今文""古文"以及其间相互关系并没有详细说明,因此对背景知识不强的读者来说,阅读上十分困难。

在过去七八十年间有关考证起源的研究经历了很大的变迁。这个变迁饶富趣味地展现了不同方法论之间的互动,在这过程中最重要的著作无疑要推梁启超、余英时与艾尔曼三人的作品,而累积的研究成果使历史的图像日益清晰。最后我们再回顾这些解释:

1. 考证源于明末前后七子的复古以及杨慎、陈第、方以智等人个人的经历与博学的雅好。

2. 考证学受到耶稣会士所传西学的影响。

3. 由于清廷的高压统治与笼络,士人参加政府的学术计划或自行从事与政治无关的考证工作;并有学者由此评估考证学者精神上的沦落。

4. 考证学与社会经济变化有关,社会中的许多成员如官员、商人的奖掖、出版印刷业的发达以及人口的成长都直接间接促成此运动的发展。

5. 考证学源于思想性的因素或儒学内部的发展,例如认为考证的兴起涉及对宋明理学"空谈心性"之反动,或认为受程朱陆王的辩论、气的一元论的提出、经世思想的出现等因素影响。

6. 认为考证学的出现是内在因素与外在因素的交互影响,并强调上述第四项社会经济变化的重要性。

上述的解释虽已建构了大致的轮廓,但笔者认为还有几个相互有关的工作值得继续努力:第一,可以对更多的明清考证学家作个案的研究,以进一步检验上述观点的有效性;尤其是当各项解释因素间有冲突时,应厘清何者为主、何者为从,以及何者无关。最后我们必须承认考证学的源起是多元性的,不同的个案适用不同的解释因素。①第二，清代另外两个学术主流——气的哲学与经世之学——以及考证学兴起之间的关系还说明得不够清楚，在研究过更多的个案之后，对此问题有进一步澄清的必要。第三，明清之际社会变迁对考证学（或实学）的影响还可再作深入探讨，由于人口与商业活动的激增，士人所处的环境有根本的改变，这些改变对士人的生活以及传统儒家理想构成一新的挑战，而它所产生的影响除了倪德卫所指出的一点之外还有哪些？第四，考证学（或实学）与近代中国科学发展的关系如何？如果不从目的论的角度观察，可以试问它在中国科学发展史上扮演何种角色？第五，近代考证学的兴起对中国近代社会文化或现代化的过程有何影响？例如考证带起的今文学运动与古史辨运动已有学者做过研究，②但是在其他方面还有哪些冲击？第六，除了历史性的描写与分析之外，亦不可忽略哲学性的评估工作，唐君毅与钱穆对考证的历史角色已有评论，他们的评论是否恰当？笔者认为这些研究工作将会增加我们对清代考证运动乃至整个近代思想史的了解。

---

① 笔者认为如陈第、梅鷟、刘献廷、陈确、毛奇龄等人都可再作深入的探讨。
② 王汎森：《古史辨运动的兴起》。

评介倪德卫《章学诚的生平与思想（1738—1801）》[1]

章学诚是中国史学史上的一位奇才，生前默默无闻、穷困潦倒，死后才逐渐地受到人们的重视，余英时甚至誉之为中国两千年来唯一的历史哲学家。[2]他有许多超越时代的特殊见解，因此直到目前，章氏深邃的思想对学术界而言仍具有高度的吸引力。

倪德卫（1923—2014）的著作在章学诚研究之中有其重要的地位，该书虽出版至今已超过半世纪，然对于章学诚的研究仍有参考的价值，因此笔者不揣谫陋撰此评介。然而如果我们要从近年来学术研究成果的标准来批评此书，这种批评必然不够公允，因此本文尝试将此书置于学术史的背景之中来观察，希望能较客观地呈现此书的成就与限制。下面拙文首先介绍有关章学诚研究

---

[1] David S. Nivison, *The Life and Thought of Chang Hsüeh-ch'eng, 1738—1801*, Stanford: Stanford University Press, 1966).本文原刊于《史学评论》，期9（台北，1985），页217—228。

[2] 余英时：《章实斋与柯灵乌的历史思想》，收于氏著：《历史与思想》，台北：联经出版公司，1988，页172。

的重要成果，接着谈到倪著中主要见解，最后则提出笔者对这本书的看法。

1902年，也是在章学诚死后的101年，日本历史学者内藤虎次郎（内藤湖南，1866—1934）开始对章学诚产生兴趣。[1]他利用一部抄本《章氏遗书》，首度完成《章实斋先生年谱》一文，1920年发表于《中国学》第1卷3至4号，这是章学诚研究的开山之作。胡适（1891—1962）读了这篇由日本学者写成的文章之后深感惭愧，因此对照浙江图书馆出版的《章氏遗书》，订正内藤上文之中错误及遗漏处，另作了一本新的年谱，这本年谱后又经姚名达（1905—1942）订补、何炳松作序，在1928年出版。胡适自谦地说：

> 此书是我的一种玩意儿，但这也可见对于一个人作详细研究的不容易。我费了半年的闲空功夫，方才真正了解一个章学诚。作学史真不容易！……我现在只希望开山辟地，大刀阔斧的砍去，让后来的能者来做细致的功夫。但用大刀阔斧的人也须要有拿得起绣花针儿的本领。我这本《年谱》虽是一时高兴之作，他却也给了我一点拿绣花针的训练。[2]

此书将年谱的体裁扩大到学术思想的研究，不但在体例上是一

---

[1] 有关内藤湖南生平与思想的代表性著作是：Joshua A. Fogel, *Politics and Sinology: The Case of Naito Konan*, 1866—1934, Cambridge: Harvard University Asia Center, 1984.
[2] 胡适著，曹伯言编：《胡适日记全集》，台北：联经出版公司，2004，册3，页446，1922年2月26日。

大创新，而且为章学诚的学术研究奠定了初步的规模。[①]

1937年钱穆（1895—1990）将九一八事变以来在北大教书时所撰《中国近三百年学术史》[②]讲义付印出版，其中第九章对章氏的思想有深刻的分析，特别指出章氏《文史通义》为针砭当时经学之流弊而作，书中指出道不在六经而在人伦日用之中。钱穆这篇文章最重要的贡献是从清代学术演变之中来阐明章氏思想的意义，该文对倪德卫和余英时都有很大的影响。

1947年侯外庐（1903—1987）出版《近代中国思想学说史》，[③]其中第八章为《继承清初文化传统底文化史学家章学诚》，侯文一方面指出了章氏为"文化史学家"，另一方面则对章氏学术思想的渊源提出了一些见解。

1961年法国学者戴密微（P. Demieville，1894—1979）在蒲立本（E. G. Pulleyblank，1922—2013）所编之《中日史学家》[④]中撰写《章学诚及其史学》一文，章氏开始受到西方学术界的注意，倪德卫对章学诚的研究与此文有密切的关系。

1966年倪氏所著《章学诚的生平与思想》出版。

1977年余英时撰《论戴震与章学诚——清代中期学术思想史研究》，[⑤]此书透过戴震与章学诚的交互影响，从心理史学的观点提

[①] 胡适、姚名达著：《章实斋先生年谱》，上海：商务印书馆万有文库本，1929。相关的研究参见张爱芳：《论胡适〈章实斋先生年谱〉的学术价值》，《浙江学刊》2000年期1（杭州），页130—135。
[②] 钱穆：《中国近三百年学术史》，台北：台湾商务印书馆，1995。
[③] 侯外庐：《近代中国思想学说史》，重庆：生活书店，1947。
[④] P. Demieville, "Chang Hsüeh-Ch'eng and His Historiography," in W.G. Beasley and E.G. Pulleyblank eds., *Historians of China and Japan*, Oxford: Oxford University Press, 1961.
[⑤] 余英时：《论戴震与章学诚——清代中期学术思想史研究》，台北：东大图书公司，1996。

出章氏所承受之"考证压力",并将全文置之于宋明以来知识主义之兴起的内在理路来分析章氏的思想。

以上我们简单地对章学诚的研究作一学术史的回顾,由此我们可以较清楚地了解倪著在整个学术传承上的地位。

倪德卫1923年生,二战结束后他在哈佛大学进入研究生课程,受到J.R. Hightower、Edwin O. Reischauer与John K. Fairbank的指导,他的中文老师是杨联陞与洪业。1953年获得哈佛大学哲学博士学位,论文为《章学诚的文学和历史思想:他的生平与著作之研究》,论文改写之后出版,即为本书。1967年此书得到法国法兰西文学院所颁发的汉学奖项"儒莲奖"。1966年起倪德卫担任斯坦福大学哲学和中国语言教授,专长为伦理学、历史哲学和中国古代史、思想史。他的著作除了本书之外还有下列各文:《共产道德与中国传统》[1]、《和珅与他的控诉者:十八世纪的意理以及政治行为》[2]、《王阳明以来中国思想中的知行问题》[3]等文。有关倪德卫教授的学术贡献可以参考他的学生Peter J. Ivanhoe所编的一本书,*Chinese Language, Thought, and Culture: Nivison and His Critics*(Chicago: Open Court, 1996)。

倪著全书除前言与导论外共分十章,第一、二、四章讨论章氏

---

[1] David S. Nivison, "Communist Ethics and Chinese Tradition," *The Journal of Asian Studies*, 16:1(1956), pp.51—74.
[2] David S. Nivison, "Ho-shen and His Accusers: Ideology and Political Behavior in the Eighteenth Century" in David S. Nivison and Arthur Frederick Wright eds.: *Confucianism in Action*, Stanford: Stanford University Press, 1959, pp.209—243.
[3] David S. Nivison, "The Problem of 'Knowledge' and 'Action' in Chinese Thought since Wang Yang-ming" in *A. F. Wright, ed., Studies in Chinese Thought,* Chicago: University of Chicago Press, 1953, pp. 112—145.

的生平与经历；第三、五章则分别谈章氏的校雠学与文学理论；第六、七、八三章为全书的重心，讨论道的观念、史学思想与历史著述；第九章之内容为章氏晚年的事迹；第十章为后人对章氏之评价及其影响。下面我们简单地叙述各章的内容。

倪氏在前言之中首先说明他的研究动机，他认为对中国历史的研究长久以来似乎分裂为两个阵营，一部分人专注于传统文化的研究，另外一部分人则探讨近代以来中国对西方的反应，这种分裂使中国历史变成没有思想上相连贯的两个独立领域。倪氏希望能突破这种限制，兼顾上述的两个部分。他发现章学诚的研究正符合这个要求，在时间上18世纪属于传统时代，但在思想上章氏却能不受传统的限制而与现代接榫，因此他以章学诚作为研究的主题。倪氏认为过去对章学诚的研究多偏于方志学方面，部分学者谈及他的校雠学与文学批评，但还没有人指出他在历史哲学上的重要成就，因此他尝试从这个角度来看章氏的思想。其次，作者分别由政治、社会经济和智识背景三方面观察章氏生活的时代。在政治上，清廷的统治已十分稳固，对知识分子采取笼络和高压政策，而章氏似乎毫无保留地接受当时的政治权威。在经济上，读书人没有独立的经济基础，当时士人谋生的方式有做官、担任幕府、教书，以及参与官方的编纂计划等，上述的途径除了做官之外章氏都曾经历过。由于缺乏固定的职业，章氏一生一直处于经济困窘的状态。在智识背景方面，当时官方提倡的为宋代朱熹之理学，而一般读书人的兴趣则在考证，章氏对于这些零碎的考证工作十分厌恶。以上是章氏所处的世界。他一直觉得自己不适合这个环境，但是让我们感兴趣的是：章氏面对当时每一个人所面对的问题，思考当时每一个人所思考的观念，然而却得到截然不同的结论。

第一章《背景与教育》，叙述1738至1771年间章氏的生平，特别着重家世以及祖父、父亲和朋友对他的影响。二十九岁时章氏与戴震（1724—1777）第一次见面，在他心中留下了深刻的印象。后迁居北京师事朱筠（1729—1781），协助编纂《续通典》，并认识好友汪辉祖（1730—1807）。

第二章《成功》，叙述1771至1778年章氏的生活，1771年章氏离开北京，至太平随朱筠读书，在此认识了邵晋涵（1743—1796）。这时他开始撰写《文史通义》，又完成了第一部方志——《合州志》。1773年章氏与戴震二次会面，他对戴震的《原善》十分欣赏，但是在方志修纂方面两人却有不同的意见，戴氏以为方志只谈地理就够了，章氏则以为方志是历史的工作。后来双方又见了一次面，两人对郑樵（1104—1162）的《通志》也有截然不同的看法。倪氏敏锐地指出：与戴震的会面为章学诚带来很大的刺激，后来的二十多年中，章氏的许多文章都在处理与戴震不同的论点。1778年章氏中进士，这时他在思想上已逐渐成形。

第三章《校雠学》，校雠学是指研究书籍的源流、分类，并探讨书籍的真实性、完整性等问题的学问。1779年章氏写成《校雠通义》，此书是从《合州志》之中发展出来，而《合州志》中的艺文书又仿自班固（32—92）的《艺文志》与刘歆（公元前50—公元23）的《七略》。在《校雠通义》中他认为古代官与师合而为一，至周代知与行分离，官不复为师，学术上才出现私家的著述。校雠的工作就是要分辨官师分离之后各种著述的源流。章氏的方法是采用"家"的观念，将各种著述归入某一家，再寻出其"家法"。家是一种历史的实体，也是一种逻辑的分类。最后章氏提出两个重要的建议：一、古代的各种资料与文集都由官方收录，后来私人著述渐多，官方收录渐少，章氏建议恢复这种古老的传统，把收集书籍当成政府的例行工作，这种工作的好处之一是可以查禁邪书，因此倪氏认为章氏的这个建议与文字狱的精神完全一致。二、建议将收集来的书依《佩文韵府》的编排方式加以分类，这种分类法与现代图书馆的分类方式很类似。

第四章《书院中的老师》，叙述1777至1789年章氏在各书院中教学与著述的状况。章氏前后在五所书院任教，这段时间经济状况较稳定。1787年他认识了学术界的名人毕沅（1730—1797），当时毕氏正从事《史籍考》的编辑，需要人手帮忙，章氏奋力自荐而为任用。编辑时他认为史学目录中除了包括传统认为的历史著作之外，还应包括经学、文集和哲学等著作，这种看法与章氏"六经皆史"的观念有关。1789年他回到太平，在此地完成了23篇文章，计有《原道》《原学》《知难》《感遇》《博约》等文，章氏认为这些文章是他一生之中的得意之作。

第五章《文与质》，文是指文章的形式（即作者如何表达），质是指文章的内容（即作者表达什么）。此二者为章氏文学理论的基础，他认为文学的目的是表达作者的思想与情感，只要具有深刻的思想与真挚的情感自然会产生适当的表达形式，所以他主张质先于文，文附于质。三代时官师治教合一，文与质亦合而为一，至周朝末年旧的社会解体，文与质不复完全相合。在《诗教》一文中章氏认为所有的著述都源于六艺，文学作品是源出于《诗经》，而文学中象征的手法出于《易经》的传统。

第六章《历史与道》，倪德卫指出章氏所谓的道不是固定的、永恒的，而是在历史之中逐渐呈现。这种观念在钱穆与戴密微的文章中都已经提及，倪氏则将此命题发挥得更完全。他指出章氏在五十岁之前一直希望能将自己的思想连接为一个系统,这个愿望在1789年他写成《原道》一文后终于实现。在章氏的观念里"道"是在人类历史中逐渐呈现,且与实际的事务、制度有不可分离的关系,它不是在历史之外的永恒价值。三代以上治教合一,周公为制作之圣王,是古代文化的集大成者,而孔子有德却无位,他为了保存古代圣王之制作而编订六经,这些经典是要人们在具体的事物之中了解道在过去的呈现。

第七章《史家的技艺》,1790至1794年章氏住在武昌,此时期主要是思考史学方面的问题,写成《答客问》《释道》《史德》《方志立三书议》等文。又完成了《亳州志》一书,此书有二大创新:一为增加掌故,依六部的分类保存地方政府的有关史料;一为附上人物表,仿班固的体例记载人物,但是并不加以评价。其次讨论章氏"六经皆史"的观念,一般多认为它的意思是指把经典当成史料,但实际上章氏不是从方法的角度而是从哲学的角度来谈这个问题。六经是古代的政典,记载当时具体的事物,这些具体事物之中呈现出道在古代的进程。历史源出于经典,故历史也一样地呈现"道"。此外章氏参加《续通鉴》的编纂工作,亦完成《湖北通志》,后者尤为成功,记载了许多珍贵的数据,梁启超(1873—1929)便十分推崇此书。[①]

第八章《历史哲学》,处理章氏史学中之意义与价值的问题。首先讨论史学的发展,章氏以为它与历史著作的形式有密切的关系。三代以上收集数据有固定的方法,而历史著作并无固定的形式;三代以后则刚好相反,历史著作有固定的形式而收集数据则

---

① 梁启超:《中国近三百年学术史》,北京:东方出版社,2004,页330。

无固定的方法。当史著有固定的形式则成书很容易，成书很容易的结果是"文胜于质"（形式胜于内容），因此史学体例的固定最后却摧毁了史学的创造性。正史形式的固定即为最好的例子。由此可见章氏对史学史的看法与他对纯文学的观念一致：史学的形式应依内容而定，不应为形式所限制。此外史著应求通，通是一种全盘的了解，纲纪天人，推明大道，绝非史料收集上的完全。而章氏史学最重要的目的是追寻"史意"，作者认为章氏的史意含有道德的意义。最后对于优秀史家，章氏在刘知幾（661—721）所谓的才、学、识之外，又加上"史德"，即史家之心术，作为重要的条件。

第九章《最后的辩论》，叙述章氏晚年的生活，其中与汪中（1745—1794）、袁枚（1716—1797）的辩论最有名，关于辩论的内容胡适所著之年谱早已有详细的叙述，作者则注意到原因的分析。例如他认为章、袁不和的原因一方面与章氏嫉妒袁枚的心理有关，袁枚是一个成功的人，而章氏的境遇却一直不如意；另外则牵涉道德因素，章氏认为袁枚是一个无耻的谄媚者。1799年嘉庆皇帝（1760—1820）亲政，赐死和珅（1750—1799），整顿政治，一时人心颇为振奋，此时章氏数度上书讨论时政，他认为国家败坏的根源是道德问题。此后二年章氏贫病交迫，写成了《文史通义》中最后一篇文章《浙东学术》。1801年11月章氏去世。

第十章《迟来的赞美》，讨论章氏一生的成就及其思想对后代的影响。从19世纪初期的观点来看章氏的一生并不成功，当时的学术界对他不感兴趣，而章氏对这种评价也不在乎。到他死了以后，才逐渐产生重要的影响。例如《史籍考》一书颇受一些考证学者的喜好，方志的编纂对后世有很大的启发，更重要的是章氏对19世纪的思想产生深远的影响。章氏对19世纪学者的影响，钱穆在《中国近三百年学术史》中已有很好的分析,他指出龚自珍(1792—1841)与章学诚在思想脉络上的延续性,[①]倪氏则进一步地讨论到今文学家廖平(1852—1932)、康有为(1858—1927)和古文学家章炳麟(1868—1936)与章学诚在思想上的关联,而且谈到后来的顾颉刚(1893—1980年)、冯友兰(1895—1990)亦曾受到章氏的影响。最后,作者从西方历史哲学的两大派别:玄想的历史哲学与批评的历史哲学来看章氏的思想,玄想的历史哲学意指注重历史事件在整个发展过程中的意义,以及历史发展的归趋;批评的历史哲学则注意历史知识本身,探索如何才能确定所发生过的事实为真实不虚。作者认为章氏所问的问题多为玄想的历史哲学的问题。

倪著之中有不少值得注意之处,首先,就整体结构而言,全文统贯在章氏对古代文化史的见解之中,作者指出章氏将三代时官师合一、治教不分的社会视为最高的理想,而这个理想的崩坏对各方面都造成深远的影响。由于主张官师合一,所以认为六经是古代的政典,因此学为实用并非空言,而产生了重视实际的经世精神;同时官师合一亦代表政统与道德的结合,政统应该掌握道统,因此在政治方面主张"贵时王之制度",带有尊重现实政治权威的意味,这种观念又与章氏不反对文字狱以及主张官方主动查缉禁书的提议连在一起,上述的各种看法彼此之间环环相扣不可分割。官师合一的理想破坏之后,在文学方面的影响是私家著述的出现,从文质合一到文质分离;在校雠学方面则因官师分离而产生各家流派。上述的看法作者虽然没有直接说出来,但是读者在阅读之后却会感受到这种内在的联系,全书环绕此点展开叙述不但触类而旁通,更使全

---

① 钱穆:《中国近三百年学术史》,页594—595。

文凝聚紧密，极有意义的是这一特点亦正是章氏思想的核心。其次，在章节的安排上，作者将"生平"与"思想"两部分十分融洽地结合在一起，以生平的阶段当作发展的轴心，顺此而说明各时期思想的特色，而各阶段的划分也是作者在深入了解章学诚之后而设计出来的，这种安排无疑地比编年式的年谱更能让读者了解章氏的一生。

在内容方面，倪著综合了前人对章学诚的研究，并进一步地从事分析的工作，如上述"道""六经皆史"等观念都是很好的例子。在生平方面也是如此，我们将胡适所著的年谱与本书稍加对照即可发现作者用心之处。例如1787年章氏前往北京，在吏部投牒，希望能取得官职，胡著年谱记载："冬间，已垂得知县矣，忽决计舍去。"[1]倪著则进一步地推测当时章学诚的心理和思想状况，解释为何他在即将获得官职时却决定放弃。

在方法方面最特殊的是作者由于深入了解西方历史哲学的传统，因此往往利用对照、比较的方法呈现章氏思想的特色。这种方法在中国人研究章学诚的文章中并不多见，但是法国学者戴密微则已经注意到这一点，他曾将章氏与韦柯（Vico, 1668—1744）对比。倪著之中提及的西方史学家和哲学家除了韦柯之外还有黑格尔（Hegel, 1770—1831）、柯林伍德（R. G Collingwood, 1889—1943）等人，在第十章之中作者又以玄想的历史哲学和批评的历史哲学来看章氏思想，上述各项都是作者运用比较方法的例子。这种方法的长处是分析较敏锐，尤其可以显示出不同文化间对某些问题

---

[1] 胡适：《章实斋先生年谱》，欧阳哲生编：《胡适文集》（7），北京：北京大学出版社，1998，页67。

看法的同异，短处则为会陷于从西方历史的观念来看中国思想，不易深入中国思想本身的脉络之中。大致而言倪著中比较方法的应用并无不当。

此书亦有一些个人觉得美中不足的地方。在结构上本书有些章下分细目，有些章则浑然一体，体例上并不一致。诚然章学诚主张文章的形式应随内容而定，不应拘执，但若能适度地加入细目可使读者更容易掌握全书的内容。此外本书没有"结论"，作者可能希望以第十章代结论，但两者似乎不完全相等，若能再加入结论一章，综合讨论章氏生平与思想，并以古代文化史的观念贯穿其中，则读者能在分章分析之后再得到一完整的印象。本书的另一缺陷是没有中英文对照表，使读者在阅读时产生了一些困扰，而书目部分亦不完全，希望再版时能补充改正。

最后我们尝试从余英时《论戴震与章学诚》一书回观倪氏的著作，首先余书扣紧了透过宋明以来儒家思想中知识主义的兴起来看章学诚的地位，使读者对背后思潮的推演有清晰的了解；相对而言倪书似乎只就章学诚本身思想系统来探讨，没有掌握到在此背后思想上的脉络发展，我们只了解章学诚本身，却不了解宋代以来儒家思想大趋势之下章氏的角色。当然，从此观点来批评倪著是不公平的，但是却可以呈现出这本书研究视野上的限制。其次，余书之中曾对倪著作了一些修正：（1）章学诚与戴震第一次见面时介绍人为郑诚斋而非朱筠。[①]（2）章氏参加科举考试的次数，倪氏认为是六次乡试、一次会试，余氏则详考清代制度断定仍为"七应乡

---

① 余英时：《论戴震与章学诚——清代中期学术思想史研究》，页9。

试"。①（3）倪氏怀疑章学诚属于浙东学派，并举出数项理由证明其论点，余氏认为"浙东学派"不应视为组织严密而延续不断的"学派"，它只是指大体上具有共同的治学精神，倪氏上述的驳论有无的放矢之嫌。②以上是余英时对倪著所作的修正。然而我们也发现他受到倪著不少的启发，例如倪氏已经注意到戴震对章学诚的影响，并指出章氏的著作是针对戴震而写；其次，倪氏断定"实斋对浙东学派的自我认同是一种晚年追认之论"，余氏虽然认为是"作者甚浅而观者甚深"，但亦承认"这是一个富于启示性的说法"。③

　　总之，从学术史的演变来看，20世纪以来对章学诚的研究有三个重要的里程碑，第一次是胡适、姚名达的《章实斋先生年谱》，第二次是倪德卫的《章学诚的生平与思想》，第三次是余英时的《论戴震与章学诚》，这三本书一次较一次深入，一本较一本精彩。就倪著而言，它一方面总结了胡适、姚名达、钱穆、侯外庐、戴密微以来的研究成果，另外一方面亦为余著的出现提供助力，到目前为止它仍是全面性地掌握章氏生平与思想的著作中十分重要的一本书，我们相信未来任何对章学诚的研究都必须站在它的肩上才能看得更清楚。

---

① 余英时：《论戴震与章学诚——清代中期学术思想史研究》，页151注1。
② 余英时：《论戴震与章学诚——清代中期学术思想史研究》，页70。
③ 余英时：《论戴震与章学诚——清代中期学术思想史研究》，页70。

评柯文著《历史中的三个基调：作为事件、经验与神话的义和团》[1]

前言：著述背景

美国的中国近代史研究者柯文（Paul A. Cohen）是费正清（John King Fairbank）在哈佛大学训练出来的第一代弟子，曾任教于Wellesley College，现已退休。在费正清的影响之下，柯文持续关注的问题围绕在近代中国与西方之间的关系。他在1963年出版的第一本书是有关基督教在华传教事业及排外运动的研究。[2]1974年的第二个作品《传统与现代之间：晚清王韬及其改革》，则借着信仰基督教且与西方传教士有密切往来的士人王韬（1828—1897），来看清末变局之下的改革问题。柯文特别注意到传统与现代之间

---

[1] 本文原刊于国史馆编：《中国现代史书评选辑》，辑26（2001），页47—78（与李仁渊合著）。

[2] Paul A. Cohen, *China and Christianity: The Missionary Movement and the Growth of Chinese Antiforeignism, 1860—1870,* Cambridge: Harvard University Press, 1963.

的交织互动，他指出"王韬把孔子看成潜在的改革者，从而给某些具体的改革方案提供依据；同时他也把一种肯定改革的看法引进儒家思想"。[1]在写作过程中柯文深刻地感受到当时学界流行的"传统—现代"的两极分法有待商榷，此一质疑酝酿了他对战后美国中国史研究所采取的框架或模式（paradigms）作一较全面的反省。

随后柯文开始研究1950年代以来美国汉学界有关中国近代史的发展过程。1984年引起广泛讨论的作品《在中国发现历史：中国中心观在美国的兴起》一书中，他检讨美国的中国史学界在1950年代、1960年代以李文孙、费正清等人为首建立起来的"冲击—反应""传统—现代"取向，以及"帝国主义侵略"等理论框架，并提出"中国中心观"的主张，作为未来发展的方向。[2]

从这本书我们可以了解柯文对"历史"采取的一些基本立场。首先，在序言中他假定有一个独立于史家个人意识之外的过去，而且尽量寻找此一过去的真相，是史家义不容辞的责任。但是他也意识到此一真相最终是无法探知的，因为：

> 虽然事实俱在，但它们数量无穷，而且一贯是沉默不语，一旦开口却又往往是相互矛盾、无法理解……选择什么事实，赋予这些事实以什么含意，在很大程度上取决于我们提出的是什么问题，和我们进行研究的前题假定是什么。（页ix）
>
> 所有的人在一定程度上都是自己环境的囚徒，囚禁在自己所

---

[1] Paul A. Cohen, *Between Tradition and Modernity: Wang T'ao and Reform in Late Ch'ing China,* Cambridge: Harvard University Press, 1987, pp. 152—153.

[2] Paul A. Cohen, *Discovering History in China: American Historical Writing on Recent Chinese Past,* New York: Columbia University Press, 1984.

关切的狭隘事物之中。我们每个人势必通过自我的语词与概念，使自己思想上、情感上所专注之事物影响各自的历史研究，从而限定了我们所寻回的历史真理。（页198）

他也同意以《东方主义》一书闻名于世的作者扎伊尔德（Edward W. Said）的观点：

在知识与真理、现实与被再次表达出来的现实之间，并不存在简单的对等关系。因为"所有的再次表达，正因为是再次表达，首先就得嵌陷在表达者的语言之中，然后又嵌陷在表达者所处的文化、制度与政治环境之中"。总之，所有的再次表达势必是错误的表达，是一种"知者"对"被知者"实行的思想支配。（页150）

由此可见柯文对史家可否摒除偏见、追寻历史真实抱持着一种既悲观、又乐观的折中观点，在该书的结尾部分他特别凸显出乐观的一面，"因为一切历史真理无不受到限定……这其实不成问题"，他认为任何人只要反省到上述的缺失，"充分地意识到自己提出的问题的前提假设……认真地对待它，就可以在一定程度上设法减弱其影响"。（页198）这一观点与墨子刻教授所谓知识分子应追求"自觉""批判意识"，尽可能地把自己的预设或思想规矩挖掘出来，是很一致的。[①]

[①] 墨子刻：《道统的世界化：论牟宗三、郑家栋与追求批判意识的历程》，香港理工大学应用社会系编：《社会理论学报》，卷5期1（香港，2002），页79—152。

柯文历史思想中悲观的一面与他对"经验"的强调是结合在一起的。他继承了美国经验主义（推崇事实、轻视理论）的传统、人文主义的史学思潮，也受到人类学的影响，认为历史研究的对象归根究底是了解过去某些特定人物或人群（即局中人）的直接经验（即人类学者所谓emic views）。他主张以"移情"（empathy）的方式，将自我渗入被研究的对象之中，这一观点是他提出"中国中心观"的重要基础。①他说我们应该"力图设身处地按照中国人自己的体验去重建中国的过去"。（页219）难怪他特别肯定美国史家欧大年（Daniel Overmyer）与韩书瑞（Susan Naquin）所采取的"内部的看法"，"把当时的现实视为虔诚的当事人所实际体验的那样，而不是远在异方（而且是往往怀有敌意）的局外人所勾画的那样"。（页175）柯文尤其欣赏韩书瑞有关八卦教的研究，他说"这本书的重大优点在于它把我们引进一个以前很少有机会接触的世界。作者叙事紧凑，不惜用大量笔墨描绘细节，引导我们走进此一世界，并且在很大的程度上使这个世界的人物栩栩如生"。（页178）由此可见他对下层社会生活经验的研究兴趣。

柯文所提出的中国中心观显然要求史家要摒除"局外人"的种种偏见，以便进入"局中人"的世界。然而当史家一旦进入局中人的世界他就失去了局外人的优势，亦即丧失了综观全局、疏通脉络与整体把握的可能。因此有一位评论者指出柯文所提出的中国中心观所具有的一个潜在的矛盾：未能"把多元分散的'局

---

① 书末为"中国中心观"的研究提出的几项特点包括：1.以中国内部为标准而非以西方外部的标准来评价历史。2.横向分解，研究区域与地方历史。3.纵向分解，研究社会中不同阶层，尤其是下层阶级。4.结合历史学以外的各种学科。

中人'观点和观照全局的史家个人的观点统一起来"。[1]同时他对历史真实性、客观性所提出折中主义式的解说其实并没有解决历史相对主义的挑战。

上述《在中国发现历史》一书中的观点招致许多的响应与批评，也开启广阔的思索、讨论的空间。[2]在这时期（1980年代中叶以后）西方学界有了新的发展，其中特别重要的冲击是与历史相对论相关的"后现代主义"。[3]后现代主义是对启蒙运动以来以理性、线性历史为中心之现代性的质疑。简单来说有以下的重点，反对以中心（特别是西欧、男性、统治者、殖民者）为出发点，转而注重边陲、下层社会，如被殖民者、妇女与少数民族等以往被忽略的研究对象，以及以文本理论企图取消历史与文学、过去与现在，和真实与虚构的界线。[4]根据詹京斯（Keith Jenkins）的说法，此一

---

[1] 林同奇：《译者代序：中国中心观——特点、思潮与内在张力》，《在中国发现历史：中国中心观在美国的兴起》，北京：中华书局，1997，页20—21。英文版见Lin Tongqi, "The China-Centered Approach: Traits, Tendencies, and Tensions," *Bulletin of Concerned Asian Scholars* 18.4(1986).

[2] Philip Huang, "The Paradigmatic Crisis in Chinese Studies: Paradoxes in Social and Economic History," *Modern China* 17.3(1991); Judith Farquhar and James Hevia, "Culture and Postwar American Historiography of China", *Positions* 1.2(1993); Arif Dirlik: "Reversals, Ironies, Hegemonies: Notes on the Contemporary Historiography of Modern China," *Modern China* 22.3(1996); Stephan Averill：《中国与"非西方"世界的历史研究之若干新趋势》，吴哲和、孙慧敏译：《新史学》11.3（台北，2000），页157—194。

[3] 关于1990年代以来哲学革命、解构主义、后现代主义等对于历史写作的挑战，在中国近代史领域上造成的焦虑与再思考，恰巧在发表于1990年代初国内学术期刊、两篇回顾思想文化史研究的文章中，均是作者不得不正视的危机之一。见Benjamin A. Elman：《中国文化史的新方向：一些有待讨论的意见》，《台湾社会研究季刊》期12（台北，1992），页1—25；Peter Zarrow：《近期西方有关中国近代思想史的研究》，《新史学》5.3（台北，1994），页73—117。

[4] 王晴佳、古伟瀛：《后现代与历史学：中西比较》，台北：巨流出版社，2000，页200。

观点之下所谓的"历史"：

> 可说是一种语言的虚构物，一种叙事散文体的论述，依怀特（Hayden White）所言，其内容为杜撰的与发现到的参半，并由具有当下观念和意识形态立场之工作者……在各种反观性的层次上操作所建构出来的。①

后现代主义对史学界产生了不小的冲击。其中最关键的议题是历史作品的真实与虚构。以往的历史学者多半相信史学建构的过去与历史真相有对应的关系，然而后现代主义者则宣称史学建构的过去只是学者用语言所组成自以为真相的东西。这种看法推到极端将史学的专业性，以及史家长期以来所依赖的"追求真相"的理想彻底摧毁。

柯文所撰写《历史中的三个基调：作为事件、经验与神话的义和团》一书与上述长期的学术关怀，以及1980年代、1990年代以来的学界动向，有非常密切的关系。此书一方面是延续了《在中国发现历史》一书所讨论的相关课题，运用科际整合的方法、肯定个人经验的意义、关注史家的历史意识，并企图解决局中人与局外人的整合问题；另一方面则是以一个实际的案例来回应相对主义、后现代历史学对史家专业性的质疑，从而辩护历史写作的合法性，以及掌握历史真相的可能性。然而我们不能忽略的是柯文在某种程度也接受后现代史学所揭橥的一些想法，例如反对西欧中心论、

---

① 詹京斯著，江政宽译：《后现代历史学》，台北：麦田出版社，1999，页293。

注重下层社会与妇女、强调Clifford Geertz所谓"厚叙述"（thick description）等。此书可以代表（美国的）中国史学界针对后现代主义的挑战，在考虑对手的质疑并吸收对手的长处之后，所做出的一个重要的响应。

理论架构

柯文的《历史中的三个基调：作为事件、经验与神话的义和团》一书在出版之后得到许多讨论与回响，几乎在所有重要的史学刊物中均有书评。[①]本书以1898到1900年之间"规模最大、影响最巨的反教排外运动"义和团事件为研究对象。他对这个在中国近代史上争议不休的课题，采用一种具有强烈企图心的理论架构——将"过去"或"历史"分为三种层次的"基调"（keys，亦有进入历史之钥的双关意涵）：事件（event）、经验（experience）与神话（myth）——使得此书不仅是单纯的有关中国近代历史的专题研究，而更尝试去讨论甚至解决许多历史写作与认识论上的基本议题。

---

① 根据笔者概略的搜集，举其要者，James L. Hevia在*The Journal of Asian Studies* 57.2(1998)、Joseph W. Esherick在*Journal of Social History* 32.1(1998)与David D. Buck在China Review International 5.2(1998)均对本书有简短评论。而篇幅较长的书评评论文有R. G. Tiedemann, "Boxers, Christians and the Culture of Violence in North China," *The Journal of Peasant Studies* 25.4(1998); Jeffrey N. Wasserstrom, "The Boxer Rebellion and the Communist Revolution," *Times Literature Supplement* 4972(1998); Greg Dening, Enigma Variations on History in Three Keys: A Conversational Essay," *History and Theory* 39.2(2000).其中Greg Dening在*History and Theory*自言为一个"对中国史外行"的读者与作者对话，为本书所做的专题论文，对本书提出许多相当有趣的响应。

作者从上述"事件""经验""神话"三个层次，分别检讨拳乱的历史，以及研究拳乱历史之历史。这三个层次构成全书三大部分，而每一个部分之前都有一篇导言，以简练的文字阐述作者的基本立场，并说明与其他两部分的关系。

作者提出的一个基本问题是：历史家重建的过去是历史重演，还是另行制作一部新戏？为解答此一问题，作者从理论上将"过去"分为上述三个层次。在此区分之下，史家建构的历史（historians/history），与经验者之主观经验（experiencer/experience）和神话制造者之神话（mythmaker/myth）有所不同。在界定三者之差异时，作者特别提及三者之间各有其范围与适用性，没有高下之别，它们"在其自身的领域内都拥有其基础稳固的合法性"（a solid kind of legitimacy within its sphere，页294）。但他也强调史家，好的史家及其所建构的历史，有独特的价值，从而确认历史书写的意义与史家在了解过去所占有的优势地位。

作者在前言便点出，"历史"一词在本书中具有双重意义，其一泛指所有一般性的、过去实际发生的事；其二是专业史家所撰写的历史。这种区分显现出作者不再坚持"历史是如实地重现过去"，而承认历史是史家对于过去事实的重建。然而历史学者所重建的过去，与事件参与者所实际"经验的过去"有何不同？根据一部分哲学家与文学理论家的说法（本书特别指出的是Hayden White与Paul Ricoeur，亦即上述后现代主义者的观点），历史在形式上必然采取叙述（narrative）的方式，而这种形式与无秩序可言的过去事实（reality）是相悖的，必然会将之套入不相干的设计与结构之中。因而历史家所重建的过去与实际发生的过去之间存在着不连续性（discontinuity）。

另一些学者如David Carr则有不同的看法。Carr认为叙述的形式在人们日常生活中随时存在，人们必须透过叙述的形式方能经验世界，因此叙述结构本身便是过去事实的一个必然成分。历史学家对于过去事实的叙述并不会在史家重建的过去（即"历史"）与经验者经验的过去（the experienced past）之中造成断裂，反而是标示出其中的连续性。作者的立场在上述两者之间，而较为接近David Carr。他同意重建的历史与经验之间有连续性，但是由于史家对过去的简化与压缩，也造成两者之间的断裂；换一个角度来观察的话，史家的局外性一方面是一个负担，另一方面也是一个资产，因而得以成为沟通过去与现在的桥梁。此一观点与上述《在中国发现历史》一书的折中看法其实是一致的。

然而历史与经验究竟有何不同？许多人都同意历史学者尝试以系统化、叙述化的方式来了解原为混沌、模糊、混乱的实际经验。但是柯文认为"经验"对于经验者而言，从来不会是混乱的。无论是个人或集体，都会将其经验叙述化，并寻求解释。值得注意的是经验者对于过去事实的叙述、解释主要是出自心理方面的动机，他们会对自己不断地"重述"，以响应不同的情况，其目的在保持个人（或群体）内在的统合。换言之，经验者具有"自传意识"（biographical consciousness），他们对于过去事实的认知不仅依据历史时间的发展，而更是将之置于个人生命的轨迹之上。经验者与所谓历史"事件"之间有一"聚合—消散"（coalescence-dispersion）的过程，亦即个人随着生命轨迹，自然地与经验相聚合，也自然地与之分离。简言之，当事者在聚散之间，反复地记忆、遗忘与诠释其自身的经验。

具有历史意识的史家与上述具有"自传意识"的经验者有所不

同。相较于经验者从心理上的动机解释过去经验的意义，史家重建过去的动机基本上是智识的。他们努力追求过去事实之真相，并意图进一步地遵行社会所认定的标准，来寻求对历史事件的了解与诠释。然而此一工作并不是一蹴可就，而是需要不断地以诚实的态度挖掘、探索和往复辩难。

再者，经验者对于整个历史事件而言，因为身处其中，在时间上不知道事件日后的走向，在空间上无法了解事件在其他地方所呈现的大势。因此根据个人情感、视野对经验所寻求的心理解释，常常是被扭曲的。相对来说，史家则在某种程度上拥有一种广角视界，超越了时空的局限，他们知道事件发展的结果，具后见之明，史家因而可以为特定的过去创造其"边界"，标志出事情的开始与结束。作者因而宣称史家在了解事件真相上，较经验者更具优势。

然而这种优势有时也是一种限制。就时间因素而言，事先知道结果而回溯其因果关系是历史家一般的操作模式，在此视野之下，微小的事件可能因为这样的回溯而被赋予过于重大的意义，成为某个事件的开端。与此类似的是史家要面对事件的"部分—整体"之关系，亦即如何将事件加以定位，而放进一个更大的解释框架之内。无论是回溯或定位，可能遭遇到的困难是独断地认为某件事是其后另一个重大事件的成因，或者某件事情是发展过程之中的转折点等，这两种失误都会造成扭曲，而让历史变成神话。

神话的产生与史料的留存亦有关联。史家比起经验者来说，可以接触到较多的数据，然而由于与事件的距离，接触到的数据常常不足，而留存下来的数据又容易带有偏见，例如对于庶民心态与日常生活方面的数据往往不见于上层精英的文字中。依靠有限而又具偏见的史料来撰写历史，也很容易让历史变成神话。

史家必须承认历史与神话的创造，在操作方式上常常差异不大，因而双方的界线是非常模糊的，然而两者仍不可混为一谈。史家对过去事实的重建重视其复杂性、暧昧之处与细微差异；神话制造者则倾向以单一面向对待过去，神话当中有一部分是符合过去事实的，但是所有不符合当代关怀的部分则被忽略或扭曲，再强加以主观的诠释。上述不同的视角源于两者在动机上的区别。相较于史家所具有智识上的动机，神话制造者的出发点偏向当下的、情感的、认同的、政治的关怀，他们尝试在过去事实当中找寻现实的意义，至于事实正确与否，往往并不十分措意。这种根源自当下关怀对过去的解释时常随着时代变迁便不再适用。最后作者说明：并不是对事情知道得越多，便越能避免将历史变为神话。神话往往以各种不同的形式，包括文学作品、周年纪念，甚至地方改良意识等充斥在人们日常生活之中。

作者一方面厘清历史、经验与神话的分别，另一方面也认识到三者之间的关系有时非常模糊，同时史家在重建过去时有不少的限制。对于视历史写作不过是一种"较精致的欺骗"者，作者认为"因为我们不可能达到他们所认为的标准，我们努力的价值因而被视为可疑，而遭到全盘摒弃"，[1]这显然是不公平的。作者申言：我们不应该要求史家去做他们无法做到的事情——亦即如实呈现过去；而是应该体认到史家在了解与解释过去上，传达出不同于经验者／神话制造者的诠释，这才是历史工作的价值之所在。

作者最终仍肯定史家在了解过去上所展现的技艺与意义。在本书的结论部分，他提出史家的"局外性"。史家对于其所研究的对

---

[1] 柯文：《历史中的三个基调：作为事件、经验与神话的义和团》，页12。

象常常扮演着局外人的角色：男性史家之于女性史、白人史家之于黑人史、美国史家之于中国史，甚至身处当代史家面对所有已过去的事件，无一不是局外人。这样的局外角色对史家而言，虽可能带来误解过去的危险，但另一方面此局外特质却是史家的资产，使得史家与经验者和神话制造者不同，不处于过去也不囿于当代，得以利用其广角视界与过去事实本身的距离，以较公允的位置追究两者的意识，沟通经验与神话、过去与现在。史家必须留意且利用其局外性，并且一如能够了解过去与现在两种语言的翻译者，诚实地、敏感地不断悠游于此两个非常不同的领域之间，以中介者的立场在过去与现在之间持续交涉。"这是历史工作中出现紧张状态的终极根源。"（页297）

实例展演

本书不仅在理论上重新肯定史家的角色与历史学作为一专业的意义，更以实际的个案研究，尝试糅合理论与实践，以"史家的技艺"来呈现历史写作的价值。

第一部分《作为事件的义和团》作者综合以往史家的研究，简要地叙述拳乱始末。这一部分可以说是对史学界在这个主题上的总整理，许多评论者都称赞该部分为近来对于拳乱最完整而又精要的描述。[①]一如本章副标题"叙事史"（A Narrative History）所显示，作者清楚展现史学家重建过去事实的关键所在，即将此一事件

---

① Hevia, p485; Buck, p397.

以清楚的方式陈述出来——厘清因果、截断始末、赋予秩序与一贯之逻辑，并且寻求解释，从而形成一完整的论述。简言之，作者将混乱、繁杂的事实组织成可以述说并让读者能够了解的一个"事件"。

第二部分《作为经验的义和团》，作者透过各种来源的史料以及跨学科的研究成果，重建当时各种不同人群——尤其是下层农民——的"经验"。首章《旱灾与外国势力介入》借由当时留下来的日记或书信等文件，说明旱灾对当时人们的心理影响。此一灾害和预期的饥馑造成农民内心的恐慌，而天人关系的信仰让人们亟于替天象异常找寻人事上的理由。此时在农村或边缘地带由于中央势力衰微而逐渐渗透进来的西方传教士，便成为代罪羔羊。作者从灾乱造成的不安全感，来解释当时农村排外心态的兴起与拳乱的起源。

接下来的两章《集体着魔》与《魔法与女污》是从民俗信仰来讨论拳民的信心基础。前者中，作者运用近年来对于中国民俗信仰（以南方为主）的研究，与当时留下的文件记载和后来的口述历史资料作对照，说明像乩童、神明附身、刀枪不入等，一直是中国的民间信仰中十分重要的一部分。这种信仰通常在个人或集体遭遇到信心危机时，具有更强烈的影响力。中国北方在此时的"集体着魔"，便是社会危机下的产物。拳乱的扩散除了这些因素以外，作者也从心理学上提出两种可能原因：其一是年轻信徒寻求认同；其二是饥饿之下造成精神恍惚的状态，对其扩散有推波助澜之效。关于后者，作者也是运用人类学等研究与史料相配合，认为拳民宣称的魔法其实不论在民间信仰，甚至在基督教都是常见的现象。对于人们常常质疑拳民刀枪不入等魔法的有效性问题，作者认为魔法的施行并不一定与其有效性有单纯的因果关系，例如即使祈祷不一定有效，但是基督信徒仍然继续祈祷。而对于法术的失效，信徒常常会以施行方法有误、不够虔诚等方式来解释，而女性污物的介入也是一个重要的理由。由此作者也讨论了女性在魔法施行中的特殊位置，例如宣称以女阴或女污施法可以刀枪不入的"阴门阵"，以及纯由年轻未婚女性组成的组织"红灯照"等。

本部分最后两章分别从《谣言与恐慌》和《死亡》来讨论当时人们的心理状态。谣言在19世纪末、20世纪初广泛流传，对于洋人／教民或拳民的各种谣言，常常造成人们的集体恐慌。作者透过社会学家对于谣言的研究，指出谣言的流行与社会变动下群众生活的不确定感，以及信息不流通等因素相关。同时谣言也显现与他者之间的紧张关系。末章《死亡》，作者以大量个人史料分别由"目击者""加害者""受害者"三种角度，从人们留下来的各种对于死亡的叙述，刻画当时对于"死亡随时在身边发生"的情况，心理上所产生的极度不安全感。

作者以跨学科（尤其是上述"厚叙述"、文化比较等源于人类学的观点与方法）、跨地域的比较，运用各式各样的史料，试图重建中下阶层民众的心理经验。作者建构的北方农村图像是因灾荒而惶惶不安，被各种民间信仰、谣言、不确定与死亡的恐惧所笼罩，借此呈现出义和拳运动扩散之际的群众心理。透过此一观点，作者一方面表现出义和团事件在人类文化中的普同部分，另一方面也帮助史家探索事件参与者的特殊经验。此一部分占全书篇幅比重最大，又触及了以往义和团研究中普遍受到忽略的课题，因而最为评论者所注意，且多予以高度评价。①

第三部分《作为神话的义和团》叙述义和拳运动被神话化的经过。所谓的"神话化"，即是不注重"过去"本身，切断其历史性，而加以当代的、政治性的关怀，使之成为一种"象征符号"（symbol）。对于拳乱因为政治的关系被加以正面或负面的解释，作者主要分成"新文化运动""反帝运动""文化大革命"三个时期来讨论。

从民初的新文化运动到"文化大革命"，对于义和团事件的诠释大致由负面趋向正面，从邹容的《革命军》开始，新一代的论述者脱离实际经验脉络，义和团事件逐渐开始被神话化。在新文化运动时期，论者与西方世界分享对义和团的负面意见：迷信、退步、排外，视之为中国落后的象征。然而相较西方世界对义和团形象的全盘否定，1920年代以来中国知识分子对义和团的评价开始有了变化。一方面其非理性性质被视为是"封建"遗毒，故应予排除；另一方面，其排外的一面开始被视为是反帝国主义的先驱。先前的无知乱民此时被视为民族精神的代表，鼓吹要像他们一样具有爱国心，五卅运动则屡屡与拳乱相提并论。先前遭受批评的迷信那一面在爱国主义下被原谅，他们同时惋惜义和团因为组织及方法不够现代而招致失败。此时对于义和团的多重意见（multivoices）显现出神话化的一个重要特质：依据当代的关怀来重建过去，当时代处于变迁之际，神话的内容也开始转变。从陈独秀前后对于义和团的不同意见中可以清楚看见此种倾向。

① Wasserstrom, p6; Esherick, p227；以及Charles A. Desnoyers在*History: Reviews of New Book* 26.1(1997)上的简介。

作者认为在"文化大革命"期间，义和团的神话化与20世纪前半段的情况有所不同。首先是为了符合此时期的特殊需要，神话的内容改变了。其次，对于过去的了解在政治正确的前提之下，神话的义和团完全取代了历史的义和团。

从这里作者要进一步讨论"神话化"与"可信度"（credibility）的问题。"文化大革命"时期史家并非有意地制造神话，另一方面神话制造者亦并非完全与过去事实脱节。在神话化过程中，即使是为了当代的政治目标，也不忘在表面上维持历史的可信度。人们不但收集文件、挖掘并出版史料，并有详细的引证。然而这些史料的收集运用是为了神话宣传，他们对资料做了高度选择，如故意忽略义和团运动中魔法的一面，以符合其神话图像。

从1980年代以降，中国史家开始以较公正客观的态度对义和团事件做历史研究，并且反省"文革"时期的诠释。然而作者认为，以西方史家的"有利点"（vantage point）来观察，将"历史的"义和团从神话中脱离出来并不容易。即使中国史家得以摆脱政治动机来研究义和团，仍然难以跳脱五四以来对于义和团事件的两种神话塑造——迷信与反帝爱国。这两种神话的塑造来自从五四以来影响20世纪中国知识分子的两种强力论述，亦即对理性与科学的信仰，以及对于民族国家主权的强调。作者认为正是这两点妨碍中国知识分子对义和团的了解，他们或是将拳民的民间信仰负面地视为迷信，无法进一步进入拳民的情感与知识世界；或者以爱国、反帝来简化义和团的动机，忽略各种交错的可能背景与因素。

作者认为中国史家难以摆脱此二神话的限制在于义和团事件触及中国近代文化认同上的核心问题，即面对西方时的暧昧两难。对19到20世纪中国而言，西方一方面代表"好的"现代化与"坏的"

帝国主义，而此二者与义和团运动密切相关。如果西方被定义为帝国主义侵略者，拳民便被赞颂成为爱国主义的实现；如果西方被定义为带来现代化生活的泉源，拳民就因为破坏文明而遭受谴责。作者总结，只要中国对于西方那种爱恨交织的感觉持续存在，义和团仍不免继续成为神话与象征符号的来源。

反省与评估

面对史学所受到后现代主义的挑战，柯文一方面承认史家只能"重建"过去，即史家所叙述的历史与过去事实有所不同，然而并不代表两者之间必然是断裂的关系；另一方面则区分出三种叙述过去的方式：史家的叙述之所以和经验者与神话制造者不同，主要在于史家的动机／意图，以及操作方式，使之有别于站在过去对待过去事实的经验者，以及站在现在对待过去的神话制造者，因而可以在过去与未来之间扮演中介的角色，提供对于过去的不同解释。史家的智识动机与广角视界之所以能够发挥功效，形塑史家的特殊地位，主要关键在于史家与过去事实之间的"局外性"。这种"局外性"尽管有时妨碍史家对过去的了解，然而也因此史家作为过去之局外人——以及美国史家作为中国历史之局外人——其有别于经验者／神话制造者之理解过去的方式，因而具有不可磨灭的价值。

在理论上，作者从史家的"位置"出发，描画出史家与过去之间的关系，从而重新肯定历史叙述的价值。①在理论探讨上，作者以简练的散文陈述其立场，②不仅并未直接提及后现代主义及其影响，并且似乎有意地回避了由理论家所发明及掌控的语汇，诸如：论述、客观性、文本等；相反地，其运用的语汇和论述方式，如事件、经验等，可以说是很"历史"的。舍弃部分词汇、术语一方面或许避免陷入理论家无止境的争论泥淖，另一方面则宣示了史家对于历史研究方法，至少在语汇上的主导权。

作为一个专业史家，作者同时也配合以实际的历史研究，以展现出"史家的技艺"来说明史家在解释过去上所具有的优越性。除了传统的史料收集与分析外，独到的视野以及对于其他学科方法的运用亦是本书在实践上值得注意的地方，尤其后者更呼应《在中国发现历史》中所述科际整合原则。如果第二部分运用人类学、社会学、心理分析等方式重建过去之经验，响应了社会学科对于历史学在方法论上的挑战的话；第三部分对于神话之解析——套用另一套语汇是为对义和团"论述"之探讨③——相当程度则是响应了文本分析等取向对于历史真实性的探讨，反省历史家的职责，并且把历史中的神话部分——或者说是"不好"的史家所写的作品——与比较真实的历史著作区分出来。

---

① 在理论建构上，从征引书刊看来，作者主要援引David Carr与G. R. Elton的理论，而反对Hayden White。对于以上三人历史理论的讨论，可以参考Keith Jenkins, *On "What Is History?": From Carr and Elton to Rorty and White*, London, New York: Routledge, 1995.
② 许多评论者注意到作者以散文呈现理论的写作特点。如Wasserstrom, p.6, 而Charles A. Desnoyers在*History: Reviews of New Book* 26.1(1997)上对本书的简短介绍亦提及其对拳乱陈述清晰明确，且不陷入后现代术语，使之能够吸引更多的读者。
③ 尽管全书几乎未使用流行的discourse一词。

无论在理论及实践上本书都展现出深刻自省与企图心，并且展现了一个杰出史家的高超技艺。然而避免不了的质疑是如何清楚地对此三个"基调"做区分，①尤其这三层次认知过去的方式，正是全书架构所以成立的关键。尽管作者当然注意到此三个层次之间的界线往往十分模糊，并且体认到史家技艺的局限，其仍相信以史家的专业规范与"局外性"，可以将历史叙述从神话与经验间区分出来。

然而问题核心始终未能，或许根本不可能被合理解决。史家是否可以重现经验者逝去的经验遭受质疑，尤其当经验者重述，一如作者所指出的，常常受到历史与神话的影响，常已经遭到扭曲。而以意图区分神话制造者与史家亦值得商榷：何以区辨不同叙述背后的意图？史家的叙述本身（除了智识之动机）岂无其他的意图可言？作者虽以"局外性"作为史家客观性的来源依据，并希企史家的专业技术可以在区辨事实上发挥效能。然而这也使得作者必须要不停地强调"职业"史家与"好"的史家，在肯定历史学科价值的前提之下，捍卫历史写作在面对过去时所占有的主导位置。

尽管提出的是妥协或慰藉，作者仍然是在对学科信心不减的情形下，对于史家正当性的"重新"确认。但是对于历史的信心不必要那么坚贞的"外人"——或者说历史学科的"局外人"——或者是信心已经遭受打击的学界同僚，作者捍卫历史的努力与对史家的同情便不一定能够发生足够的效用。从这里以及书中一贯的口吻可以看得出来，在这个部分作者所欲对话与关怀的对象是"史家"；有趣的是，尽管本书也同时指明希望非中国史研究者、对义和团事

---

① Wasserstrom, p.6; Esherick, p.228.

件不熟悉者，可以从中引发其兴趣，[1]然而唯一自言对中国史一无所知的评论者，研究大洋洲原住民与移民史不得不运用人类学方法的史家Greg Dening，批评本书的着眼点却正是从史家"反身自省性"（reflexivity）的考虑。[2]

同样自他者（the Other）立场反省研究者角色的人类学，从反省研究者与被研究者之间（或许再加上学术社群与机构）的学术伦理、权力关系，到后来对与交互主体性（inter-subjectivity）的讨论，趋向于认为民族志不可能是对于异文化的客观描述，甚至强调在著作中呈现出研究者—被研究者之间的交互关系，让读者与公众可以介入民族志的写作过程，从而判断民族志的参考价值。人类学家在做田野调查之际，仍要不断将两者之间的关系抽出来检视，面对沉默而无法响应、因偏见而残留的史料，很难看得出历史家可以拥有更多的信心。然而作者从人类学中得到的启示却是"务求做到不偏不倚""如非绝对必要，决不在他们的专业判断中掺入个人信念与价值观"，[3]而在呈现他者经验时，追求的仍是尽量"如实地"描述过去的经验。然而在史家主观地拣选安排下，其实使用的已经是史家自己的语言，已经不再是单纯的经验重现。一如柯文在第二部分的编排中，实已透露出史家欲强调灾荒及传统信仰影响义和团起因的预设意图，无怪乎许多评论者以此为作者对义和团成因的见解，而就评者本身关怀在"解释义和团成因"的脉络下加以讨论[4]——然而这显然已经不是当事者"当下呈现"之经验，而是史

---

[1] 柯文：《历史中的三个基调：作为事件、经验与神话的义和团》，页xv。
[2] Dening, p.212.
[3] 柯文：《以人类学观点看义和团》，页98。
[4] Tiedemann, pp.150—160; Esherick, p.227.

家的事业了。

关于历史与神话之间更加模糊的纠葛，不仅作者已经注意到两者间在技术上相差不大，评论者亦对以"意图"作为双方区分感到不安。[1]作者强调史家"求真"的智识目的，欲以之与神话制造者划清界限，想要摆脱"当代关怀"对历史客观性的质疑。然而，如同作者在第三部分所做的，对中国历史学家的"意图"加以解析，难道柯文此书的叙述，其背后的意图岂不用经过同样标准的检验？以求真的信仰将史家放置在一个超然客观的位置之上，并无法满足"不敬者"对于此信仰的质疑，以及连带的，对于历史正当性的挑战。不同于作者坚持客观的"智识"目标，认为连欲赋予女性声音的女性主义史学家都有制造神话之嫌，[2]评论者Dening认为处理历史必然带有现实关怀。而就是因为身边充满各种不公义的、神话化的过去，为忽略不公义提供正当性（justify ignoring injustice），因此作为史家虽然无法使死者复生，但是让其发声乃是史家的职责所在。[3]这样一来Dening所界定的史家在柯文眼中乃成为神话制造者。

柯文认为史家之所以可以摆脱经验与神话，赋予历史不同意义的关键在于史家的"局外性"，由此历史方与文学创作、神话等其他文本有所差距，同时此"局外性"也是史家智识动机与广角视界的依凭所在，据此史家扮演着过去与现代之中介者的角色。作为以一个"局外的"美国史学家，作者因此可以站在批评的角度，评论中国史家由于常常身兼经验者或神话制造者，因此无法对影响中

---

[1] Esherick, p.228.
[2] 柯文：《历史中的三个基调：作为事件、经验与神话的义和团》，页6—7。
[3] Dening, pp.215—216.

国对外关系甚巨的义和团事件加以适切的评价与研究。由此出发，可以扩大到指出所有中国史家研究中国史的盲点，以及美国汉学界研究中国的正当性，甚至优越性。然而，在这里首先要质疑的是，究竟谁才能是"局外人"？Dening作为中国史局外人的批评给予之启发是：同在历史学界，究竟谁是"局外"（outside）中的"局"（side）？谁能把自己置于局之内外（in/out）？① 如果美国的中国史家处于局外，是否非中国史家要比美国的中国史家更在局之外？又作者未明言的反对对象，处于历史界外对于历史的批评者，如文学理论家、文化研究者等，甚至非学术范畴内的评论，由于与历史学科更无涉，岂不又在"局外之外"？另一方面，身为西方人的作者果真在局外吗？选择义和团作为研究素材，本身即更容易显露破绽：义和团牵涉的是中外关系，如果对中国有影响的话，"外"国同样也难辞其咎，尤其对于中外关系长期关注的历史学家，更是难以置身局外。如对于神话的部分，作者不讨论西方，这是因为要避免"模糊本书焦点，以及为其巨大的篇幅再做不必要的增加"；② 然而不可避免地作者时常要拿出西方对义和团的观感做对照，同时在讨论中外关系之际，不去探究中西之间彼此概念的转译与理解，实在难以符合作者所谓历史比起神话要更强调的"复杂、细微差异与暧昧性"。③ 如果史家的"局外性"是一种资产，甚至可能引导出某种优越地位，将自己置身局外，或将被研究及相关放入局内，

---

① 从这里笔者联想到的是《红楼梦》中妙玉自称为"槛外人"的署名，而宝玉在邢岫烟的建议之下以"槛内人"之名回帖。然而"僧不僧、俗不俗、男不男、女不女"的"出"家人妙玉最终仍为情所迷，甚至堕入红尘，难逃情榜；反而是宝玉由色生情，自色悟空，最后反而"出"家去了。
② 柯文：《历史中的三个基调：作为事件、经验与神话的义和团》，章4，页301。
③ 同上书，页214.

以获取这种位置的背后,又是一种什么样的(学术的、知识的、政治的)力量?[①]又是什么样的力量,让"局外人"得以替"局内人"陈述(美国现代历史学家——中国世纪初的农民),让此"再现"不但可以发生,被高度认可,进而进一步影响"局内人"本身之"再现"?

无论是"局外性""智识动机"或"广角视野",难以回避且未能解决的问题始终环绕在"客观性"与"求真"上。尽管作者已经认为历史无法如实重建过去,然而历史的目的仍然始终在"求真"或更接近"过去事实",两种看似矛盾的宣称组成一套永远无法达成的目标。此"不确定性"(uncertainty)与"不可知性"(unknowability)如同作者所言,是让历史研究不断前进的动力,然而也是人们对历史研究不满意的来源。作者始终认为有一"过去事实"(past reality),三角结构是为三种对于此事实的不同叙述。然而由于它们与事实的距离不同,而"真实与否"又为评价的标准之一,即使作者宣称三者各自在其领域有所正当性,他明显地认为史家所叙述的历史优于其他二者,三者之间显然无法维持平衡。然而即使是由史家所叙述的历史,其与过去事实的关系仍旧无法确定。因此支撑起此三种基调以及历史叙述之正当或优越性者,显然建立在求真目标以及对历史学科的信心之上。然而如前所述,对于信心不足的局内局外人而言,这样的基础显

[①] 笔者不恰当的联想是殖民者/被殖民者、科学家/实验动物的关系。由于被殖民者与实验动物身陷其中且没有能力操作游戏规则,故只有身处局外且有能力(如运用西方社会科学方式)的殖民者/科学家才可能替被殖民者/实验动物陈述。然而无论殖民者/被殖民者、科学家/实验动物岂不因为同处一局才能如此命名,才具有现下显现之交互关系。关于命名方面,在中国/外国的区分更加分明。

然还是十分薄弱的。

综而言之，柯文创新的架构即使无法完全说服失去信心的同僚及对手，然而对于历史学科还怀抱温情、敬意与希望的从业者而言，柯文著作所显现出来的娴熟技艺、流畅文字、清晰概念以及深刻反省，无疑地为中国的近代史研究做出一个优秀的示范。面对新的挑战，作者所采取的或许是儒家"知其不可而为"的立场，他一方面揭露后现代理论、文化研究对"真理"的怀疑与"价值相对论"的夸大（亦即夸大了知性的不可靠），另一方面则以辩难、批判与反思，来捍卫一种崇高的专业信念。这样的气魄是值得赞许的。无论是对义和团事件本身、19和20世纪中国历史，乃至于对史学理论、历史学未来走向等重要议题有兴趣的读者，本书都是一本不容忽略的佳作。

文格德与西方眼中的中国形象：论《一个骑士在中国》[①]

近代中国的变化是以西力的冲击为主轴，而带动社会上各个层面的巨大变化。第一波的冲击是19世纪中叶的鸦片战争与英法联军，结果中国打了败仗。反省之后，有识之士倡导"洋务运动"（或称自强运动），主张学习西方的船坚炮利，以肆应此一"三千年来未有之变局"。例如当时的名臣李鸿章（1823—1901）就说"中国但有开花大炮、轮船两样，西人即可敛手"。因此从1860年代开始至1890年代，三十余年间，国人生聚教训，积极模仿西法。

这样的努力有没有成效呢？1894年中日甲午战争，成为检验洋务运动成果的试金石，结果李鸿章所训练的北洋海军一败涂地，战后中日签订《马关条约》，赔款二万万两，中国负担不起。这时俄

---

① 文格德著，陈君仪译：《一个骑士在中国》，台北：麦田出版社，1996。原文为A.W.S. Wingate, *A Cavalier in China,* London: Grayson & Grayson Ltd., 1940.本文为此书中译本之导读。

国的财政部长威特一口答应帮中国从法俄银行借款一万万两，年息四厘，数目之大与利率之低让国人受宠若惊，觉得俄国真是我们的好朋友。后来俄、德、法三国强迫日本归还辽东半岛，也使国人发现应建立更多的国际关系，以牵制日人对华的侵略。

光绪二十二年（1896）俄皇尼古拉二世举行加冕典礼，为表示中俄友好，中国派出了李鸿章为特使，前往祝贺，这次赴欧之旅，李鸿章与俄方签下"中俄密约"，结果导致后来的瓜分之祸，以及许多的灾难。这件事情可以说是李鸿章一生中的一个败笔。

李鸿章虽干练，然缺乏国际视野，仍习于以自我为中心来看问题。梁启超说他是"不学无术，不敢破格""有才气而无学识，有阅历而无血性"[1]，应有一定的道理。这一特点可以从本书记载有关他的一个小故事反映出来。李鸿章在签订了中俄密约之后，顺道访问英国，他在一场招待会上见到了英国首相格拉史东，便问他第二天是否方便到其官邸商谈国事。格拉史东回答："没问题，来喝茶吧，四点。"结果第二天凌晨四点，"几个中国人护送一顶绿轿子，手提着写着李的大名和官衔的大纸灯笼"，来到唐宁街十号首相官邸。后来两人在格拉史东的卧房见了面。读过黄仁宇先生的《万历十五年》一书的读者，对此或许不会感到奇怪，因为中国皇帝都是在凌晨三点到五点处理重要的国家大事。例如1793年英国大使马戛尔尼（George Macartney，1737—1806）就在破晓时分觐见乾隆皇帝，这样一来英国首相要求清晨见面也就没什么奇怪了。这个故事虽然有趣，然而此一误会却显示李鸿章似乎完全不了解英国与国际礼仪，以这种态度来办外交，其不失败者几希！

---

[1] 见梁启超：《李鸿章传》，台北：台湾中华书局，1965，页85、90。

中俄密约签订之后各国纷纷向中国提出要求。先是德国租借胶州湾与青岛，并把山东划入德国的利益范围；接着俄国租借旅顺、大连，也将东三省划入势力范围。本文主人翁文格德的祖国——英国，在这场国际竞赛中毫不后人，先是和法国人商定共享在四川、云南的开矿权，1898年初英国又要求建筑自缅甸至长江流域的铁路、长江流域不割让与他国，以及永远任用英国人为海关总税务司。后来第一项因俄、法反对未成，后两事则为总理衙门所应允。七月英人又取得了威海卫，租期与俄国的旅顺、大连相同。当时英国对华侵略大概只能用"凶横"两个字来形容。在1860年12月22日，在英国颇有名气的一个杂志*Punch*之上曾有一幅插画，标题是"我们应该在中国做什么（What we ought to do in China）"，所画的就是英国一位战士骑着马、拿着兵器，要打中国这一条龙，帝国主义之恶形恶状跃然纸上。

以上简单地叙述了文格德来华前夕中国的情势。本书作者文格德是英国驻印度的武官，因为对中国与中文感兴趣，主动争取来华从事语言学习与"情报"收集的工作，因此他可以说是一个帝国主义在华势力的代理人。这一本书主要就是依靠他于19世纪末年，在中国旅行的经历而撰成的。他的所见所闻有怎样的历史意义呢？他的那一双"帝国主义的眼"到底看到了什么东西？为了了解文格德"中国印象"的意义，我们需要简单地回顾13世纪以来欧洲人对中国的看法。

对于这个主题，英国牛津大学东方系的教授Raymond Dawson是一位专家，他的大著《中国变色龙：欧洲人对中国文明之观念的一个分析》是有关这一主题最详尽的研究。①在第一章他就清楚地说明,在欧洲人的心目中,中国这一条龙(dragon)是一条变色龙(chameleon),在不同时代或不同人的眼中,"中国"有不同的形象,他的书就在追溯这些形象的变化。

欧洲人对中国最早的一个印象是将中国视为一个物质条件非常富裕的地方,当然这一个印象是13世纪左右像马可波罗等旅行家所创造出来的。这样的想法一直影响到15、16世纪欧洲地理大发现的时代,例如发现新大陆的哥伦布,航行中就带了一本《马可波罗游记》,以便随时参阅,而且他还在书上写了密密麻麻的笔记。很显然地,一个富裕中国的形象鼓舞了西班牙与葡萄牙的航海家去探索他们心中的海外乐土。哥伦布虽没有达成他一探中国究竟的理想,但多数探险家的努力却使东西之间海上的交通打通了。

随着东西航路的开通,许许多多的传教士来到中国,这一传教的潮流一直到19、20世纪还很兴盛,也因此造成了不少中西之间的冲突。关键在于对这些基督教的传教士来说,中国虽然在物质上富裕,但是因为缺乏神的宠爱,因此无可避免地只能算是次等的人民(inferior beings)。文格德在书中描写许多"教案",都是源于这种将中国人视之为次等人民的藐视心态。19世纪末、20世纪初,传教士成为中西冲突的火药线。

近代西方另一种中国观是17、18世纪启蒙时代思想家对中国的看法,包括伏尔泰、莱布尼兹等人,这些人笃信理性,反对宗教,也反对专制,从这一角度出发,他们给予中国文明很高的评价,康

---

① Raymond Dawson, *The Chinese Chameleon: An Analysis of European Conceptions of Chinese Civilization,* Oxford: Oxford University Press, 1967.

熙皇帝也成为他们眼中历史上最了不起的统治者。有一位学者甚至说："如果把中国帝国的法律变成世界其他国家的法律，那么中国所提供的形象将是我们美好未来的展现。"

这种正面的形象到19世纪，有了新的逆转，以往马可波罗所塑造的富裕形象也逐渐消退了。在19世纪，西方人所形成的进步史观影响之下，欧洲人将西方国家描写为不断革新与进步的代表，中国却完全相反，是在儒家思想控制下长期处于停滞与静止的状态。例如德国史家兰克（Leopold von Ranke, 1795—1886）就把中国说成是"永恒不变"（eternal standstill）；有名的哲学家黑格尔（1770—1831）则说中国"今日存在的样子与我们所知道她在古代的情况是一样的。在某种程度，中国没有历史"。这样的说法影响十分深远，19世纪到中国来的帝国主义国家之代表，很多是把中国视为停滞的古代文明，而西方各国则是充满了动力的"现代"文明。换言之，他们是以先进文明之传播者的角色来面对中国、来解救中国。当然背后更重要的动机则是为了抢夺市场与原料。

大致上说，当文格德到中国来的时候，一般欧洲人如果不是对中国全无所知，就是抱持着传教士或帝国主义者那样对中国的蔑视。他们眼中的中国人，男性留辫子，女子裹小脚。从这个背景来看，文格德这本书是非常例外的，他回复到启蒙时代思想家对中国文明所抱持的肯定与欣赏的态度。如同为这一本书撰写序言的荣赫鹏（Sir Francis Younghusband, 1863—1942）所说的，"本书主要目的，是想表彰中国人优秀的特质……作者对中国之美与其民族具有的优秀特质充满了敬佩"。总之，作者希望借着此书以厘清英国人对中国人的"错误观念"。

通读全书的读者会发现，文格德虽然和发动鸦片战争的英军穿着同样的制服，也同样活跃在清末中华帝国的历史舞台之上，但他的内心却与那些侵略者截然不同。他不但没有西方帝国主义者唯"工业文明"至上的想法，也没有传教士唯"上帝"独尊的心态，他反而能批判他们的缺点与欣赏中国文明的优点。他认为很多中外的纠纷是传教士"疯狂的言行"所造成的，同意要制止传教士的一些行为；他说西方人在中国盖的工厂很"丑陋"；欧洲政府对来中国开发资源的泡沫公司要"负责"；等等。

相对来说，他所描写的中国人，不是猥猥琐琐的鸦片鬼，或是面无人色的"东亚病夫"，而是"那么快乐，那么自由"、身体健康而"肤色红润"，他觉得中国人传统的衣服很好看，泡茶的方式很可口，他还说中国人在科学与艺术方面很有天才，如内河航行、器物制造等甚为巧妙。他甚至还能欣赏中国人的祖先崇拜与宗教信仰；肯定中国人用文化同化的方式来对待外来文化，认为这要比西方借船坚炮利来屈服他人要高明多了。最有意思的是，他说中国人吃狗肉也不是什么野蛮的做法，和吃饲养的其他动物没什么不同，"吃狗肉会比每天只是为了好玩而猎杀千百只饲养的鸡、鸽子，或鸭的罪过来得大吗"。

从这本书中我们可以清楚地了解到一百年前，一个外国人在中国生活的点点滴滴，这些生活的细节或是盎然有趣，如参加在北京各种上流社会的宴会、陪着德国王子到各地巡视；或是让人啼笑皆非，如文格德走到哪里都有一大群人跟着，甚至还有人偷偷地丢一两个石头打他，好像想看看外国人被石头打到会不会疼！而最恐怖的大概是他随时处于一种会丧命的危险，他在中国旅行的时候是1898至1899年，又深入湖南、贵州、云南等边远地区，当时中国人对外来的欺压已经有很强的反弹，1900年义和团事件就是这种情绪所引发的，因此文格德在路上被仇外分子"做掉"是很有可能的事，而事实上他出发之前就有一个外国人被杀，他在路上还看到了这名杀人凶手。由此可见，他的旅行是在高度勇气的支持之下才完成的。

虽然处于这种危险之下，文格德却仍然保持他的冷静，并不时透露出英国人那种幽默感，这些地方读者要仔细地品味他所运用之文字的语调才能感受得到，这种危险与幽默结合在一起的感觉非常有意思，例如在他快要离开中国边境时来到佤族地区，作者说：

> 佤族人还放出风声，表示近年来收成不好，要猎取人头当肥料，特别是中国人那一类的野蛮人。至于外国人，他们还没猎过，因此我的头一定可以抵过好几个中国人的头，——要是他们分辨得出我的头和老王或小佟有所不同的话。

一个在这种情况下还有心情开玩笑的人，也可以说算是很达观了！

有人说读一本书就像交一个朋友，因为时空的差距，我们无缘与文格德亲身交往，但是从这本书中，我们却可以走入他的内心，分享他的喜悦与忧愁。透过他的眼，看到百年前中国的风貌，也看到许多教科书上的人物，如光绪皇帝、李鸿章、张之洞、赫德等人，栩栩如生地出现在作者的生活之中。毫无疑问的文格德是一个很值得交往的朋友，走进这一本书绝对不会让我们失望。在全书的最后部分，他写下了一段相当感人的话，总结他在东方的旅行经验，这或许也是他一生经历的结晶：

我体会到亚洲充满了仁慈的人，在你最料想不到、最不敢奢求时候，伸出援手。……我发现中国政府很单纯，比印度政府好客、仁慈、民主，同时中国人有些事情做得和英国人一样好，比印度还要好。……亚洲人和欧洲人的生命真理是不变的。不管对辽阔的印度、中国的居民，或是对地狭的英国人而言，这些真理都是相同的，你无法闪躲或逃避它们。这真理就是——没有爱、没有劳苦就没有收获，更无法享受成果了。

这些话真是让人低回深思，有点像大家所熟知的那句诗，"不经一番寒彻骨，怎得梅花扑鼻香"，但是他说得更透彻、也更清楚。我一直在想，如果每一个欧洲人都像文格德那样，对中国人民与华夏文明有同情的体认，那么中西之间交往所产生的好多悲剧或许都可以因此而避免。

评潘英著《革命与立宪》①

潘英著《革命与立宪》一书为一书评集,收集了作者对围绕着清末民初"革命与立宪"一主题的45本书所做的评论。②其中除了少数几本西文的中译本之外,③其他均为中文的作品,内容包括有关孙中山(1866—1925)者10部,梁启超(1873—1929)者11

---

① 潘英:《革命与立宪》,台北:谷风出版社,1988,共235页。本文曾刊于《近代中国史研究通讯》,期14(台北,1992),页144—148。
② 潘英1941年生,台湾宜兰人,成大会统系毕业,曾任财政部关税总局会计室主任。著有《中国上古史新探》《中国上古同名地名词汇及索引》《资治通鉴司马光史论之研究》《同宗同乡关系与台湾人口之祖籍及姓氏分布的研究》《革命与立宪》《万马奔腾的西潮》《民国史上之非正统政治团体人物》《恶梦与幻梦交织下之近世中日关系》《国民党与共产党》《台湾拓殖史及其族氏分布之研究》等书。
③ 中译西书有史扶邻《孙中山与中国革命的起源》(Harold Schiffrin, *Sun Yat-sen and the Origins of the Chinese Revolution*, Berkeley: University of California Press, 1968.)、薛君度《黄兴与中国革命》(Chun-tu Hsüeh, *Huang Hsing and the Chinese Revolution,* Stanford: Stanford University Press, 1961.)以及李文孙《梁启超与中国近代思想》(Joseph Levenson, *Liang Ch'i-ch'ao and the Mind of Modern China*, Cambridge: Harvard University Press, 1953.)等书。

部，另外则是有关黄兴（1874—1916）、宋教仁（1882—1913）、胡汉民（1879—1936）、朱执信（1885—1920）、康有为（1858—1927）、张謇（1853—1926）等人的书。就出版年代来说，有些书是20世纪初叶的作品，有些则为20世纪下半叶在台湾地区出版的著作；就性质而言，有些作品是历史当事人的自述、史料集，有些作品则是诠释性的史学著作。为什么作者会把这些书放在一起讨论？我觉得其中有一个理由可能是这些书也可以说代表了20世纪末台湾学界对此一主题的重要观点。作者有意将它们放在一个固定时间点上（1988），让它们彼此辩论，他并以一个统一的观点对这些书的学术贡献之高下算一个总账。

该书的特色是以书评集结成书的方式来表达作者对此一主题的观点，这在台湾史学界中是十分少见的，用他自己的话来说是个"异数"。在西方学术传统中，"书评"（book reviews）以及"书评论文"（review articles）扮演十分重要的角色，只要一本新书出版几乎都会有好几篇评论，而研究领域发展到一定阶段之后则有书评论文作整体评估。以研究亚洲史的重要期刊 *The Journal of Asian Studies* 为例，每一期几乎有近一半的篇幅是书评与书评论文；而且有兴趣的读者可以利用每季出版的《书评引得》（*Book Review Index*）找到所有的评论，十分方便。而这又涉及西方学界强调累积学术成果与沟通辩论的观念，凡立一说，大多会先评论已有的成就，再强调自己的看法与前人解释的不同。总之，后人可以站在前人的肩膀上，每人不必从头做起。可惜这一套学术规范在台湾史学界还没有受到完全的肯定。台大黄俊杰教授在1980年代时曾说台湾史学界像一个篮球场，场上有人赤脚，有人穿球鞋，有人穿皮鞋，还有人穿钉鞋，话虽有趣，却点出了一个相当可哀的现象。

潘氏一书的出版在此学术背景下是很有意义的，我们很希望看到更多类似作品的出现，对已有的史学贡献做进一步的反省与评估。

但遗憾的是此书仍有许多技术性的缺点，例如作者对每一本书只列出作者、书名与出版社，而缺乏出版时间、地点、版本、页数等其他数据，更没有书目、索引等，再加上一些排版上的错字，给人一种不够精细的感觉。当然这些"特色"可说是台湾出版界所共有的缺点，并非全为作者之过，然而如果作者与出版商能互相督促，就此力求改善，则造福读者不浅。

上述这些技术性的缺点实际也反映了一个根本的观念问题，由于忽略了出版时间，作者将过去近一世纪间所出版的书做一平面处理，使读者看不到学术的演变与承袭。因此作者如能加上时间的面向，甚至分析地理或研究群体等因素的影响会使研究的主题变得更清楚。此外作者完全以台湾书肆上所能找到的"一部分"的书作为评论对象，而不谈外文或大陆的作品也显得视野过于狭窄。当然此书并非一组织严谨的专著，如此批评过于严苛，但如能进一步完成一部如马若孟（Roman Myers）、墨子刻的书评论文或柯文（Paul A. Cohen）的专书那样检讨美国汉学界研究典范之演变的作品则是吾人所乐见之事。[1]

作者忽略各书的时间面向其实是可以理解的，对他来说，大多

---

[1] Roman Myers and Thomas Metzger, "Sinological Shadows: The State of Modern China Studies in the United States," in *The Washington Quarterly*, 3(2), pp. 87—114.［此文在《食货杂志》上有中文翻译：马若孟、墨子刻著，刘纪曜、温振华译：《汉学的阴影：美国现代中国研究近况》，《食货月刊》，10卷10期、11期（台北，1981.01、02），页444—457、505—519。］Roman Myers, "How Did the Modern Chinese Economy Develop? A Review Article," *The Journal of Asian Studies*, 50:3 (1991), pp. 604—628. Paul Cohen, *Discovering History in China: American Historical Writing on the Recent Chinese Past*, New York: Columbia University Press, 1984.

数他所评论的书都被框在一个我称之为"革命典范"的研究取向之内，而只有"极少数"的人能有打破这个正统观念或政治神话而公允地研究这一段历史。综合作者的观点，这一"革命典范"有以下几个重点：

（一）盲目崇拜孙中山，一切成就归之于孙中山和他所领导的革命活动。

（二）极端讳言革命阵营内党派的分歧与人际的冲突。例如不重视兴中会时孙中山与杨衢云（1861—1901）的分裂，同盟会时章炳麟（1869—1936）与宋教仁对孙的非难；忽略光复会与华兴会的角色等。

（三）以为"革命"是好，而"君宪"是坏，并抹杀或抹黑立宪派人士的贡献。最好的例子是对1905至1908年左右《民报》与《新民丛报》的辩论，采取《民报》作者本身的评估，认为"民报全胜，梁弃甲曳兵"。[①]

总之，作者强烈质疑"民国史就是革命党史"的观点。指出应客观研究孙中山以外的领袖、同盟会以外的党派，尤其应肯定康有为、梁启超以及后来进步党人在历史上的贡献。这些观点其实并不新颖，以"中研院"近代史研究所为主的"南港学派"以及许多外国学者均以此一取向研治清末民初历史。在作者所称许或部分称许的史家中，史扶邻与薛君度是国外学者，[②]而张朋园、张玉法、朱浤源与吕芳上则为"中研院"近代史研究所研究人员。但作者以书

---

① 潘英：《革命与立宪》，页230。
② 一个有趣的现象是在外国学者之中潘氏赞许史扶邻而贬抑李文孙；然而在国外，许多学者却对李文孙有很高的评价，许之为莫扎特式天才人物。Maurice Meisner, Rhoads Murphey, *The Mozartian Historian: Essays on the Works of Joseph R. Levenson,* Berkeley: University of California Press, 1976.

评的方式却能以十分具体的例子指出这些观念在台湾学术界与教育界所曾具有的影响力。

以这种反"革命典范"的标准来评量，作者多次讨论到近史所出版的专刊或同人的作品，他以为亓冰峰的《清末革命与君宪之论争》（1966）以论争之中革命党大获全胜，"是革命宣传品"（页231）；而朱浤源《同盟会的革命理论》（1985）以同盟会在排满情绪上适合当时年轻人的胃口，但在政治、社会理论上落后"是当时的真相"（页24）。作者又以为张朋园的《梁启超与清季革命》（1964）肯定梁氏贡献，是"一部难得一见的好书"，但他对张氏将梁启超指为本质是革命党人，则以为是"受某种意识形态左右"（页163）；对张氏《立宪派与辛亥革命》（1969）深入探讨立宪派之角色，作者十分称赞，以为该书是具有空前贡献的好书（页219）。此外对张玉法所著《清季的立宪团体》（1968）与《清季的革命团体》（1975）也是赞赏有加，认为张氏能注意到主流以外的人际冲突与党派竞争，"粉碎许多革命神话"，是一个"真正的学者"（页121、123）。这些评估都反映作者反对以国民党主流派为中心的民国史观。

作者以书评的形式主张打倒伟人神话、挣脱意识形态的束缚、要求"还给历史真相"等，不仅具有史学上的意义，其本身更代表了一种台湾社会在"解严后的心态"。我认为此书与大学校园内批判理论、解构主义的盛行，小剧场等后现代主义的表演艺术，以及激昂的政治反对运动等现象属于同一"思想的气候"（climates of opinion），[①]代表了台湾地区在政治上解严之后在不同层面上"边

---

① 这是Carl Becker的用语，见Carl Becker, *The Heavenly City of the Eighteenth-Century Philosophers,* New Haven: Yale University Press, 1960, pp. 1—31.

睡"对"核心"的反扑。就此而言这一本在1988年，也是解严后一年所出版的书评集实际上本身也参与了另一个时代的会话，由此可见史学研究与现实社会之间的紧密关联。

作者的另一贡献是一些比较零散的史学上的论断，这显然是由于作者对这一段史事的高度熟稔，因此往往能见人之所未见，这些小地方实应细心体会。以他对梁启超的思想之意见为例，他认为虽然表面上梁氏自称思想"流质易变"，实际终其一生有一贯的基本信念，此一信念是和平改革，但不排斥激烈的革命手段。以此观点来看梁氏思想的发展，他认为梁氏在1903年以后趋于保守固然与其美国旅行的经验有关，但是主要是因为有两个潜在的因素：

梁氏心中若没有其他潜在因素，游一趟美洲，纵然有所见、有所闻，言论应该也不可能发生如此大的改变……我们以为梁氏言论转变的潜在因素有二：其一，梁基本上是一位君宪及和平改革主张者，革命只是他不得已而行之的"最险之着"与"最下之策"。其二，自立军之役的失败虽促使他走上革命之路，但革命的动乱却又为他所目睹，心理上无疑已蒙上一层阴影；等到某一情况出现，使他感觉这一"最险之着"确实危险，这一"最下之策"确实最下，这一阴影无疑地又促使他回到他原来的主张。（页183）

作者上述的论断虽嫌笼统却很有见地，同时他更进一步肯定萧公权在张朋园《梁启超与清季革命》序所言，梁启超与孙中山不能合作原因虽多，但思想的歧异是很重要的一点。这些论断都是了解梁氏思想的关节，而与笔者对梁氏《新民说》之分析不谋而合。事实上根据拙文，梁氏在赴美之前所撰《新民说》中已有保守倾向，强调人性的幽暗面、政党政治是小人的竞争、恶法亦法，反对社会福利政策与不切实际的全面更新等，美国之行只是进一步强化他原有的看法而已；同时这一些植根于梁氏思想中的保守与调适的观念与孙中山的思想格格不入，这种基本信念上的冲突是不容忽略的。[1]

整体来说，此书虽有瑕疵，但能自圆其说，且有独特见解，可读性很高，唯间或有些过度情绪性的字眼，有失史学上敦厚平和之旨，似宜避免。

---

[1] 黄克武：《一个被放弃的选择：梁启超调适思想之研究》，台北："中研院"近代史研究所，2006（1994）。

民国史之检讨

从晚清看辛亥革命[①]

辛亥革命推翻了数千年的专制,建立起共和政体。此一重大变化,有其复杂的历史背景。本文尝试梳理清朝中晚期的历史脉络,来解释革命发生的根源与促成革命成功的一些关键因素。文中强调清中叶以来中国士人与传教士开始引介西方共和体制;这些观念透过书籍、报刊的传播,发挥了思想动员的力量,使晚清时的人们敢于去构想一个崭新的未来。其次,从辛亥革命爆发到南北议和,各地立宪派人物扮演了关键性的角色,不容忽略。因此,辛亥革命实由各种思想、势力共同促成。革命党人多受理想激发,揭竿起义,立宪派人士亦认同共和体制,同时也为了自保与维系秩序,起而响应。辛亥革命就在新、旧势力既合作又妥协之下获得了成功。民国成立之后,国人在实施民主过程中所面临的诸多困难与挫折,亦部

[①] 本文原为《从晚清看辛亥革命:百年之反思》,中国社会科学院近代史研究所编:《近代史研究》,期191(2012年9月),页99—106。

分地源于此一妥协的性格。

序　言

　　2011年是辛亥革命100周年。100年前,辛亥革命成功地推翻了清朝的帝制,建立了中华民国。辛亥革命的历史意义,简单地说就是"推翻专制、建立共和"。从此中华民族告别了2000余年的君主专制体制,开始"走向共和"。直至今日,两岸政制虽有所不同,然均宣称实施"共和"与"立宪",亦即秉持孙中山所说的"天下为公"的理想。

　　辛亥革命作为共和体制之起源,有其复杂的历史背景。[①]探讨辛亥年所发生变化之根源,必须要回到晚清的历史脉络,方能挣脱目的论式的历史论述。本文主要依赖台湾史学界多年的研究成果,析论1911年辛亥革命何以在武昌起义爆发之后迅速地获得各地之响应,并以南北议和之方式终结清朝,开创民国。简单地说,我们如果不了解晚清七八十年间对西方自由、民主与共和思想的引介,立宪派与革命派之争论,以及立宪派在革命爆发后对安定社会、寻求和解等方面的贡献,而只是将辛亥革命简单地看成由革命党领导的一次政治或军事变革的话,那将是非常浮面的。两岸对辛亥革命的解释仍有差异,然而在交流互动之中,也看到许多的共识点逐步形成。

[①] 关于辛亥革命前后思想变迁的最新研究成果是:Peter Zarrow, *After Empire: The Conceptual Transformation of the Chinese State, 1885—1924*, Stanford: Stanford University Press, 2012.

思想动员：辛亥革命的思想根源

一、以民主共和比拟三代盛世

要了解辛亥革命所揭櫫的政治理想，必须追溯到清道光、咸丰年间，国人开始引介西方新观念，介绍世界史地，其中最重要的是对欧美民主、共和等观念的引介。[①]早在19世纪30—40年代，当时中国思想家与西方传教士即开始介绍西方的政治理念。例如：林则徐、魏源、徐继畬、梁廷枏等人介绍英国的君主立宪与美国的民主政体，并将华盛顿（George Washington）描绘成类似三代时尧舜那样的明君，进而倡导他所树立的民主风范。譬如，魏源认为美国的制度"其章程可垂弈世而无敝"，而且制度周全，达到"公"天下的理想。徐继畬在1848年的《瀛寰志略》中认为华盛顿"创为推举之法，几于天下为公，骎骎乎三代之遗意也"。冯桂芬则指出民主制度的重要功能在于可以通上下之情，使君民之间达到完善的沟通。[②]大约在1880年代，"君主""君民共主""民主"作为政体形态的划分，在中国知识界已巩固建立，而肯定后二者之人愈来愈

---

① 有关近代中国"民主""共和"两概念之形成，及其与中日词汇交流史之关联，参见陈力卫《近代中日概念的形成与相互影响——以"民主"与"共和"为例》，《东亚观念史集刊》，2011年第1期，页149—178。作者指出，19世纪中叶之前，中文多用"民主"，日文多用"共和"，19世纪后半叶，在中日语汇交流过程之中，以"民主"来翻译democracy，以"共和"来翻译republic，才在汉语里固定下来。
② 黄克武：《清末民初的民主思想：意义与渊源》，"中研院"近代史研究所编：《中国现代化论文集》，台北："中研院"近代史研究所，1991，页363—398。

多。①这些想法都加强了人们对民主理想之认识与向往。

二、传统反专制思想之激荡

晚清时期国人对西方民主之接纳,也有传统的根源。从晚明以来,中国思想界内部即迸发了一股反专制的思潮,从黄宗羲、顾炎武、王夫之、唐甄到清中叶的龚自珍等人均"讥切时政,诋排专制",提倡一种新的公私观念与富民论,倡言地方分权,以反省君主专制。这种从儒学内部所萌生之变迁,余英时称之为"新基调",这些观念对于晚清思想的解放发挥了重要的推动作用。②例如康有为、梁启超因为阅读《明夷待访录》《黄书》而有所感悟,章炳麟喜读唐甄的著作而受其启发,宋教仁等人则表示中国古籍中的非传统性议论,使他们得以明了西方思想与政制之意义。③

对于中国传统下思索解决专制问题的士大夫来说,西方民主制的传入,无疑提供了一个有效的制度来实现固有的"民本论""上下一体"与"天下为公"的政治理想,可以让中国重返有如三代之盛世。④这是西方民主制度在传入之后就深受时人肯定的重要原

---

① 潘光哲:《美国传教士与西方政体类型知识"概念工程"在晚清中国的发展》,《东亚观念史集刊》,2011年期1,页179—230。
② 余英时:《现代儒学的回顾与展望》,《现代儒学论》,上海人民出版社,1998,页1—57。黄克武:《从追求正道到认同国族:明末至清末中国公私观念的重整》,黄克武、张哲嘉编:《公与私:近代中国个体与群体的重建》,台北:"中研院"近代史研究所,2000,页59—112。有关明末思想对清末思想之冲击,学界已有不少的研究,可参阅杨芳燕《明清之际思想转向的近代意涵:研究现状与方法的省察》,台北《汉学研究通讯》卷20期2,2001,页44—53。
③ 熊秉真:《十七世纪中国政治思想中非传统成分的分析》,《"中研院"近代史研究所集刊》,期15(上),1986,页30—31。
④ 黄克武:《清末民初的民主思想:意义与渊源》,"中研院"近代史研究所编:《中国现代化论文集》,页383。

因。由于这些长期的努力，反对专制、追求民主共和的观念才得以推广；晚清革命志士、立宪分子敢于构想一种崭新的未来，追求自由、权利、宪政体制等，就是受到这些传统反专制思想的激励与西方民主观念的启发。晚清时期中国人对西方民主的热爱，乃至五四以来对于"德先生"的追求，是一个很独特的现象。

三、风起云涌的晚清民主思潮

至晚清最后的十年，随着留学生的增加，译介新思潮的内容变得更为丰富。晚清思想家对民主思想的宣扬与革命观念的传播，奠定了辛亥革命的基石。当时有十余部书刊发挥了很大的影响力，在思想上启迪人们"走向共和"。它们分别是：谭嗣同的《仁学》（1897年），严复译赫胥黎的《天演论》（1898年），梁启超的《新民说》（撰述于1902—1905年间），孙中山有关"三民主义"的言论，章炳麟的《訄书》（第二版）及其革命政论，邹容的《革命军》（1903年），陈天华的《猛回头》《警世钟》（皆为1903年）及《狮子吼》（1905年），刘光汉与林獬合作的《中国民约精义》（1903年），金天翮的《女界钟》（1903年），章士钊编译的《孙逸仙》（1903年，原著为宫崎滔天的《三十三年の梦》），《民报》与《新民丛报》双方对于中国前途的论战文字。这些作品带来了对新时代的向往，也提供了辛亥革命的思想温床。

其中，直接激励人们求新、求变思想的三本书是：严复翻译的《天演论》、谭嗣同的《仁学》与梁启超的《新民说》。严复是近代中国首批留洋学生，返国后以引介西学、翻译西书，成为启蒙导师。他所翻译赫胥黎（Thomas H. Huxley, 1825—1895）的《天演论》以典雅的桐城派古文来译介新思想，鼓励人们救亡图存，成为竞争中的强者、适者,以免于亡国灭种。同时,该书也介绍了一种新的、基于科学的宇宙观与历史观。此书是近代中国革命与立宪思想的共同源头。[1]清末民初时期人们所写的日记、自传等,大概共有几百部,几乎没有人不提到曾阅读《天演论》的经验。胡适的自传《四十自述》就写得很清楚,他改名为"适"就是因为严复提倡"适者生存";陈炯明号"竞存",也是出于相同的原因。[2]《天演论》在晚清时带来两种不同的发展,一方面它鼓励人们积极地应变图强,使得一部分人因此而走上了激烈革命的道路;[3]另一方面它主张"渐进""调适",因为天的演化是逐步变化的,这一想法与改革派的渐进保守主张较符合。[4]当时的立宪派,就撷取《天演论》(与《群学肄言》)之中的"渐进"主张,认为历史的演变必须逐渐地变,不能把老房子推翻,重新再盖,而必须慎重而缓慢地调整。他们提出,应该先改变君主专制、实施君主立宪,再进步到民主共和,这和上述西方传入的政体划分:"君主""君民共主""民主"的线性发展,以及康有为所说的"春秋三世论"也是一致的。其实,康氏便是以"春秋三世论"配合西方天演的观念而提出三阶段的发展。相对来说,革命党觉得应该推翻专制,马上建

---

[1] 黄克武:《惟适之安:严复与近代中国的文化转型》,台北:联经出版公司,2010。
[2] 胡适:《四十自述》,台北:远东图书公司,1966,页50。
[3] 吴丕:《进化论与中国激进主义》,北京:北京大学出版社,2005。
[4] 严复的渐进思想在《群学肄言》中表现得很明显,他在该书序言之中说:"浅谫剽疾之士,不悟其所从来如是之大且久也,辄攘臂疾走,谓以旦暮之更张,将可以起衰,而以与胜我抗也。不能得。又搪撞号呼,欲率一世之人,与盲进以为破坏之事。顾破坏宜矣,而所建设者,又未必果有合也。则何如稍审重,而先咨于学之为愈乎?"文中直接批判主张破坏的激进思想,强调"审重"和"咨于学"的重要性。引文见〔英〕斯宾塞著,严复译:《群学肄言》,台北:财团法人辜公亮文教基金会,1998,页4。

立一个民有、民治、民享的民主共和国，以顺应世界潮流。

其次，与日后激烈革命行动关系最密切的是谭嗣同的《仁学》一书。谭嗣同是戊戌政变中被斩首的"六君子"之一。他有机会逃出北京而不走，因为他要为革命而流血，好为历史留下见证。这种杀身成仁、舍生取义的情操，使他所写的《仁学》传递着一种"烈士精神"。[1]它对于辛亥革命、五四运动、共产革命（毛泽东即说他受湖南同乡谭嗣同思想的启迪）均有影响，促成中国近代思想史上的激进化。[2]谭嗣同提出的口号是"冲决网罗"，主张要破除纲常名教、提倡自主人格。他觉得五伦中的三纲部分：君臣、父子、夫妇都有压迫性，兄弟也具有上下的关系。五伦中唯一可以保留的，只有朋友一伦，因为朋友才是平等的。谭嗣同的想法，在清末民初引起很大反响，对帝制与家族伦理造成很大的冲击。如刘师培主张"毁家"，认为："盖家也者，为万恶之首"（后来傅斯年、李大钊与熊十力都有相同的看法）；[3]五四时期，鲁迅、巴金等人对家庭制度的大力抨击，都可以上溯至谭嗣同的《仁学》。[4]

相对于鼓舞革命的《仁学》来说，梁启超的《新民说》比较复杂。梁启超在1902年访问美国之前是比较激烈的，并尝试与孙中山合作，共谋革命。他在《新民说》的前期，提出种种口号，主张

---

[1] 张灏认为：谭嗣同死于戊戌政变，他原有机会逃走，却抱持杀身成仁，为变法流血的决心，这种从容就义的烈士精神实植基于"仁"之理念。张灏：《烈士精神与批判意识》，台北：联经出版公司，1988，页108。
[2] Ying-shih Yu, "The Radicalization of China in the Twentieth Century," *Daedalus*, Vol.122, No.2 (1993), pp. 125—150.
[3] 参见余英时：《中国现代价值观念的变迁》，《现代儒学论》，页147—148。
[4] 巴金的激流三部曲中，《家》一书对传统女性所受的桎梏有生动描写，也是另种形式对中国家庭及其产生罪恶的沉痛控诉。巴金：《家》，北京：人民文学出版社，1986。

塑造新国民。他认为新国民必须要有公德、进步、自由、权利、义务、冒险、进取等观念；他又提出了尚武的思想，这些都围绕着新国民的改造。梁启超最早指出：中国人的问题关键在于国民质量，所以我们必须建立新时代所需的新国民，中国才有希望。此一想法其实就是后来鲁迅所提倡的"国民性改造"。1903年，梁启超游历了新大陆之后，看到民主的缺陷与华人在民主体制之下的种种缺点，转而保守。他又受到严复译介斯宾塞（Herbert Spencer）群学思想中"循序渐进"观念的影响，认为新道德的建立必须奠基于传统伦理之上，开始主张依赖传统思想资源，以"私德"的改造作为"新民德"的基础。用他的话来说，"新之义有二：一曰淬砺其所本有而新之，二曰采补其所本无而新之，二者缺一，时乃无功"。[1]梁启超与革命党的分道扬镳与此思想转向不无关系。梁氏的调适、渐进的思想在晚清时普遍流传，成为立宪派"言论的指导者"。[2]黄遵宪说梁氏的文章："惊心动魄，一字千金，人人笔下所无，却为人人意中所有。"[3]以梁启超为首的立宪派主张中国应仿效英国与日本，从君主专制改变为君主立宪，等时机成熟之后，再转变为民主共和。

上述书刊有一些共同的关怀，包括肯定适者生存、优胜劣败的进化史观，以及以民主宪政作为终极的政治理想；不过，人们对民族、民权和民生等三大议题却展开了激烈的辩论。孙中山先

---

[1] 黄克武：《一个被放弃的选择：梁启超调适思想之研究》，台北："中研院"近代史研究所，2006（1994），页142—143。
[2] 张朋园：《立宪派与辛亥革命》，台北："中研院"近代史研究所，2005（1969），页37—44。
[3] 黄遵宪：《黄公度致饮冰室主人书》，丁文江编：《梁启超年谱长编》，上海：上海人民出版社，2009，页274。

生一派的革命党坚决支持民族革命与政治革命,主张驱除鞑虏、建立共和;而以梁启超为代表的立宪派、保皇党,所支持者则是君主立宪,希望先实施君主立宪,等时机成熟后再迈向民主共和。最后是关于民生问题的辩论,康、梁派采取的是较倾向资本主义的路向,主张提倡生产、发展经济、保护私有财产;而孙中山所代表的革命党,采取的则是倾向社会主义的发展方向,主张土地国有与节制资本等。①1902—1907年间,梁启超在横滨办《新民丛报》,革命党则在1905年于东京办《民报》与之抗衡。当时的人们在阅读上述书刊之后,受其启发,而在1905年前后,越来越多的人转而支持革命。一位从湖南长沙官派到日本学政治的留学生黄尊三写下了《三十年日记》。他讲述留学的过程:到东京以后,开始进入语言学校;除了学习英、日文,闲暇的时候就读《新民丛报》和《民报》。1905年之前,他比较同情康、梁,他说:"《新民丛报》……文字流畅,议论阔通,诚佳品也";1905年之后,因为看了《民报》与《新民丛报》的辩论,受到《民报》革命思想的鼓舞,转而支持革命。1905年11月3日,他在日记上写道:"《民报》为宋遯初、汪精卫等所创办,鼓吹革命,提倡民族主义,文字颇佳,说理亦透,价值在《新民丛报》之上。"②此一个案具有指标性意义,象征了留日学生思想的转向,亦即1905年之后和黄尊三一样,从支持改革转向肯定革命的留日学生,为数不少。

总之,在晚清革命与立宪的各种书刊宣传之下,人们鼓起勇气

---

① 亓冰峰:《清末革命与君宪论争》,台北:"中研院"近代史研究所,1966。
② 黄尊三:《留学日记》,《三十年日记》,长沙:湖南印书馆,1933,页35。

参加革命,促成了辛亥革命的成功,建立起了亚洲第一个民主共和国,将中国引入了一个新的时代。就辛亥革命来说,这个新时代的出现或许是偶然的,可是此一偶然的背后,却是上述书籍、报刊发挥思想动员的结果。梁启超在1912年10月所做的《归国演说辞》中指出:"武汉起义,不数月而国体丕变,成功之速,殆为中外古今所未有……问其何以能如是,则报馆鼓吹之功最高。"他说:"中华民国之成立,乃以黑血革命代红血革命焉可也。"①上文的"黑血革命"正是思想动员所扮演的角色。

革命党与立宪派共造共和大业

一、立宪派角色之重估

1982年张玉法曾就辛亥革命性质问题与章开沅展开辩论,指出辛亥革命是"全民革命",意指它为全民参与并为全民利益的一场革命。张玉法的说法乃奠基于台湾史学界长期的研究成果。②过去三四十年来,台湾史学界对于辛亥革命的研究,已经逐渐走出单一的意识形态的束缚,开始重新审视辛亥革命的多重意涵和复杂面向。除了张玉法有关清季革命团体与立宪团体之作品外③,张朋园从1960年代开始关于梁启超与立宪派的研究让我们开始正视辛亥革

---

① 梁启超:《归国演说辞》,《饮冰室文集》第29卷,台北:台湾中华书局,1978,页1。
② 有关此一辩论的详细经过,参见陈三井《轻舟已过万重山:书写两岸史学交流》,北京:社会科学文献出版社,2011,页3—21。
③ 张玉法:《清季的立宪团体》,台北:"中研院"近代史研究所,1971。
张玉法:《清季的革命团体》,台北:"中研院"近代史研究所,1975。

命的成功，除了因为抛头颅、洒热血的革命志士外，还有其他的力量与群体，其中势力最大的就是以康、梁为首的立宪派。①事实上，辛亥革命之所以能成功，其中一个关键因素是革命爆发之后在各地得到立宪派人士的大力支持。

张朋园指出梁启超笔端常带感情的那支笔尤其发挥了很大的影响力。因为梁氏的鼓吹，其立宪思想之影响由海外转向国内，连清廷都开始准备开国会，预备九年后实施立宪，后遭抗议而改为六年。这些晚清官员立宪思想的渊源，主要即是康、梁等人的著作。②张朋园在《梁启超与清季革命》中指出，梁任公在31岁之后转而推动立宪，主张在安定中求进步："梁氏认为革命之后建设不易，更可能陷国家社会于纷乱。证之于中国百年来革命之历史，梁氏无异一先知。"③

其后，张朋园又出版了《立宪派与辛亥革命》。在此之前少有人仔细研究立宪派，以及辛亥革命与立宪派之间的关系。透过通观全国各地辛亥革命前后的发展，张氏发现辛亥革命爆发之后，主要是依靠"进步的保守分子"立宪派士绅的支持，才可能在这么短的时间内获得全国大多数省份的认可，最终脱离清朝的控制。四川省谘议局议长蒲殿俊（1875—1935）不但向清廷请愿立国会，且领导护路运动、罢课、罢市，加速了革命的爆发；湖北省谘议局议长汤化龙（1874—1918）在武昌起义之后即与革命党合作，通电各省，呼吁响应独立；湖南省谘议局议长谭延闿（1880—1930）在革命爆

---

① 张朋园：《梁启超与清季革命》，台北："中研院"近代史研究所，1964。张朋园：《立宪派与辛亥革命》。
② 沙培德：《利于君，利于民：晚清官员对立宪的议论》，《"中研院"近代史研究所集刊》，2003年期42，页47—71。
③ 张朋园：《梁启超与清季革命》。

发后起而担任都督，使湖南在短期之内恢复秩序。哥伦比亚大学教授韦慕廷（Clarence Martin Wilbur）在该书序言中说："许多在革命前属于君主立宪派的人，在辛亥时期与革命派合作。事实上，在促使帝制的崩溃中，他们起了重要的作用……如果对立宪派的活动懵然无知，我们对辛亥革命的过程是不能了解的。"[1]

汪荣祖对于江苏地方的辛亥革命史的研究，同样显示了立宪派在建立民国过程中的重要性。在武昌辛亥革命爆发之后，江苏省是第一个响应且宣布独立的省份。谁宣布独立的？不是当时的江苏巡抚程德全（1860—1930），而是张謇（1853—1926）等立宪派人士。以张謇为首的立宪派人士宣布独立的原因主要不是因为他们支持革命党的理念，相反地，这些人非常害怕革命党。立宪派士绅宣布独立的主因，其实是为了自保。因为辛亥革命造成较大的社会动荡，其根源要追溯到晚清的一些重要变化：从太平天国起事之后，中国东南一带人口锐减，使社会发生了相当大的变化。其中一环，就是地方士绅为了维护治安而慢慢地掌握了地方权力。由于晚清有相当多的赔款，这些巨额赔款，对地方财政造成了很大负担，且直接摊派到各省，民间生活因此更形困顿，社会上因而出现了不少流民。换言之，清末财政困境使许多人的生活极不稳定，这些人有的就像鲁迅笔下的阿Q那样不自觉地成为革命军的基础，而有些就变成社会动荡的根源。所以，辛亥革命之后，通过江苏之例可见，地方士绅宣布独立乃是为了自保。他们希望在革命军于武昌起义成功而中央无法控制局面之时，可以依赖自身的力量保障身家性

---

[1] 〔美〕韦慕廷：《〈立宪派与辛亥革命〉序》，张朋园：《立宪派与辛亥革命》，页iii。

命。①至于他们之所以有能力宣布独立，是因为自太平天国之后他们就开始在地方上长期经营，因而不但有经济上的实力，甚至握有自己的武力。以张謇为例，他在清末所做的建设工作相当惊人。他有一整套地方建设的构想，包括实业、教育、慈善、政治等方面，还请荷兰专家协助开发海埔新生地，盖了中国第一个博物馆等。辛亥革命爆发之前，他就已是地方实力人物，透过政治参与进入谘议局、资政院，成为这些地方议会的领袖。由于这些立宪派人士担心革命后的社会动荡，起而自保，革命才会成功。因此，辛亥革命之成功是在各地立宪派士绅支持之后才产生的结果。辛亥革命之后促成政权和平转移的南北议和，也主要是在立宪派人士支持下才达成共识的。

二、革命成功：湖南的例子

从周德伟（1902—1986）回忆录《落笔惊风雨：我的一生与国民党的点滴》，尤其显示出辛亥革命在湖南的成功是革命党（其中有大量会党、新军）与立宪派之间既合作又角力的结果。周德伟曾留学英国伦敦政经学院、受教于经济学家哈耶克，并介绍、翻译了哈耶克的著作，其名联"岂有文章觉天下，忍将功业苦苍生"广为人知。他在回忆录中讲述了其父亲周鸿年在清末湖南长沙加入革命党，参加辛亥革命的过程。

周鸿年是湖南长沙地方的中下层士绅，没有科举功名，擅长中医，并曾担任地方主簿之职，与革命党人黄兴是邻居。他因受

---

① Young-Tsu Wong, "Popular Unrest and the 1911 Revolution in Jiangsu," *Modern China*, Vol.3 (1977), pp. 321—344.

到郭嵩焘的影响，接触西方知识，认识到"欧西政教，远较中土为美"，并开始阅读严复的译作，因而与湖南守旧士绅划清界限。周德伟写道："几道之书，陆续问世，先君尽读之，遂粗明西方哲理，致与叶德辉忤，绝往来。"[1]这可以显示严复译作对地方基层精英分子思想启蒙之影响。光绪二十九年（1903）黄兴自日本返国，联络湖南"会党异人"，并吸收周鸿年等人共组华兴会，参与者有吴禄贞、陈天华、章士钊、谭人凤等人。黄兴所采取的策略是鼓励会中同志以捐纳的方式加入清军，伺机响应革命行动。革命党人如吴禄贞后为清军的镇统、蓝天蔚为协统，尹昌衡则纳资为广西军官。新军中的革命力量对辛亥革命的成功发挥了重要的作用。[2]

辛亥八月下旬，周鸿年决定参与革命，"着戎装，骑骏马，配手杖，携四勇士"，在跪禀父母之后，当场剪去长辫，投身革命。周鸿年"率会党人员及农民数千"起事，占领株洲，越醴陵，攻萍乡。这时由于革命军兴，省城长沙纷乱，大吏皆逃。会党领袖焦达峰成为都督，他不久即杀死了对他具有威胁性的新军协统黄忠浩。此举使维新分子深感不安。其后，焦又被巡防军统领梅馨所杀，谘议局议长谭延闿随后被推举为都督，起而维护治安。这主要是因为"湖南士人多惧草莽英雄"，在"士绅疑忌"下，不愿由具豪强背景之革命党来主导，才由谭延闿出任都督。当时即盛传焦达峰被杀一事乃由谭所主使，由此可以窥见出自草莽之革命军与士绅之间彼此猜忌。周德伟的回忆录为我们提供了一些对湖南地区辛亥革命的了解，借此可以得知革命成功的背后有各种复杂的因素，然其

---

[1] 周德伟：《落笔惊风雨：我的一生与国民党的点滴》，台北：远流出版社，2011，页77。
[2] 冯兆基：《军事近代化与中国革命》，上海：上海人民出版社，1994。

主调十分明确：辛亥革命的成功是革命党与立宪派既合作又角力的结果。[①]

辛亥革命的意义：代结论

辛亥革命有一个长期的思想酝酿的过程，同时它的参与者来自不同的阶级与群体，并为了不同的目的而参与。我们可以用下面的一句话表示：革命成功乃是各种势力共同作用的结果，其中革命党人多受理想激发，揭竿起义，立宪派人士亦多秉持类似的共和理想，同时或为自保，或为维系社会秩序，起而响应。辛亥革命就在新、旧势力妥协之下获得成功。民国建立之后，在实施民主过程中所出现的诸多困难与挫折，亦部分地源于此一妥协的性格。简单地说，辛亥革命能破，却未能立。

辛亥革命成功之后，民国体制受到的第一个挑战是袁世凯的帝制，他邀约支持者组织筹安会，宣扬"君宪救国"。此举受到国内强烈的反对，其中最具决定性的反袁力量是云南所组成的护国军。此一讨袁行动结合了以唐继尧为首的云贵军人，以梁启超、蔡锷为首的进步党人与李烈钧等国民党人。反袁势力逐步扩大，得到各地的响应，列强亦对袁世凯提出警告。袁世凯此时迫于内外压力，只好结束帝制，从而一病不起。此后，虽陆续有溥仪复辟、法西斯风潮、实施党国体制等事件，然民国理想已稳固确立，走向共和成为时人仍努力追寻的目标。

[①] 周德伟：《落笔惊风雨：我的一生与国民党的点滴》，页84—86。

评刘禾著《跨越语际的实践：1900至1937年间中国的文学、民族国家文化与被翻译的现代性》[1]

近代中国的一个重要的特色是随着中西文化的接触而带来了一系列的变化，如何来呈现此一过程的复杂面貌，一直是中国近代史研究的重要课题。美国学者柯文（Paul A. Cohen）曾描写西方有关中国近代史研究从西方冲击论、传统与现代化、帝国主义论，到中国中心论之出现的典范性移转，他强调历史学者应"从中国而不是从西方着手来研究中国历史，而且尽量采取内部，而非外部的准绳，来决定中国历史哪些现象具有历史的重要性"。[2]再者，在他之前如西方学者萨义德（Edward W. Said）等人早已开始对"东方

---

[1] 本文原刊于"国史馆"编：《中国现代史书评选辑》，辑25（台北，2000），页331—346。

[2] Paul A. Cohen, *Discovering History in China: American Historical Writing on the Recent Chinese Past,* New York: Columbia University Press, 1984, p. 86.

主义"（Orientalism）加以反省，认为西方人在讨论东方之时，很难避免以西方的现代性作为主要的参考坐标，而将研究的对象放入一个异己（the other）且落后的时间与文化框架，借此张扬现代西方的文化主体。[1]上述两者均批评以西方为本位的研究视角，而呼吁东方的主体性，然而在其批判性的观点之下，中西文化如何"交融互释"，又如何产生一个新的文化等课题，在他们的反省之中并没有得到充分的解决。

本书作者刘禾为美国哈佛大学博士，现任教于加州大学柏克莱分校的比较文学系，主要研究领域为中国现代文学史、文化史，本书是由她的博士论文修改、扩大而成。[2]她很同意上述柯文所谓"中国中心论"的研究取向，认为中国现代文学的研究也应采取此一视角。刘禾不赞成以往从比较文学的立场，扣紧时间的先后，从事"影响"方面的研究；而主张探究"主方语言"（the host language，在本书是指汉语）在意义形成过程中的主动角色，这样一方"客方语言"（the guest language）不必然是具有本质上的真实性，而完整地被搬移到另一个时空脉络。反之，主方语言和客方语言是在一个复杂变动的历史过程之中交织互动。作者也不以为在采取"中国中心论"来界定历史议题之重要性（或不重要性）的同

---

[1] 特别是Edward W. Said, *Orientalism: Western Conceptions of the Orient*, New York: Vintage Books, 1979。余英时强调萨依德所说的"东方"主要是指中东的伊斯兰教世界，并不包括中国，而且他虽然主张阿拉伯世界各族群建立自己的文化认同，以抵抗西方帝国主义的文化霸权，但是他并不采取狭隘的部落观点，认为应该排斥一切"非我族类"的文化。余英时：《历史人物与文化危机》，台北：东大图书公司，1995，页12—13。有关萨依德生平与思想的简要叙述，可参考单德兴在他所翻译萨依德著《知识分子论》（台北：麦田出版社，1997）一书中的绪论。
[2] 她的博士论文是"The Politics of First-Person Narrative in Modern Chinese Fiction," Harvard University, 1990。

时，一定要放弃"西方中心"的考虑。问题的关键在于我们在讨论20世纪中西文化接触之时，一方面难以放弃启蒙时代以来的"西方""现代性""进步"等观念，另一方面又摆脱不了将本土中国视为一个具体之物的想法（a reified idea of indigenous China）。（页27—29）就此而言，刘禾的研究取向超越了柯文所说西方冲击论、传统与现代化、帝国主义论，更超越了中国中心论的新趋势，而且不容抹杀的是她的研究取向要比中国中心论一概念所阐释的方向细致得多了。[①]

那么萨依德的"东方主义"有何缺点呢？刘禾认为其视角虽有深刻的洞察力，但亦有局限性。[②]她以传教士Arthur H. Smith有关中国国民性之著作（*Chinese Characteristics*, 1894）为例说明，Smith所描写的中国人的国民性"发明"（invent）了一个中国的整体形象，提供西方世界认识（或扭曲）中国的素材；但是当鲁迅透过日文译本（译名为《中国人气质》）接触到这一本书，而这一本书又以各种方式被节译在像《东方杂志》之类的书刊，并进入中国人对

[①] 对柯文"中国中心论"的反省与批判亦可参见Arif Dirlik, "Reversals, Ironies, Hegemonies: Notes on the Contemporary Historiography of Modern China," *Modern China*, 22:3(1996), pp. 243—284.

[②] 作者显然一方面深受萨依德"东方主义"论之启发，另一方面也企图超越萨依德的成就。1992年4月底本书作者与旧金山州立大学历史系的Tani E. Barlow教授合作召开"'东方主义'之后：全球文化批评中的东亚"研讨会，反省东方主义，并从历史的层面开拓欧美霸权殖民东亚的研究。会中决定1993年春季开始成立一个东亚文化批判理论的刊物《位置》（*Position: East Asia Cultures Critiques*），一年出版三期，目前该刊物已成为东亚文化批判的重要刊物。有关该次会议的报道请参见郑羽：《理论与历史：柏克莱"东方主义"之后全球文化批评中的东亚研讨会评述》，《今天》，1992年3月，页241—249。Tani E. Barlow曾将《位置》一刊中的重要文章编成*Formations of Colonial Modernity in East Asia* (Durham, N C.: Duke University Press, 1997)一书，尝试以"殖民地的现代性"作为全书的主旨，书中也收录了刘禾的文章。

"国民性"问题之探讨时，Smith之文本所具有的意义就不只是一个传教士以西方观点误解东方（the Orientalist gaze of the West），而是具有更复杂的意涵，成为塑造历史发展的"真实的历史事件"（genuine historical events）。（页58—60）[①]

刘禾这一本著作即希望能响应西方学界近二三十年来有关历史、社会理论的反省，顺着以下几个重要的思潮来构思其问题意识，再将之应用到中国近代历史的研究之上。首先，她对语言的重视和海德格尔（Martin Heidegger，1889—1976）在《走向语言之途》（Unterwegs zur Sprache，1959，英译为On the Way to Language）一书中所揭示的语言与存有的关系是联系在一起的。[②] 换言之，语言不再被视为是反映某一主体意向的表达工具，而具有能够建构意义的积极性格，也是存在的本体。这样一来她不把文学作品的本身当作具有存在的自主性，所以我们无法单独地从研究文本（text）的内容来发觉其意蕴，而应注意人们认识文本的过程，此一取径也明显地受到诠释学（hermeneutics）的影响。[③]第二，她对殖民国与被殖民国在接触过程之中所产生文化混杂性（hybridity）的探究，则是源于后殖民理论（post-colonial

---

[①] 作者很同意James Hevia的观点，认为传教士的书写与其说是被动地反映历史事实，还不如说企图或实际上塑造了历史事实，也塑造了后代人们对历史事实的认知（页58）。见James Hevia, "Leaving a Brand in China: Missionary Discourse in the Wake of the Boxer Movement," *Modern China*, 18:3(1992), pp. 304—332。此外关于东方主义与中国研究也可以参看Arif Dirlik, "Chinese History and the Question of Orientalism," *History and Theory*, 35:4(1996), pp. 96—118。

[②] 此书有中译本，孙周兴译：《走向语言之途》，台北：时报文化出版公司，1993。亦可参考余德慧《诠释现象心理学》（台北：会形文化事业有限公司，1998）一书中对海德格理论的介绍。

[③] Richard E. Palmer, *Hermeneutics,* Evanston: Northwestern University Press, 1969.

theory），上述萨依德即被归属于这一理论的支持者。第三，她对主体与客体之区分的反省，以及对具体"实践"过程的强调，则与法国学者布迪厄（Pierre Bourdieu）等人的观点不无关系。以上这些理论的内涵在此无法细论，但是从下文我对本书内容的具体介绍，读者则可以较清楚地了解理论探讨与实际历史研究工作之间的密切关系。

凭借着以上各种理论所启发的思考方向，作者尝试突破以往对于近代中西文化之接触的研究。本书的主旨扣紧"翻译"与语言的课题，从历史的与动态的研究取向，探讨1900至1937年之间，中国与西方接触之下，如何透过各种实践，来建构一个"被翻译的现代性"。作者企图打破僵滞地将东与西两者视为二元对立的想法，探讨文化生产中的"共同创作权"（co-authorship，页46）。当然，同时她也让我们思索一个更根本的问题，亦即不同语言之间"翻译"究竟是否可能免除主观的挪用与发明。（页263）①

刘禾所谓的翻译其实并不只是单纯的语言转换，而是更广泛地注意到此一概念所喻指的意涵。正如她在书名之中所显示的，她运用"被翻译的现代性"一概念，来研究现代中国国家文化（national culture），特别是当代中国文学是如何形成，又如何获得其合法地位（legitimation）。简言之，作者的目的是探究中国的"现代"是如何经由"语言的论域"而被塑造成形。

作者将本书问题意识之焦点凝聚在"中国现代性"的课题之

---

① 这是语言学家蒯因（Willard Van Orman Quine, 1908—2000）所反复探究的课题，例如英文的frog可否翻译为中文的青蛙？表面上看来frog与青蛙均对应到一种绿色、四脚，又会跳的小动物，然而英文frog一语背后所有的文化意涵却与青蛙一语在中文世界所有的文化意涵有所不同，这样一来比较悲观的人会认为不同语言之间的意义转换最后是不可能的。

上乃有其特殊之用意。她认为20世纪以来中国和西方遭遇之后所产生大量的新词汇与新知识，无一不是用来思考中国现代性的问题。对现代性问题进行思考和肯定的一个很根本的方面就是建立现代的"民族国家理论"。作者所谓的现代的民族国家（modern national state）是指西方中世纪以来出现的现代国家形式，在中国，此一国家形式是在辛亥革命之后，打破了传统的"天朝模型"（殷海光语）而建立的政治形式。然而在此一形式出现之前，以及此一制度之轮廓初步建立之后，中国知识分子均努力于提出"民族国家理论"来推进此一进程。这使得近代中国汉语的书写和国人对于现代国家的建构与想象之间，建立起一个"自然化"（naturalized）的联系。

这一主流性的"现代民族国家主义"之意识形态不仅单纯地成为国人反抗帝国主义的理论依据，并且创造了一种新的有关权力的话语实践，而渗透到20世纪知识生产的各个层面。作者不但以上述鲁迅等人所提倡的"改造国民性"的例子来说明"把文学创作推向国家建设的前沿……体现了国家民族主义对文学领域的占领"，更把眼光放在现代文学以及与之相关的"全部文学实践"之上：

> 五四以来被称之为"现代文学"的东西其实是一种民族国家文学。这一文学的产生有其复杂的历史原因。主要是由于现代文学的发展与中国进入现代民族国家的过程刚好同步，二者之间有着密切互动关系。……以往对于现代文学的研究都过于强调作家、文本或思想内容，然而，在民族国家这样一个论述空间里，"现代文学"这一概念还必须把作家和文本以外的全部文学实践纳入视野，尤其是现代文学批评、文学理论和文学史的建设及其

运作。这些实践直接或间接地控制着文本的生产、接受、监督和历史评价，支配或企图支配人们的鉴赏活动，使其服从于民族国家的意志。在这个意义上，现代文学一方面不能不是民族国家的产物，另一方面，又不能不是替民族国家生产出主导意识形态的重要基地。[1]

然而在此一实践的过程之中，民族国家论述的支配力量自然也选择性地将与此论述无关的话语压制下去或排除在外。

刘禾的理论听起来似乎有些高妙难解，但是其内容却是奠基于一些非常扎实的研究之上。其中特别值得介绍的是在第一章所讨论、并在附录（页259—378）所搜集的从19世纪以来，由于中文、日文与欧洲语文和文化之间的交流互动，而形成"现代汉语外来语"。这一部分的探究与上述西方学界大约自海德格以来的"语言学的转向"（linguistic turn）有不可分割的关系。[2]作者将附录分为七个部分，分别追溯现代汉语外来词的缘起，并注明中、日、欧洲语文三者之间的对照关系。在这同时作者也提醒读者，新语词并无固定单一的来源，而是发明与流传所共同形成的"具有流动意义之语源学"的产物。（页35）这七个部分如下：第一部分是传教

---

[1] 刘禾：《文本、批评与民族国家文学：〈生死场〉的启示》，唐小兵编：《再解读：大众文艺与意识形态》，香港：牛津大学出版社，1993，页31。
[2] 有关此一转向及其对思想史、社会与文化研究的冲击有不少的讨论，例如：John E. Toews, "Intellectual History after the Linguistic Turn: The Autonomy of Meaning and the Irreducibility of Experience," *American Historical Review*, 92:4(1987), pp. 879—907. Richard M. Rorty, *The Linguistic Turn: Essays in Philosophical Method*, Chicago: University of Chicago Press, 1992. Victoria E. Bonnell and Lynn Hunt eds., *Beyond the Cultural Turn: New Direction in the Study of Society and Culture,* Berkeley: University of California Press, 1999.

士所创造之中文用语（如空气、民主、汽车、文学等）；第二部分是采自现代日文用汉字所翻译的欧洲观念（如抽象、目的、动物园等）；第三部分是采自现代日语中之汉字，而与欧洲语文无关者（如场所、集团、宗教等）；第四类是日人采用中国古典语汇来翻译欧洲观念，再经由文化交流而回传中国者（如自由、司法、师范、国民、文化等）；第五类是采自现代日文之中的前缀或字尾（如反革命的"反"、创造性的"性"或工业化的"化"等）而创造的新词；第六类是以汉音翻译英、法、德语而出现的新词（如酒吧是bar的翻译、夹克是jacket的翻译）；第七类是以汉音翻译俄文而创造的新词（如沙文主义、拖拉机、伏特加与苏维埃）。

作者借着这些语词来源的厘清，让读者进入一个貌似熟习、实则陌生的语言世界，这一世界也扣紧了作者所关心的文化交流与跨语际实践的中心课题，并清楚展现新语词的输入与创造如何改变中国的语言，尤其是如何塑造出现代的白话文。当然读者不一定要同意"语言建构了思想"或"语言即是存有的本体"这一类较新奇又充满哲学意味的想法，然而如果我们接受思想在很大的程度上受制于语言表达的话，我们可以说中国现代思想的基础就是奠基在这些新的语词之上。作者在本书的重要贡献之一，即是让读者可以很方便地利用此一附录查询近代中国重要的新语词的来源。评者以为美中不足之处是作者不够突出近代翻译大家严复（1854—1921）在此过程之中的角色，尤其没有注意到严译特殊的贡献，以及部分严译被日译取代的过程及其意义。①这也显示，作者似乎未能充分利用

---

① 作者在本书的页25、35、87三处提到严复，但只是点到为止，没有深入分析。熊月之曾谈到严译新词的历史命运，他指出严复苦思冥想所铸造的新词除了"物竞""天择""逻辑"等为后人所沿用之外，大多数都竞争不

她所搜集到的丰富史料，做出更细致的分析。

然而翻译与语汇采借的本身并不必然导致一个新的文学或民族国家文化的出现。其中还涉及要翻译哪些作品，以及为何要翻译这些作品等问题。作者表示：

> 广义地说，研究跨越语际的实践是探讨新的语汇、新的意义、新的论述、新的再呈现的模式等，在主方语言与客方语言的接触或冲突之中，如何兴起、流传并获得合法性的过程。因此意义（meanings）与其说是在观念从客方语言传到主方语言的过程中被转变了，还不如说是在主方语言的本土环境之中被创造出来了。（页26）

刘禾所采取的"跨越语际的实践"之研究取向在跨文化研究之上有其特殊的意义。她挑战了以往两种不同的观点。一种是普遍主义的观点，认为翻译工作可以如实地将一个概念从甲语言转换为乙语言，因此翻译之实践就像一本双语字典，来自不同文化的语词之间有直接的对应关系。另一种是相对主义的观点，认为语言有不可翻译性。作者尝试在两者之间另外走出一条路。此一方法论对于中国研究，乃至于其他第三世界，如印度、回教世界、南美国家等的文化研究，都具有启示性的意义。

作者在本书所设置的场景是中国、日本与西方，而源于三者

过日本转译来的新名词，如计学（经济学）、群学（社会学）、内籀（归纳）、版克（银行）等，他并指出商务印书馆在严译八种之后所附的"中西译名表"，共收482条，其中被学界所沿用的仅56条（其中还包括严复沿用以前的翻译如"歌白尼"与"美利坚"等）。熊月之：《西学东渐与晚清社会》，上海：上海人民出版社，1995，页701—702。

的文化因素相遇于翻译之场域时,她注意的焦点是在此过程之中一些偶然事故、相互竞争,与一些令人吃惊的扭曲,如何影响历史的走向。(页32)在这一相遇之场域,中国知识分子表现出强大的创造力,他们不仅是借用与模仿西方的语汇,更积极地为了本身的目的来批判、扭曲、挪用,以及再创造西方的文学与论域,因而构造出一个新的文化。这里所触及的实际上已经是语言实践的政治学。(页8)

本书的导论是有关理论的问题,其次三个部分的八章则分别处理各个不同面向,探索如何透过语言转换之实践,而来建构一个以"被翻译的现代性"为基础的近代中国的民族国家文化。第一部分是"在民族国家与个人之间",作者探讨鲁迅的改造国民性问题,以及此一问题的讨论受到谁在观察、谁被观察,以及谁被再次表达(represented)等因素之形塑。其次则探讨五四以来个人主义传入中国的问题。第二部分处理"再表达的跨越语际的模式"(Translingual Modes of Representation)。此部分之下的三章,是以老舍、郁达夫、沈从文、丁玲等人之作品,来看这些作者如何引进西方的修辞语法、写作风格与形式。作者以为以单纯的影响的概念不足以认识中国文学中所呈现现代性的复杂面貌,她提出"生产性的扭曲"(productive distortion)的新视野。这样一来许多的文本都包含了一些"隐藏的论述性的议题"。例如施蛰存(1905—2003,与戴望舒共同创办《现代》杂志)运用弗洛伊德心理分析的理论不但从事有关超现实小说的书写,也涉及研究传统小说中"志怪"传统的现代演变。(页136—137)第三部分是"国族建构与文化建构",作者探讨在民族国家主流论述之外,女性作家有其自身之关怀点。经由文学大系之编写所建立之写作规范,以及有关谁能合法地来界定中国文学之论辩，导致作者最后的一个问题，亦即对中国知识分子而言，"文化"为何成为民族国家与人们展现其特殊性的标志，他们又如何实现此一想法。以下我将较详细地介绍书中的第三、七、八三章的内容。

作者在第三章对于"个人主义"论述的分析足以显示她的企图。她所讨论的主题是西方个人主义话语在构成中国"民族国家"概念的过程中所受到的推动与抵制。她首先批评许多研究者对五四运动的一种本质主义（essentialism）的理解，倾向于将东方／西方、个人／国家相对立看待。[1]她主张回归到历史过程之中，探索外来观念的移植如何取决于本土话语操弄者的选择，而此一选择的基础是本土政治权力运作之基础的传统话语结构。

作者指出虽然在当时中国固有语汇之中不乏有关自我的语汇，如自我、我、己等，然而"个人主义"是从明治时代之日本所借来的一个新语词。当代中国学术界对于个人主义问题的争论显示此一概念与固有情境之间的格格不入。然而作者并不企图去掌握个人主义在本质上的意义，她反而去追溯在民国初年的论辩之中，此一语汇所经历的过程，并提供个人主义论述形成之语源学。

第七章是作为合法性论域之文学批评。作者企图显示她所说民族国家主义对文学批评的渗透力，讨论"中国现代文学批评实践与民族国家文学的关系"。她以萧红的《生死场》和现代文学的批评体制，以及威权的文学史写作之间的关系，来探讨民族国家文学生产的过程。作者指出《生死场》是萧红的成名作，这一部小说描写

---

[1] 在这方面作者显然同意萨依德的反本质（anti-essentialist）论、反对文化纯粹论、批评东西二分法之不当、认同是被建构出来的等观点。

九一八事变前后东北乡村的生活。其中女性的命运是小说的一个重点。此篇小说发表之后，关于该文的解释与评价就一直受到民族国家话语的宰制。然而作者认为此一"男性的""民族国家主义的"解读（如鲁迅与胡风的评论）有重大的盲点，因为对萧红来说，生与死的意义主要体现在个人的身体，特别是女性的身体之上，而不仅仅在民族兴亡。作者强调女性的身体不仅是生与死的场所，而且还是小说获得其内涵和意义的来源。而历来的男性文学批评家都企图讲出一个截然不同的故事，因而无视于萧红对民族国家论述的复杂情感，更抹杀了她对主流话语的颠覆。这一现象展现出萧红与民族国家主义与父权传统之间的矛盾，也揭示现代文学批评参与民族国家文学生产的历史过程。（页199—213）[①]

作者在第八章探讨上海良友图书公司的一位年轻编者赵家璧（1908—？）在1930年代如何创造、出版十卷的《中国新文学大系》。良友公司以出版《良友画报》闻名，1932年赵家璧加入良友，从事编辑工作，1934年赵家璧向公司提出出版《中国新文学大系》的构想，此书的灵感是来自日文出版品之中类似的著作，而"大系"二字也是直接采自日文的汉字。良友的老板伍联德接受此一企划，至1936年2月《中国新文学大系》出版，从编辑、印刷到成书总共花费的时间不到两年。（页227）

在本章作者探究的几个根本问题包括：该书的编辑与当时政治环境的关系为何（如国民政府打击左翼文人、发动新生活运动）？在编辑的过程之中编者如何构思何谓"文学"？如何作时间断限？

[①] 孟悦、戴锦华：《浮出历史地表》，郑州：河南人民出版社，1989；台北：时报文化出版公司，1993。该书也深入分析女性与民族主体的矛盾关系。

又如何以此一标准从事分类与选文？再者此一分类与国外之分类有何关系？当然此一创造出来的文学大系自然也排除与编者标准不同的作者、文类与作品。极有趣的是在《中国新文学大系》出版之后，赵家璧在蔡元培的鼓励下，又企划编辑一套十本的《世界短篇小说大系》，企图反映各国的文学及其对中国作家的影响，可惜受到日本占领上海的影响而作罢。（页237）作者有关现代文学大系出版故事的描写与分析显示她在历史与文学批评两方面的才干。这一角度所勾勒出文学史编写所身处的文化脉络，包括政治社会经济背景、人际关系、思想因素等，共同地构筑出文本之外一幅生动活泼的历史图像，这一细致的处理手法是以往学者所忽略的。

就管见所及，在中国研究之中，只有很少数的著作从翻译的角度来探讨近代中国国家文化、思想论域的形成。[1]本书无论在理论探索的深度与材料运用的广度两方面都超越了以前的研究。它不但是有关比较文学，也与文化史，以及理论反省有密切的关系。由此可见作者所从事的是一个科际整合的工作，包括文学批评、文献分析、语言学、语言哲学和历史研究等。这样的工作如果不是对东西语文、历史、文化有深度掌握的话，是无法从事的。

刘禾教授的这一本大著让读者对于现代中国文学与文化做一个重新的思索，也激励学者们针对该书所揭示的一些重要议题，如跨文化的比较研究、中国的现代性、东西文化的接触，与比较文学等方面，再做进一步的研究。

---

[1] 拙著是有关此一主题的另外一个例子，见黄克武：《自由的所以然：严复对约翰弥尔自由思想的认识与批判》，台北：允晨文化实业股份有限公司，1998。在这一本书之中我以文本对照的方式分析严复如何将弥尔（John Stuart Mill）的 *On Liberty* 译为《群己权界论》，严复的翻译其实是一个再创造的过程，并与他对中国未来的思索密切相关。

胡适档案与胡适研究[1]

前　言

胡适（1891—1962）在中国近代史上的重要性是毋庸置疑的。他逝世虽已超过五十年，然其影响力仍持续存在，并逐渐扩展。[2]据说1956年2月的某一天，毛泽东在怀仁堂宴请出席全国政协会议的知识分子代表时说："胡适这个人也顽固，我们托人带信给他，劝他回来，也不知他到底贪恋什么？批判嘛，总没有什么好话，说实话，新文化运动他是有功劳的，不能一笔抹杀，应当实事求是。21世纪，那时候，替他恢复名誉吧！"[3]2002年时李慎之也说："20世纪是鲁迅

---

[1] 本文曾刊于周惠民主编：《民国人物与档案》，台北：政大出版社，2015，页1—32。
[2] 欧阳哲生在近著中认为"胡适研究正成为一门显学"，见《胡适在现代中国》，收入氏著：《探寻胡适的精神世界》，北京：北京大学出版社，2012，页6—12。
[3] 转引自李伟：《胡适：孤立的人最强大》，北京：中国华侨出版社，2013，页179—180。

的世纪,21世纪是胡适的世纪。"[1]毛泽东与李慎之的论断是很正确的,20世纪末到21世纪初,正是胡适恢复名誉、展现影响力的时候。

胡适为安徽绩溪人,生于上海,少年时(1904),进入上海的"梅溪学堂"读书,受到父亲好友张焕纶(1846—1904,他是华东师范大学张济顺教授的曾祖父)的影响,一直警惕自己"千万不要仅仅做个自了汉",因而立下志向,希望能成就一番事业。[2]后来他也的确实现了他的理想,成为近代中国一位重要的学者、教育家、政论家与外交官。

胡适在中国近代史上至少有三方面的意义。第一是思想文化上的意义。胡适宣扬文学革命与文化革命,主张透过文字、文学来改造文化。胡适在宣传白话文上可谓煞费苦心。他所写的白话文、新诗在当时掀起了白话文写作的热潮。胡适行文用字的一个明显特色就是一丝不苟、明白晓畅,今天他所留下的无论钢笔字还是书法,一定是清清楚楚。这背后其实有一个很严肃的理念,亦即任何文字表达都要准确、清晰、清楚易懂。在文化革命方面,胡适与陈独秀(1879—1942)、鲁迅(1881—1936)等同为第一批宣扬者,他们在《新青年》之上提倡科学与民主,并攻击传统文化的黑暗面。不过胡适一生都在矛盾之中,他的个性和缓,主张渐进改革,不做烈士;然而另一方面又非常激烈地认为应全盘推翻中国传统、追求自由民主,是一位"保守的自由主义者"。[3]

---

[1] http://culture.ifeng.com/guoxue/200905/0504_4087_1138213.shtml,读取时间:2014年4月10日。
[2] 胡适:《四十自述》,台北:远东图书公司,1966,页44。
[3] 李敖认为胡适"是一个自由主义的右派,一个保守的自由主义者,在急进者的眼中,太不够火辣辣了"。李敖:《播种者胡适》,《文星》,期51(台北,1962),页6。

第二是学术上的意义。梁启超（1873—1929）、章炳麟（1869—1936）和胡适都是开创中国现代学术的第一代人物。他们一方面接受西方新学问，另一方面又把西方治学方法用到中国传统研究领域之上，换句话说，就是用科学方法来研究传统学问。这一视角开创了大量的可能性。例如清代有很多学者从事考证，胡适也做考据工作，但清代学者是通过考据来"明道"，即通过字词的辨正来了解经典中所蕴含道的价值，而胡适所开创的现代学术，则用现代科学的实证方法真切地认识中国传统——"整理国故"。胡适在学术史的另一重要性，是他用英文介绍中国历史、文化，他用英文写了许多文章，并在美国著名大学讲学。①早期思想家中康有为和梁启超的英文都不行，严复比较好，可是严复写的英文作品屈指可数，所以真正能用英文把中国文化的精深内涵带到世界，并与海外学者对话，胡适可谓第一人，在他之后的另一位是林语堂（1895—1976）。

第三是政治实践与学术行政上的意义。如上所述胡适不甘于平凡。他不但"坐而言"，也希望"起而行"。他一生中担任过几个重要职务，最重要的是1938—1942年担任中华民国驻美大使。胡适在担任驻美大使期间，做了百余场演讲，其中1942年3月23日在华盛顿的演讲——《中国抗战也是要保卫一种文化方式》，②尤其能够打动国际视听，将抗战模拟于西方文明之中"极权与民主的对垒"，③让世人了解"中国人民的自由、民主、和平方式，正面

---

① 周质平编：《胡适英文文存》，台北：远流出版社，1995，计三册；周质平编：《胡适未刊英文遗稿》，台北：联经出版公司，2001。
② 胡适：《中国抗战也是要保卫一种文化方式》，台北：胡适纪念馆，1972。
③ 胡适：《中国抗战也是要保卫一种文化方式》，页1。

临日本独裁、压迫、黩武主义方式的严重威胁"。①此一宣传使中国在国际社会取得了"道义的优位性",②抗战期间中国能够取得许多国际援助(如各种贷款)与胡适在外交方面的努力有直接的关系。后来回国后他担任北大校长,1948年在蒋介石邀请下,他几乎要参选中华民国总统,可是由于国民党党内的反对,他自己意愿亦不高,而没有实现。③不过胡适一直得到蒋介石的欣赏和重用,1949年之后他给予蒋介石"道义的支持",并协助雷震等人推展《自由中国》杂志社务、为《文星》杂志撰稿等。④1958年他返回台湾担任"中研院"的院长。胡适过世时,蒋介石说胡适是"新文化中旧道德的楷模,旧伦理中新思想的师表",并且亲笔题挽联——"智德兼隆",由此可见两人彼此欣赏,能够"道不同而相为谋"。

胡适很清楚地知道作为一位创造历史的人物,保存史料是相当重要的,他自认有历史癖,⑤所以从小就开始记录并保存史料,

---

① 胡适:《中国抗战也是要保卫一种文化方式》,页12—13。
② 这是日本作家千野境子的看法,她有感于中日钓鱼台事件之争端,而日本缺乏外交人才,写了一篇有关胡適的文章:《いま日本に胡適がほしい》(《现在日本需要一个胡适》),《产经新闻》,2012年10月9日,"远响近声"专栏。
③ 杨天石:《蒋介石提议胡适竞选总统始末》,收入氏著:《找寻真实的蒋介石:蒋介石日记解读(三)》,香港:三联书店,2014,页253—279。
④ 任育德:《胡适与〈自由中国〉的互动》,《"国史馆"馆刊》,期36(2013),页1—49;黄克武:《一位"保守的自由主义者":胡适与〈文星杂志〉》,潘光哲编:《胡适与现代中国的理想追寻:纪念胡适先生120岁诞辰国际学术研讨会论文集》,台北:秀威信息科技,2013,页332—359;黄克武:《胡适、蒋介石与1950年代反共抗俄论的形成》,《蒋介石与现代中国的形塑》第一册《领袖的淬炼》,台北:"中研院"近代史研究所,2013,页647—666。
⑤ 胡适曾在日记中说自己的"历史癖"太重,参见1926年9月23日的日记。胡适著,曹伯言整理:《胡适日记全集》,台北:联经出版公司,2004,册4,页474。

也因此胡适一生留下了大量的书信、日记、文稿及其他公私文件。在近代中国学者之中，无论就类型、数量或质量来说，胡适档案之史料价值均为上乘。可惜的是，因时代的动荡，这些档案散居各地。1948年底，他在仓皇之中离开了北平，在东厂胡同的故居中留下一百多箱的藏书与来往书信。这些资料大部分留存于北京中国社会科学院近代史研究所与北京大学图书馆。[①]其后胡适长期住在美国，1958年4月才返回台湾。"中研院"近代史研究所胡适纪念馆所藏的档案，都是1949年后胡适在美国，以及1958年回台湾以后所携回或产生的文稿、信函、藏书及其他文物。同时，胡适纪念馆成立之后，一方面积极征集、整理相关史料，另一方面许多胡适的故旧与学界的研究者，将手头的资料赠予纪念馆，馆藏日益增加。[②]再者，1990年代之后，两岸交流频繁，庋藏胡适档案的单位开始展开合作，胡适纪念馆陆续取得北京社科院近史所赠予的胡适1949年以前的照片及图像文件，并与北京大学图书馆合作整理胡适藏书与批注，出版胡适藏书目录（详下文）。目前"中研院"内的胡适纪念馆保存了全世界最完整的胡适相关的档案，可供学术研究。

　　本文将介绍胡适纪念馆档案之内容，并讨论胡适研究所面临的一些挑战，再以一些具体的例子说明如何利用档案来深化胡适研究。

---

① 有关大陆地区胡适档案的整理出版状况，请参见欧阳哲生：《重新发现胡适——胡适档案文献的发掘、整理与利用》，收入氏著：《探寻胡适的精神世界》，页31—40。
② 如周质平先生曾将胡适留在康奈尔大学相关档案的数字档案赠送给纪念馆。

胡适纪念馆藏档案简介

胡适纪念馆成立于1962年12月10日,开始之时由"胡适纪念馆管理委员会"负责管理,其人选由"中研院"院长提出,经院务会议通过后聘任。1998年元月正式改隶近代史研究所。胡适纪念馆主要职责与任务为保存、陈列与刊行征集所得之胡适遗著、遗墨、藏书、生活照片及其他遗物等。早期业务除例行性展览工作外,并展开胡适全集之编辑工作。①

馆藏之胡适档案于2008年完成所有档案的数字典藏工作,并逐步开始建置为数据库。目前档案收藏有三大部分:第一部分为文件档案;第二部分为胡适藏书及批注;第三部分为与胡适相关的影音资料与照片。以下分别介绍。

文件档案主要包含以下几个分档,各档内容与数量如下:

1. "美国档"(US,2359则):大抵为胡适存于美国纽约住所,后于1958年12月移至台湾之文稿、信函及杂件等。

2. "南港档"(NK,13040则):指胡适担任"中研院"院长之后的个人档案。

3. "胡适与杨联陞专档"(LS,239则):为胡适与杨联陞的来往函件等,除包括胡适纪念馆编:《论学谈诗二十年:胡适与杨

---

① 《胡适全集》于2003年由安徽教育出版社出版,为胡适研究提供了便利,可惜此一套书并不完整。目前胡适纪念馆正在出版新的《胡适全集》,已出版了《胡适全集:胡适时论集》,台北:"中研院"近代史研究所胡适纪念馆,2018,8册;和《胡适全集:胡适中文书信集》,台北:"中研院"近代史研究所胡适纪念馆,2018,5册。

联陞往来书札》（台北：联经出版公司，1998）一书中所收信函手稿外，并收录先前未辑入的函件，及杨联陞（1914—1990）夫人托余英时于1998年与1999年惠赠纪念馆的函稿、信件等。有关胡、杨之交游以及此部分档案之来龙去脉，可参见余英时为该书所写之序文。①

4. "胡适与韦莲司专档"（CW，343则）：除收录胡适与韦莲司（1885—1971，Edith Clifford Williams）来往函电和部分关系人的信函外，并及胡适身后韦莲司与江冬秀、胡祖望、叶良才、刘大中等人的来往函件。此外，另有一些韦莲司寄赠，及韦女士身后其家属寄赠纪念馆的剪报、杂件等。这一部分档案十分完整，因为"两人为保留对方的来信，都做了超乎常人的努力，尤其是韦莲司，在垂暮之年，将胡适五十年的来信、电报、信封，以至于片纸只字都一一摄影，打字细校，寄给江冬秀，并请胡适纪念馆妥善保管"。②因此在数据库中检索"胡适致韦莲司函"时会出现两个版本，一为胡适原迹的手写稿，一为韦莲司整理后的打字稿。这一批档案中胡适致韦莲司的信件已被翻译为中文并出版，请参见周质平编译：《不思量自难忘——胡适给韦莲司的信》。周质平并撰写了两本这方面的专书。③

---

① 余英时：《论学谈诗二十年——序〈胡适与杨联陞往来书札〉》，胡适纪念馆编：《论学谈诗二十年：胡适与杨联陞往来书札》，台北：联经出版公司，1998，页i-xii。
② 周质平编译：《不思量自难忘——胡适给韦莲司的信》，台北：联经出版公司，1999，页i。
③ 周质平：《胡适与韦莲司：深情五十年》，台北：联经出版公司，1998。Susan Chan Egan and Chih-p'ing Chou, *A Pragmatist and His Free Spirit: The Half-Century Romance of Hu Shi and Edith Clifford Williams,* Hong Kong: Chinese University Press, 2009.

5."胡适与雷震专档"（LC，174则）：为胡适与雷震（1897—1979）的来往函电等，涵盖万丽鹃编著、潘光哲校阅《万山不许一溪奔：胡适雷震来往书信选集》（台北："中研院"近代史研究所，2001）的信函手稿，并增补馆藏其他数封信函，以及收录于《雷震秘藏书信选》（台北：桂冠图书公司，1990）的数封排印本影印信函。

6."胡适手稿"暨"中国中古思想史长编"（MS，814则）："胡适手稿"以纪念馆早期发行出版的《胡适手稿》（台北：胡适纪念馆，1966—1970）十集为底本，内容是关于《水经注》疑案的考证、禅宗史考证、中国早期佛教史迹考证、中国佛教制度和经籍杂考证、朱子汇钞和考证、旧小说及其他题目杂考证、古绝句选及其他杂稿。"中国中古思想史长编"（MS02）是以纪念馆出版的手稿本（1971年2月）为底本，为胡适先生于1930年写成的手稿七章：齐学、《吕氏春秋》、秦汉之间思想状态、道家、淮南王书、统一帝国的宗教、儒家的有为主义等。

7."胡传专档"（HC，146则）：为胡适父亲胡传的档案，胡传曾于1892—1895年任职于台湾东部的台东。目前胡适纪念馆藏的胡传档案，大部分为由白棣、王毓铨、胡先晋及罗尔纲等人抄本，仅有少数原件。这些文件是1958年胡适先生回国就任"中研院"院长后寄回台湾的。胡传档案可分为七类，分别为（1）年谱；（2）日记；（3）禀启；（4）文集；（5）书札偶存；（6）家传；（7）其他杂件。这一部分的档案对于认识胡适之家世以及清代台东之开发有所帮助。

8."胡适日记"（DY，4061则）：胡适的日记计400余万字，已由曹伯言整理、联经出版公司出版。有关胡适日记的史料价值及其所反映胡适之一生,请参考余英时的《从〈日记〉看胡适的一生》一文。[1]胡适纪念馆所藏日记档案是原迹的图像文件,其时间分布为1906年、1921—1943年、1946—1962年,凡41年。馆藏日记之来源有:纪念馆藏负片(Kodak摄影底片)一百卷、微缩(Microfilm——美国国会图书馆复制)六卷与少数日记原件,[2]胡祖望先生寄赠1938—1942年日记复印件,以及已出版的胡适《胡适的日记:手稿本》(台北:远流出版社,1989—1990)、北京大学图书馆编《北京大学图书馆藏胡适未刊书信日记》(北京:清华大学出版社,2003)与该书之英文版 *The Diary and Letters of Dr. Hu Shih: Peking University Library Collection* (Singapore: Cengage Learning Asia Pte Ltd, 2010)。胡适纪念馆所藏日记之影像内容并不完整,尚缺1910—1917年、1919—1920年、1944年。其中留学部分的日记最早由许怡荪(?—1919)整理,在《新青年》(1917—1918)上以"藏晖室札记"之名连续登载,[3]后由胡适交给好友章希吕整理,由亚东图书馆出版,名为《藏晖室札记》,后由商务印书馆出版时又改为《胡适留学日记》。[4]胡适留学日记原稿一直

---

[1] 余英时:《从〈日记〉看胡适的一生》,曹伯言整理:《胡适日记全集》,册1,页1—156。
[2] 胡适纪念馆馆藏胡适日记的原件不多,日期如下:1953年5天、1960年3天、1961年17天、1962年7天。
[3] 胡适:《藏晖室札记》,《新青年》,第2卷4号(1916年12月1日),页1—4;第2卷5号(1917年1月1日),页1—5;第2卷6号(1917年2月1日),页1—7;第3卷1号(1917年3月1日),页1—5;第3卷2号(1917年4月1日),页1—5;第3卷4号(1917年6月1日),页1—4;第3卷5号(1917年7月1日),页1—6;第3卷6号(1917年8月1日),页1—4;第4卷2号(1918年2月15日),页143—149;第5卷1号(1918年7月15日),页66—74;第5卷3号(1918年9月15日),页267—275。
[4] 胡适:《胡适留学日记自序》,曹伯言整理:《胡适日记全集》,册1,页107—111。有关章希吕整理胡适日记之情况,可参见蔡登山:《另一次近身的观察——从章希吕的日记书信看胡适》,收入《何处寻你:胡适的

留在亚东图书馆。1953年上海市军管会因陈独秀与该出版社关系密切，结束了该公司，并没收了其书籍与档案。这一部分的原稿从亚东图书馆流出，辗转进入拍卖市场，为买家收购，最近已出版。①其最大的价值在于《胡适留学日记》出版时经过整理，且删除了一些照片、剪报、插图等，原稿可以帮助我们了解此一时期日记之原貌。目前胡适日记的图像文件只缺1919、1920、1944年三年。

此外胡适纪念馆尚存有几本胡适返台之后的行事历（时间为1947—1949年、1956年、1959—1962年），记载每日重要事情、会面的人物、地点等，从笔迹来判断，部分为秘书所记、部分为胡适亲笔书写。这几本小册子可以补充日记的不足，目前纪念馆正委托程巢父先生整理。

9．"北京档"：2009年4月，北京社科院近史所捐赠胡适纪念馆一批1949年之前的胡适文件档案影像数据。经过将近两年的整编，共建文件30803笔目录，以"北京文件"为系列名，于2011年4月汇入"胡适档案检索系统"，其中有不少珍贵的数据。此一部分之档案可至北京社科院近史所或台北"中研院"近代史研究所胡适纪念馆查阅。"北京档"中一部分的内容已出版，见耿云志主编：《胡适遗稿及秘藏书信》（合肥：黄山书社，1994）。耿云志表示该书未收的书信有两类，一是英文书信，计有一千多封没有收入；二是凡涉及胡适私密情感的部分，怕有揭人隐私的顾虑，也没收入。关于这些部分的内容，耿云志曾介绍了其中徐芳给胡适的信；

恋人及友人》，台北：印刻出版社，2008，页107—108。有关胡适与亚东图书馆的关系，参见谢慧：《胡适与上海亚东图书馆》，《中国社会科学院近代史研究所青年学术论坛（2007年卷）》，北京：社科文献出版社，2009，页474—494。

① 胡适：《胡适留学日记手稿本》，上海：上海人民出版社，2015。

江勇振在撰写《星星月亮太阳：胡适的情感世界》时，也引用了一些通信的内容。[1]

第二部分是胡适藏书及批注。胡适一生中留下了数万册的藏书，因时代的动乱，其藏书分散数地。现存的胡适藏书，主要藏于北京大学图书馆（线装书归古籍部、普通书归特藏部）和胡适纪念馆，少部分在北京中国社科院近史所图书馆及北京国家图书馆。胡适纪念馆庋藏的胡适藏书，包含中、日、英文图书、期刊及少数其他语文书籍，共3885种，计6918册。除了极少数是胡适1948年底从北京带出来之外，绝大部分是1949年以后在美国及1958年回台北就任"中研院"院长后搜集的，其来源有自购、托人代购及亲友馈赠。其最大特色是，书中有胡适留下的大量眉批、注记与随想，对于研究胡适的学术思想，提供了重要的参考材料。藏书的整编，除了参考一般图书编目之外，特别注重在备考栏详细记载书籍的内部状况，作为整理的依据，并供研究者参考。北京大学图书馆所藏1948年之前的藏书，根据目前的统计，共计8699种，该馆比照胡适纪念馆的方式编目、整理，并扫描其中有批注的部分。[2]胡适纪念馆自2005年起与北京大学图书馆交流，2009年4月签署"胡适藏书目录整理合作协议"，至2011年4月，两馆的胡适藏书目录全部整编完毕，同年9月，双方再度签订合作计划，于2013年将藏书编目成果出版为《胡适藏书目录》，计四大册，12000余种，每一本图

---

[1] 耿云志：《恋情与理性：读徐芳给胡适的信》，《近代中国》，期102（2002），页128—157；江勇振：《星星月亮太阳：胡适的情感世界》，台北：联经出版公司，2007。

[2] 北京大学图书馆：《前言》，北京大学图书馆暨"中研院"近代史研究所胡适纪念馆编纂：《胡适藏书目录》，桂林：广西师范大学出版社，2013，册1，页7。

书都记载了出版数据、印章、题记与批注状况。①

  胡适纪念馆并将该馆之藏书制成数字数据库,其中辑有该馆所收藏的4825笔目录,目前置于胡适纪念馆网页上开放申请使用。读者可以直接浏览该书之中有批注之页面。这一部分可以帮助读者了解胡适在阅读该书时之反应。例如冯友兰(1895—1990)所著的 A History of Chinese Philosophy 一书,胡适曾写过书评,刊于 The American Historical Review, Vol. 60, No. 4(July, 1955), pp. 898—900,同时他在日记中也表示"看冯书两遍,想说几句好话,实在看不出有什么好处"。②此一心态可以得到佐证,从该书批注中胡适在书上大量的打叉、问号并提出疑问,我们可以清楚得知胡适的感受。此外,笔者曾利用馆藏胡适手批赫胥黎的著作与《中美关系白皮书》等,分析胡适对这些书之反应。③藏书批注之中有许多信息仍有待挖掘。负责整理北大图书馆特藏室胡适藏书的邹新明根据这一批资料写过数篇《胡适藏书整理札记》,刊登于《胡适研究通讯》之上,可以参看。④

  第三部分是与胡适相关的影音资料与照片。影音数据数量较少,包括"胡适在台湾"的影片,以及部分演讲的录音,还有学者谈胡适的影片(有唐德刚、余英时、周质平、李又宁等人)。照片

---

① 北京大学图书馆暨"中研院"近代史研究所胡适纪念馆编纂:《胡适藏书目录》。
② 曹伯言整理:《胡适日记全集》,册9,页107。
③ 黄克武:《胡适与赫胥黎》,《"中研院"近代史研究所集刊》,期60(2008),页43—83。黄克武:《一位"保守的自由主义者":胡适与〈文星杂志〉》,潘光哲编:《胡适与现代中国的理想追寻:纪念胡适先生120岁诞辰国际学术研讨会论文集》,页337。
④ 如邹新明:《新诗与深情——胡适藏书所见胡适与徐志摩交往点滴》,《胡适研究通讯》,期2(2010),页34—36。

方面数量较多，胡适纪念馆典藏了两千多张纸质照片，内容为胡适个人及其家庭、朋友及"中研院"相关的影像。照片部分主要为胡适1958年回台就任"中研院"院长后所摄。另有胡适羁旅美国期间的相本数册，以及胡适逝世后韦莲司（Edith Clifford Williams）、游建文等生前友人的陆续捐赠。经过多年努力，该馆已将这些珍贵的影像数据逐一分类、辨识、注记、扫描、建文件，建置成一个照片数据库（目前仅供该所研究人员使用）。

胡适纪念馆藏的照片共计2840笔目录，分为七个系列，分别是"早年掠影""羁旅海外""归根台湾""逝世纪念""家族""朋友及其他"和"'中央'研究院"，以下分别介绍：（1）"早年掠影"（64笔）：时间分布为1910—1949年，记录了胡适赴美留学、返国任教、担任驻美大使与重返学术的四个阶段。（2）"羁旅海外"（147笔）：时间分布为1949—1958年，记录了胡适寓居纽约的生活点滴。馆藏照片多为胡适个人与家庭、朋友的生活照，包括他在这段时期参与的学术文化活动、几次访台行踪，以及在哥伦比亚大学接受口述自传访问等。（3）"归根台湾"（830笔）：时间为1958年返台至1962年逝世为止，记录了胡适的晚年生活。他除了出掌"中研院"、推动学术之外，也关心政治，并到处演讲、参与公益活动。（4）"逝世纪念"（900笔）：时间为1962年2月24日以后，记录了胡适的身后哀荣。（5）"家族"（285笔）：包括胡适的父母亲、妻子江冬秀、子胡祖望、儿媳曾淑昭、长孙胡复的照片。（6）"朋友及其他"（282笔）：包括胡适的师长杜威及朋友赠照，以及韦莲司赠普林斯顿大学建筑照等。（7）"'中央'研究院"（332笔）：内容包括院区兴建、院长、院士及其他杂件等。胡适纪念馆所收藏的这一批照片曾由杨翠华、庞桂芬选录约200张，编为《远路不须愁日暮：胡适晚年身影》一书。[①]此外，北京中国社科院近史所的北京档中亦有数千张胡适所遗留下来的照片，并由耿云志编辑出版了《胡适及其友人，1904—1948》一书。[②]为了出版一部更周全的胡适照片集，"中研院"近代史研究所正计划与北京的社科院近史所合作，依编年的方式，选录约500张照片来描述胡适一生的事迹。

以上为胡适纪念馆馆藏胡适档案的大致情况，这些档案除了照片部分因尚缺解说未能开放之外，其他部分均已开放供学界使用。

穿透迷雾：如何利用胡适档案从事胡适研究

如何利用胡适档案从事胡适研究？胡适在提倡"整理国故"之时，曾提出"还他本来面目"的主张。上述胡适纪念馆的档案能帮助我们"还原一个真实的胡适"吗？此一工作并不容易，因为档案的公布只是还原工作的开端。解读档案尚需许多工夫。其中一个原因是政治因素的干扰。在中国近代史上胡适和鲁迅有类似的命运。在冷战的架构之下，鲁迅在大陆是第一号人物，胡适却是"战犯"；[③]反过来说，胡适在台湾是一等一的英雄，而鲁迅在台湾却没有太多人注意他，而且他的作品在戒严时期是禁书。简言之，在

---

① 参见杨翠华、庞桂芬编：《远路不须愁日暮：胡适晚年身影》，台北："中研院"近代史研究所，2005。
② 耿云志：《胡适及其友人，1904—1948》，香港：商务印书馆，1999，此书的另一版本为耿云志编：《胡适和他的朋友们，1904—1948》，北京：中华书局，2011。
③ 耿云志：《胡适"战犯"头衔的由来》，《胡适研究通讯》，期3（2008），页2—3。

冷战的架构之下，双方都对彼此的英雄人物进行了相互的否定。

胡适和鲁迅一样，是一个活生生的人，有血，有肉，有情欲，有冲突，同时他有他的长处，也有他的缺点，所以如果我们今天要重新审视胡适的历史形象，必须要尽可能地还原真实，既看到他阳光灿烂的一面，也要看到他黑暗的地方。为了达成此一目标，除了要避免政治因素的干扰之外，还有其他的一些个人的、社会的、文化的因素也影响我们对胡适的认识。在此情况之下，要重新回到历史场景去挖掘一个真实的胡适，就很需要费一点工夫。然而如何才能"还原一个真实的胡适"呢？我认为胡适研究者在面对相关史料时至少必须穿透四种迷雾。

第一，胡适本身所布置下的迷雾。胡适是一个非常精心塑造自己形象的人，他在后世的形象在很大程度是由他自己一手导演、刻画出来的。他所提供的一些史料"替未来要帮他立传的人先打好一个模本（a master narrative）"。[1]在这方面胡适的《四十自述》，以及他在晚年口述、唐德刚笔录的《胡适口述自传》二书扮演十分重要的角色。[2]这两本书是胡适最重要的"模本"，奠定了他启蒙者的形象，亦即大家所看到的一个光鲜亮丽的胡适。另外，胡适的日记在应用上也得十分小心，首先，在版本上要采用台北联经版的《胡适日记全集》，避免使用简体本的《胡适日记全编》。因前者经编者曹伯言校正、增补，并制作索引，应用较方便。其次，读者应注意胡适写日记时心中有一群想象的读者，正是未来对他的历史

---

[1] 江勇振：《舍我其谁：胡适》第一部《璞玉成璧，1891—1917》，台北：联经出版公司，2011，页1。
[2] 胡适：《四十自述》，胡适口述、唐德刚译注：《胡适口述自传》，台北：传记文学出版社，1983。

感兴趣者,所以他精心刻画自己在日记中的形象。有趣的是,他往往怀有一种想跟后代读者斗智的心态,例如有些关键的、精彩的部分,他并不完全将其掩盖,而是利用缩写、简称或隐语来表达,所以在读《胡适日记》时就需要具有高度的警觉性,才能看出其中蹊跷。在这方面最好的例子是余英时所写的《从〈日记〉看胡适的一生》一文,他利用胡适日记原稿中涂抹掉的一段话(附图:"他谈Robby事,颇耐寻味"),拨云雾、见青天,考证出胡适与两位美国女士罗慰慈与哈德门之间的复杂情愫。[①] 由此可见日记原本在史料上的重要价值。

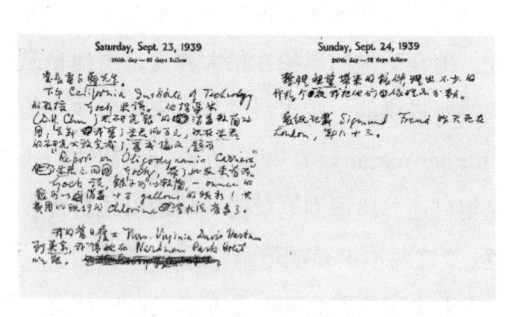

附图:应用胡适日记要注意删改的部分也有价值

胡适不但在写日记之时欲言又止,在诗词写作过程中也有意无意地留下蛛丝马迹。中国文人诗词往往是很隐晦地"言志",但胡适又怕读者不清楚诗句的内容,有时在诗之前会有按语,解释该诗

---

① 余英时:《从〈日记〉看胡适的一生》,曹伯言整理:《胡适日记全集》,册1,页86—87。

的创作缘由。不过这时读者要很小心，因为这些按语常常会误导读者到一个错误的方向。所以他的好朋友徐志摩就说，凡是胡适文章中有按语之处都得要好好考究。"真是知我者志摩！"也就是说，在这些文字里，胡适精心刻画了自己，而这个"自己"就是他所希望在后世呈现的形象。而且胡适是极端重视隐私的人，他对自己私密情感部分写得非常含蓄。这样一来，要寻找到真实的胡适，就得突破这一种胡适所布下的障眼法，才能看到他的内心世界。

第二，政治迷雾。20世纪中叶以来，海峡两岸对峙，在美苏冷战架构中，往往限定了双方对历史人物的认识。胡适在1949年之后大陆不受欢迎是可以想象的，胡适深受英美资产阶级自由主义价值观念的影响。1950年代中国大陆发动了一个大规模"批胡"的运动，后来批胡的文字集结成书，好几大本，计数百万字，胡适还细心地收集了这一套书，并仔细阅读。在胡适故居的书房里有胡适手批的"批胡"全集。①这种状况到1990年代以后才逐渐好转。

无论如何，胡适在过去的半个世纪之中，经历了从"黑"到"红"的过程，从"战犯"慢慢地变成一个大家可以接受的，某种程度是和蔼可亲，而蛮有一点意思的思想人物。

第三，公私和性别的迷雾。过去我们都把人物的"公领域"和"私领域"作清楚的区分。公领域是大家所看到的，这个部分的胡适其实非常受大家关注，胡适当时是名满天下、无人不知，最有名的一句话就是"我的朋友胡适之"。总之，在公领域层面，胡适备受关注。唐德刚有个有趣的比喻，"他底一生，简直就是玻

---

① 有关胡适对"知识分子思想改造"之响应，可参见潘光哲：《胡适对"知识分子思想改造"的响应（1949—1952）》，《胡适与现代中国的理想追寻：纪念胡适先生120岁诞辰国际学术研讨会论文集》，页243—261。

璃缸里的一条金鱼；它摇头摆尾、浮沉上下、一言一笑……在在都被千万只眼睛注视着"。[①]这话也对，但也不对。不对之处在于，胡适私领域的部分其实在金鱼缸里往往是看不到的，另有一广阔天地。过去人们习惯把公私领域划分之后，往往只看到公领域一面，而看不到私领域一面。其实我们常说的"知人论事"，就应该要能够把公领域和私领域结合在一起来考察，才能得其全貌，换言之，私情和公义，其实是一个铜板的两面。2001年台北图书馆曾开过一个国际会议，叫"欲掩弥彰——中国历史文化中的私与情"，其主旨即在阐明私领域中相当多的生活与思想经验，其实和公领域表现之间有千丝万缕的关系，所以必须要打破公私的分疆划界，才能清楚地了解一个历史人物。公与私的分疆划界也牵涉另一个问题，即"男性中心主义"。以往大家看胡适的这些女友，基本上都是从男性视角来看，这些围绕在胡适身边的女性，都成了胡适人生大戏中的配角，她们没有声音，也没有自己特别的表现，总之，她们似乎都是平面的、被动性的人物。相当多对胡适情感生活的描写的作品都落入了这种窠臼。江勇振的《星星月亮太阳：胡适的情感世界》一书即特别注意到这点，他不但以胡适为主角，也以他身边女人为主角，再重新观看胡适。的确，当我们重新从女性角度来看，胡适的这些花边新闻，就不再是繁忙公务生活中的点缀，而有另一层意义。胡适身边的这些女性，其实个个都有强烈的情感，而且对于情感的表达和生命的追求，都有自己的热忱。

相对于女性友人的狂野、奔放和热情，胡适的情感表达却是

[①] 唐德刚：《写在书前的译后感》，胡适口述、唐德刚译注：《胡适口述自传》，页3。

相当内敛的。从江勇振的《星星月亮太阳：胡适的情感世界》与蔡登山的《何处寻你：胡适的恋人及友人》等书，大家会发现他有很多"婚外恋"的女友，但似乎胡适的恋情都有个基本模式，就是胡适情感上放得不多，却收得很快，他一旦发现这些女子对他有所纠缠而陷得太深的时候，他马上打退堂鼓。最典型的例子就是蔡登山所撰《师生之情难"扔了"？胡适未完成的恋曲》一文中谈到他与"才堪咏絮、秀外慧中的女弟子"徐芳（1912—2008）之间的恋情，刚开始时胡适沉湎于新鲜的浪漫，但看到徐芳义无反顾的时候，他就退缩了。这就是典型的胡适的反应。他是一个在情感上相当内敛、保守，并尽量在各种各样文字中隐藏自己的人，所以蒋介石说他是"新文化中旧道德的楷模"是有道理的，他受旧道德的束缚相当大，这样的个性也影响到他对公共事务的处置，他在政治上的保守与此如出一辙。

其次，私领域的生活对胡适思想倾向、人格成长有很深刻的影响。例如胡适跟韦莲司的交往是灵魂的冲撞，激荡出了相当多思想的火花。胡适1910年到康奈尔大学读书，几年后才认识韦莲司（生于1885年，比胡适大6岁），她的父亲是康奈尔大学考古生物学教授。韦莲司是一个非常有天分的画家，这大概是吸引胡适的一个重要气质，因为胡适没什么艺术天分，音乐、美术都不行，他是一个实事求是、思维理性的人，但韦莲司是艺术家，而且她出生在大学教授家庭里，有美国东岸知识分子家庭所具有的古典训练，这是最吸引胡适的。1914年和胡适变成好朋友后，双方有50年的来往，写了很多信。胡适的心灵成长，其中一部分就是伴随着韦莲司而展开的。对胡适来说，他可以无所顾忌地跟韦莲司谈到各种各样的问题，所以他说韦莲司是有思想力、有视野、有魄力、有阅历的女子。在胡适早期到美国的时期，韦莲司是带领他走进西方文化最关键的人物。他们俩一开始交换读书心得，彼此介绍好书。而胡适阅读的自由主义经典作品如摩利（John Morley）的《论妥协》（*On Compromise*，胡适译为《姑息论》），就是韦莲司借给他的。[①]后来胡适在写给她的信中抄录了大量此书里的内容。胡适在1930年代应报社之邀列举推荐给青年人必读的十本书时，他还把这本书写进去了，可见胡适与韦莲司之交往对他思想形塑的重要性。总之，如果不打通公私，就难以深入胡适性格、思想的复杂面向。

第四，文化迷雾。胡适处在中西历史的交会时期，他受过中国传统教育之熏陶，又接受了西方新式教育的启迪。他原来在康奈尔大学读农学，后来读不下去，其中一个原因是因为苹果的关系，美国的苹果分类很多种，同是苹果有十几个名字，胡适也搞不清楚，心想学那么多苹果名字有什么意思，"对我来说实在是浪费，甚至愚蠢"，所以后来就转到哥伦比亚大学读哲学。[②]总之，胡适是中西历史交会关键点上的一个人物，在他身上，既有中学又有西学，既有传统又有现代。在思想内涵上，他强调"全盘西化"、反传统，主张把传统东西全部丢掉，所以他特别欣赏"只手打倒孔家店"的老英雄吴虞。而且他的生活形态也非常西化，胡适纪念馆

[①] 1914年11月26日胡适在写给韦莲司的信中说："我用余暇读毛莱（他处译为摩利）的《姑息论》（*On Compromise*），我非常喜欢。谢谢你把书借给我。我刚读完讲利用错误的那一章，这也是深合我心的一章。"周质平编译，《不思量自难忘——胡适给韦莲司的信》，页7。有关摩利思想对近代中国的影响，及compromise一词的翻译问题，请参考：黄克武、韩承桦：《晚清社会学的翻译及其影响：以严复与章炳麟的译作为例》，沙培德、张哲嘉编：《近代中国新知识的建构》，台北："中研院"，2013，页169—171。

[②] 见唐德刚译注：《胡适口述自传》，台北：传记文学出版社，1983，页36—37。

保存了相当多胡适的衣着,他有时穿长袍,但常穿西服,皮鞋一定要定做,此外各种各样身边日用物品多是非常精致的西式用品,他也喜欢喝威士忌酒。总之,他是一个受西化影响很深的人。然而如果从完全西化的角度来看,却又很容易误解胡适。胡适是站在中西文化的交界点上,他有中国文化的传承,也有西方文化的熏陶,而且他对中国文化和西方文化都做了一番抉择和取舍。他表面上是全盘推翻传统,实际上他对中国传统还有很强的依恋。只有看到东西文化在他身上的冲击和融合,才能看清真实的胡适。笔者所发表的《胡适与赫胥黎》一文,就指出胡适对赫胥黎、达尔文思想的认识与他对宋明理学、清代考据学与佛教与儒家的道德理想是交织在一起的。[1]这一种中西思想因素的交织乃至误会,也表现在他对于杜威哲学的认识之上。[2]

胡适研究至少应穿透上述四种迷雾,方有可能呈现出一个比较真实的胡适。

以胡适档案解决问题的一个案例:陈之迈致胡适函

为了更具体说明胡适档案如何帮助我们解决胡适相关历史议题,以下笔者拟以胡适的《从〈到奴役之路〉说起》一文中的一个疑点,来说明档案的用处。这一篇文章是1954年3月5日下午4时,

---

[1] 黄克武:《胡适与赫胥黎》,《"中研院"近代史研究所集刊》,期60(2008),页43—83。
[2] 江勇振:《胡适诠释杜威的自由主义》,《胡适与现代中国的理想追寻:纪念胡适先生120岁诞辰国际学术研讨会论文集》,页102—126。

胡适在《自由中国》杂志社于台北青岛东路的装甲兵军官俱乐部举行欢迎茶会上的讲话。此文曾刊登在3月16日出刊的《自由中国》之上。[①]1965年殷海光将哈耶克（1899—1992，亦译为海耶克）的《到奴役之路》一书中文版交给文星书店出版时，在附录之中收录了这一篇文章。[②]同一年文星书店出版的殷海光等著的《海耶克和他的思想》一书中也收录了这一篇文章（该书后由传记文学出版社再版）。[③]对许多读者来说，这一篇文章是介绍哈耶克与《到奴役之路》一书，主张对抗国有企业，捍卫资本主义、私有财产与自由体制的一篇重要著作。

这一篇文章中有一个疑点，涉及胡适一位朋友对他认识哈耶克思想的影响。最早注意到此一疑点，并撰文解释的可能是邵建。他在2009年发表《隐名于胡适〈从《到奴役之路》说起〉之后的人》一文，文中指出：

> 1954年3月5日，胡适在《自由中国》杂志社作过一个有关哈耶克《到奴役之路》的讲演。读过这篇文字的人，不免会好奇，隐藏在胡适这篇文字之后的人是谁。胡适在讲演中说："我今天带来了一点材料，就是在两年前，我在外国时，有一位朋友写给我一封讨论这些问题的长信（这位朋友是公务员；为了不愿意替他闯祸，所以把他信上的名字挖掉了）。"如果注意全篇，胡适

[①] 胡适：《从〈到奴役之路〉说起》，《自由中国》，卷10期6，1954，页4—5。
[②] 哈耶克著，殷海光译：《到奴役之路》，台北：文星书店，1965，笔者手上的版本是《殷海光全集》的版本，见哈耶克著，殷海光译：《到奴役之路》，台北：台大出版中心，2009，页183—189。
[③] 殷海光等：《海耶克和他的思想》，台北：传记文学出版社，1979，页149—156。

的讲话，与其是围绕哈耶克的《到奴役之路》展开，毋宁说是围绕这位公务员的长信而展开。接下来，胡适大段征引了那封信的内容，然后从这里生发开去，以至篇终。因此，这位埋名隐姓的人乃是胡适这篇讲话中的一个内在的主角，那么，他是谁呢？南港"中研院"胡适纪念馆现任馆长潘光哲博士告诉我，那个人就是周德伟。

邵建接着推论：

1950年代，周德伟在给胡适的信中，依然对当年国民政府和相关知识人的作为耿耿于怀："从前持这种主张最力的，莫过于翁文灏和钱昌照；他们所办的资源委员会，在过去二十年之中，把持了中国的工业、矿业，对于私有企业（大都是民国初年所创办的私有企业）蚕食鲸吞，或被其窒息而死。他们两位（翁文灏、钱昌照）终于靠拢，反美而羡慕苏俄，也许与他们的思想是有关系的。"胡适在《自由中国》的这次讲演中，照章宣读了包括上面这段引文在内的周信的主要内容，他其实是有针对性的。国民党败退台湾之后，国民政府的经济政策依然袭有大陆的习惯，所以，胡适在讲演中指出："现在的台湾经济，大部分都是国营的经济，从理论与事实上来说，像哈耶克这种理论，可以说是很不中听的。"哈耶克的经济理论，并不适合国民党初到台湾的威权体制。……然而，这样的控制直接遏制的就是自由。所以哈耶克用一句话指出了这种控制的必然结果：到奴役之路。周德伟1947年便获得此书，非常喜欢，很想把它译为中文，但最后的译事却是若干年后由殷海光完成的，这就让胡适通过殷译了解了哈耶克。当胡适完成了对哈耶克的认同之后，是否可以这样说，这位中国自由主义的标志人物，才终于完成了他自1940年代开始的转型，即从年轻时开始的"新自由主义"转型为"古典自由主义"。这是胡适在自由主义内部自左而右的一次蜕变，周德伟在其中起到了一定的推手作用。[①]

邵建指出此文在胡适思想转变方面的重要意义，并认为周德伟对他"从年轻时开始的'新自由主义'转型为'古典自由主义'"产生了重要的影响。他的观点受到其他学者的肯定。

2012年台大的王远义教授发表了一篇长文分析胡适的《从〈到奴役之路〉说起》一文在他思想变迁中的意义，认为该文是他早年与陈独秀辩论"问题与主义"之后，最重要的一次思想转变。他同样认定胡适文中所说的"友人"就是周德伟，他说：

> 胡适1953年11月24日日记所记殷海光翻译海耶克《到奴役之路》一事，其实就是出自周德伟的引荐。此外，胡适在《从〈到奴役之路〉说起》提到："两年前，我在外国时，有一位朋友写给我一封讨论这些问题的长信。他这封信对于这个问题有很基本的讨论，和海耶克、方米塞斯、殷海光、高叔康诸先生的意思差不多完全一样。"这里，"有一位朋友"应该就是指周德伟。由此可见周德伟影响了胡适对海耶克的重视。[②]

[①] "邵建的博客"，http://blog.qq.com/qzone/622007891/1245549612.htm，读取时间：2014年4月7日。
[②] 王远义：《惑在哪里——新解胡适与李大钊"问题与主义"的论辩及其历史意义》，《台大历史学报》，期50（台北，2012），页229。

王远义进一步解释："此处认定周德伟即为胡适文中所提之'有一位朋友',系就当时胡适的文章与周德伟所留资料推敲出来,因为周氏的论述多处符合胡适文章的指涉内容。……张世保也认定'有一位朋友'是即周德伟,但不见数据直接佐证。"[1]

由此可见目前学界几乎都认为胡适文中那位影响他认识哈耶克思想的朋友就是周德伟。他们主要的证据都是依赖1962年胡适过世时,周德伟所撰写的《我与胡适之先生》(刊于《文星》,第10卷第1期,1962年5月)。[2]该文提及周德伟在1940年代即注意哈耶克的著作,并于1950年鼓励殷海光翻译哈耶克的《到奴役之路》。周德伟也提到胡适在跟他讨论完资本主义、社会主义之优劣后,请他回复罗敦伟对他的质疑。[3]这样一来,周德伟在胡适从肯定社会主义到转向资本主义的过程中的确起了重要的作用。

上述的两篇文章对我们认识胡适思想的确实有所帮助。又如邵建指出"胡适通过殷译了解了哈耶克",这也是正确的。胡适纪念馆的藏书批注中有 The Road to Serfdom(Chicago: The University of Chicago Press, 1950)一书,扉页有胡适题记:Hu Shih New York Dec. 8, 1953. — A birthday present to myself. 显示1953年12月8日胡适买了此书作为送给自己的生日礼物。该书近250页之中,胡适加上

---

[1] 王远义:《惑在哪里——新解胡适与李大钊"问题与主义"的论辩及其历史意义》,页229,注148;张世保:《"拉斯基"还是"哈耶克"?》,高瑞泉主编:《自由主义诸问题》,上海:上海古籍出版社,2012,页12。

[2] 该文后收入周德伟的文集之中,见《我与胡适之先生》,周德伟:《自由哲学与中国圣学》,北京:中国社会科学出版社,2004,页263—304。

[3] 胡适发表《从〈到奴役之路〉说起》后引起他的学生罗敦伟的质疑。罗敦伟说:胡适"愿意自动洗脑,因为过去他主张社会主义不对,今日应该主张资本主义。我随即写封信给他,说认独裁极权为计划经济是误会,而且是普遍的世界公共的误会"。罗敦伟:《五四巨人最后历程亲记》,《畅流》,卷25期3(台北,1962),页5。

注记部分共有17页（1—9、14、16、135—136、138—141），均为画底线，没有批注文字，这似乎显示胡适并未细读此书。①他对哈耶克的了解应该来自殷海光在《自由中国》上的译介。

虽然如此问题尚未水落石出。邵建与王远义所引用周德伟的文章详细地描写了他与胡适论学的经过，包括1951年中，他寄给胡适的论文抽印本，②以及1951—1953年时他与胡适在台北见面时的点点滴滴。③不过他并没有提到过曾写"长信"给胡适。这样一来，影响胡适思想转向的友人究竟是谁，并未得到一个确切的解答。

这一个问题首先需从胡适文章内部来考察。胡适在文中提到此信是"两年前，我在外国时，有一位朋友写给我"，由此可以推断来信时间约为1952年。

根据上面的线索，在胡适的档案中，我们找到了胡适在《从〈到奴役之路〉说起》中所提到的来信，共有两封。这两封信皆来自陈之迈（1908—1978），而非周德伟。第一封是1951年11月4日陈之迈致胡适函，共有25页，档号：HS-US01-079-004。第二封是1951年11月8日，陈之迈又有所感，再写了一封信补充说明，计有6页，档号HS-US01-079-005。这两封信在署名的部分都被削去，显然是胡适带去演讲时，为避免泄露陈之迈的身份而做的处置，然而从字迹来辨认毫无疑问的是陈之迈的来信。同时在这两封信之前，胡适在一页稿纸写了一段话："两年前一个朋友给胡适的长信两

---

① "中研院"近代史研究所藏：《南港档》，档号：HS-N04F1-028-01。
② 参见周德伟：《我与胡适之先生》，《自由哲学与中国圣学》，页282；胡适纪念馆藏有此封信，《南港档》，档号：HS-US01-038-002。该信的时间是1951年7月10日，并附有论文两篇，一为《从经济的分析批判阶级斗争》，一为《经济与行为——经济学方法与人的行为述评》。
③ 周德伟：《我与胡适之先生》，《自由哲学与中国圣学》，页282—283。

封",这应该是带去《自由中国》杂志社茶会演讲时两封的封面。

陈之迈在1928年从清华大学毕业后赴美国留学,获哥伦比亚大学哲学博士学位。回国后曾任教于清华大学、北京大学、南开大学等校,并加入了胡适、蒋廷黻创立的"独立评论社"。抗战期间,他曾任教育部参事、行政院政务处参事等职。1944年出任中华民国驻美国大使馆公使衔参事,后又历任中国出席联合国善后救济总署副代表、联合国粮农组织国际紧急粮食委员会中国代表等职。因为陈之迈具有公务员身份,胡适担心暴露此一身份会对他有所影响,而且陈之迈在第二封信的最后表示:"这两封信所说的只是与先生的私信,恐怕不宜发表,人微言轻,发表了也不会发生什么作用。"胡适才将信上的署名削去。

陈之迈的两封信可以帮助我们了解胡适思想转变的细致过程。简单地说,1954年胡适《从〈到奴役之路〉说起》一文所反映思想的转折是由好几个因素所促成的,他不但在1953年时受到殷海光与周德伟等人的影响,而在此之前1951年底,陈之迈写的两封信也给他非常重要的启发。

结 论

胡适在20世纪中国知识分子中与鲁迅齐名,被誉为"20世纪中国思想界的第一人"或"当今世界上最聪明的六个人之一"。[1]他

---

[1] 江勇振:《舍我其谁:胡适》,第一部,页4。"当今世界上最聪明的六个人之一"是胡适的朋友、英国汉学家Arthur Waley在1927年时的说法。

的一生涉及了中国政治、学术的各个领域，凡是讨论近代中国的议题，大概都绕不过胡适。本文简单地介绍了胡适的历史意义、胡适纪念馆收藏档案的概况，进一步分析解读胡适档案所面临的挑战，最后再以一个具体的例子说明胡适档案如何能帮助我们解决历史议题。笔者衷心地希望文中所述胡适档案应用之心得对有心透过胡适来了解中国近代史的读者有所帮助。最近有很多人提到"民国范儿"的说法，民国史上的确有不少风骨嶙峋的人格典范，值得我们追念怀想。我想深入地认识胡适之后，很多人可能会和我一样，觉得将胡适誉为"民国范儿"，真是再恰当也不过了！

记忆、认同与口述历史

前言：众声喧哗的历史场景

大约从1990年代开始，台湾口述历史的工作从早期少数人默默耕耘的局面，逐渐转变为百花齐放的盛况。不但学院内的专业历史工作者出版了大量的访问记录，各县市的文化单位，以及民间的文史工作室、基金会等，也投入不少的心力，来寻访各种"被遗忘的历史"。在内容上，口述历史的访谈对象从军政大员到"本土"的芸芸众生，包括了士农工商、老兵、侍从人员、烟花女子与黑道大哥，等等。[1]这些成果所带来直接的冲击是历史重心的转移与历

---

[1] 例如黄克武等访问、周维朋等记录：《蒋中正总统侍从人员访问纪录》上、下册，台北："中研院"近代史研究所，2012，此外还有蒋经国、蒋宋美龄侍从人员的口述访问。又如研究美国华人帮派成绩斐然的美国New Jersey州立大学陈国霖（Chin Ko-lin）教授，曾对台湾彰化县芳苑等地的黑道大哥做访谈工作，参见陈国霖：《黑金》，台北：商周出版，2004。黄淑玲有关"特种行业妇女"的研究是采取社会科学的研究取向，但其方法与口述历史类似；例如《特种行业妇女的生活形态与自我概念》，《思

史书写的多元化。以往所谓的"历史",主要是依赖精英阶层透过上层的视角,以他们所掌控的文字来书写、保存与传递的历史,亦即西方兰克史学(Rankean historiography)中所强调的依赖官方、档案所书写的历史,或梁启超在《新史学》(1902年)中所批评的"朝廷"与"英雄"的历史;[1]口述历史的工作在某种程度之内突破了上述"精英""性别"与"文字"的多重限制,让我们能依赖以往未能掌握书写能力者之口述,来竖耳倾听"过去的声音"。[2]

历史重心的转移与历史书写多元化的发展,表现在地域、族群、性别、阶级、年龄等面向之中。以台湾地区史来说,许多学者已开始反省人们所阅读到的历史究竟是"谁的历史"。长期为人所诟病的男性汉人统治阶层的历史霸权,因为口述历史作品的出现,得到适度的修正。近年来对于客家人、外省人(眷村)、平埔族、原住民、女性、下层社会、"二·二八"与白色恐怖的受难者、地方发展史等诸多口述历史访问记录的问世,使得台湾历史的图像更为多元、丰富。换言之,这些过去曾长期受到忽略的声音使我们得以从边缘的、被压抑者的立场,回观历史现场,他们的视野与居于核心的统治阶层、精英分子自然有所差异,因而使我们看到

与言》,33:3(台北,1995),页161—198。此外廖怡萍、陈宜民的《台北市公娼空间之再现:木屐、密道与七块钱的故事》,《当代》,期137(台北,1999),页44—65,也依赖了许多对娼妓的口述访谈。

[1] Gwyn Prins, "Oral History," in Peter Burke (ed.), *New Perspective on Historical Writing,* University Park, Pennsylvania: The Pennsylvania University Press, 1991, p. 115.梁启超:《新史学》,《梁启超史学论著三种》,香港:三联书店,1988,页4—5。

[2] Paul Thompson有关口述历史的专书即称为《过去的声音:口述历史》(香港:牛津大学出版社,1999)。这一本书附了一个西方学界有关口述历史在各个不同领域的研究成果,值得参考,见该书页249—270。有关对女性的口述访问及其理论上的问题,参见游鉴明:《她们的声音:从近代中国女性的历史记忆谈起》,台北:五南图书出版股份有限公司,2009。

历史的另一面貌。过去掌握政治、文化霸权的精英分子垄断历史的发言权,现在随着口述历史之推展,历史知识之内容也从教科书式的"一言堂"转为"众声喧哗"的热闹场面。①不过,口述历史之作品究竟有多少史学的价值,其内容有何限制(何者为虚、何者为实)?这些问题的解答必须依赖我们对于口述历史性质之认识,以及对于口述、记忆、认同三者之关系的厘清。

口述历史所面临的困难

乍看之下口述历史的工作十分简单,任何人只要带着纸笔、录音设备,寻找适合访谈的对象,再将录音的内容整理为文字,即可大功告成。然而仔细推敲,其中的每一个步骤都有许多值得思索之处。例如,我们为何要选择某一特定的历史人物或群体作为访谈的对象?在访谈过程之中,我们要如何拟定谈话主轴?如何用自己的概念、语汇,来理解别人的想法?亦即如何将别人的话语,放在自己的话语系统之中,而"再次表达"(represent)或"创造"(create)出一个访问记录来?这一记录是否指涉历史事实?还是只能算是个人的想象?简言之,从事口述历史工作之时,我们不能回避的一个核心问题是:透过口述记录所产生的历史"知识"有何特质?它属于"普遍的知识"(universal knowledge),还是只能

---

① 这也是Paul Thompson所说口述史所具有的"激进的意涵":"口述史可能进行更公平的尝试:证据还可以从下等人、无特权者和失败者的口中说出来。口述史可以更现实、更公平地重构过去,可以向既定的记述提出挑战。只要这要做,口述史就可以使整个历史的社会使命具有某些激进的意涵。"《过去的声音:口述历史》,页5。

算"个人意见"(personal opinion)?当然有时这两者难以截然划分,那么一部分的个人意见又如何能窥见洞穴之外的阳光?口述历史如何才能补正书写历史之不足?[1]

在众声喧哗之下,要追寻历史的"本来面目"有其难度。就个人的生命经验来说,每个人的成长经历都免不了会有悲欢喜乐、爱恨情仇,当处理一些私密性或情绪上较为纠结之议题(如心理创伤、身体感受、人际冲突、不当关系,如外遇等),往往会"欲语还休",或是"故意遗忘""刻意渲染"等,因而失真。[2]再从社会群体的角度来考虑,例如统治者的历史与被统治者的历史、汉族与少数民族的历史、男性观点与女性观点的历史,书写历史与口述历史之间究竟有无会通之处?还是说历史根本就不可能有一个"本来面目",亦即无人能写出一个让每一个人都满意的"客观的过去",而只有"罗生门"式的各说各话,其目的只是为了追逐自身利益与权力角力罢了?奥威尔(George Orwell)在《一九八四》一书中简单扼要地表明了这一点:"谁控制过去,谁就控制未来;谁控制现在,谁就控制过去。"(Who controls the past controls the future. Who controls the present controls the past.)[3]如何解决这一历史真相的问题当然不只是口述历史工作者才要面对的,而是从事所

---

[1] 在这方面除了理论方面的思考,也可以参考一些较成功的例子。例如谢国雄的《茶乡社会志》是一本社会学家的田野工作成果,该书即利用口述材料撰成基层社会的历史。见谢国雄:《茶乡社会志:工资、政府与整体社会范畴》,台北:"中研院"社会学研究所,2003。Gail Hershatter, *The Gender of Memory: Rural Women and China's Collective Past,* Berkeley: University of California Press, 2011. 中译本为:贺萧:《记忆的性别:农村妇女和中国集体化历史》,北京:人民出版社,2017。
[2] 游鉴明:《她们的声音:从近代中国女性的历史记忆谈起》,页57—65。
[3] 奥威尔著,董乐山译:《一九八四》,沈阳:辽宁教育出版社,2001,页223。

有形式的"历史生产"(特别是传记、自传、事件等文类),都不得不自我反省的关键议题。然而无疑地,口述历史工作与口述内容之复杂性让我们对此一议题有更深刻的感受。①

口述访问工作的社会面向

对于口述工作的反省首先要注意到口述访问工作的社会性质与社会脉络。首先就访谈对象的选择来说,我们为何会挑选某一人作为受访人。这当然牵涉主事者对历史重要性的考虑,例如该人所述能否填补历史的空白,或能否解答历史演变的关键课题等。然而,此一选择完全是主动的吗?如果我们将口述记录比喻为知识"生产"的话,一个很根本的问题是,为何要制造此一产品?要回答此一问题,我们除了注意口述工作者主动的层面(如个人的求知欲、填补历史空白、追求社会正义之理想等)之外,不能忽略其消费面,亦即文本制成之后是供应何种消费者来阅读,而此一消费需求又是如何鼓励生产?在这方面至少要考虑到社会记忆的召唤与集体认同、社会正义之追求等因素如何刺激人们投入某类口述历史的工作。尤其明显的例子是国家机器为了特定目的,而采取的奖励、资助等措施,因而造成对特定口述主题的探索(近年来有关"二·二八事件"与白色恐怖口述访谈的出现,都与此有密切的关系)。这样一来,许多官方机构或基金会支持的口述工作都具有浓厚的政治改造或"社会工程"

---

① 王明珂:《谁的历史:自传、传记与口述历史的社会记忆本质》,《思与言》,34:3(台北,1996),页147—184。

的意味。以"二·二八"或白色恐怖来说，此举是为了弥补过去单面向历史解释所造成的强制性的遗忘并弭平部分人士的心理创伤。

从受访者的角度来看，口述工作所依赖的素材是受访者的回忆，或说当事人对自我经验的知觉与记忆。有关人类的记忆，在心理学、哲学与人类学等方面都有不少的探讨。在这方面有两点值得注意，首先是记忆与语言的关系。记忆要经由语言来表达，因为个人的原始经验往往是处于一种模糊、混沌的状态，此一模糊的经验必须透过语言的陈述、命名、认定等，才得以落实。然而此一透过语言述说经验的过程，一方面已经脱离了原始经验的模糊与混沌，另一方面亦开始新的诠释与创造。[1]这一点就涉及了个人记忆的社会基础之课题，亦即王明珂所谓"个人记忆中相当一部分是从社会生活中获得，在与他人的社会活动中被共同忆起，并且在特定社会背景中重建，以符合个人的社会身份认同"。[2]

集体记忆理论对口述工作之启示

王明珂对口述历史所具有"社会记忆"之本质的分析与社会学家哈布瓦克（Maurice Halbwachs，1877—1945）等人有关"集体记忆"的理论有关系。此一理论可以帮助我们对口述历史工作之性质有更深入的认识。

---

[1] 此处对语言的看法受到海德格《走向语言之途》（台北：时报出版公司，1992）一书的影响，亦参见余德慧：《诠释现象心理学》，台北：会形文化事业有限公司，1998。余氏特别强调经验与语言两者并非翻译的关系，而是"自主性的并置"（页26）。

[2] 王明珂：《谁的历史：自传、传记与口述历史的社会记忆本质》，页149。

哈布瓦克强调记忆是人们对过去的印象，这些印象是零碎与暂时的，会随着情境而产生变化。记忆内容对人们来说如果要具有意义的话，记忆者必须将非常零散的元素重新组合、选择、加以述说，并使之置于一个具体而"合理"的情境之下。对哈布瓦克来说，记忆并不是个体对过去的直接呼唤，而是对过去的选择性的"再现"。换言之，"记忆"是存在于"现在"的。同时，人们对记忆所设定的脉络是由社会群体所提供的。这样一来，记忆的机制（也包括遗忘）其本质即是社会的。个人记忆不能脱离群体与社会框架而存在。此外，哈布瓦克也强调记忆的召唤不只是抽象的心理的过程，它尤其需要依赖一些具体的媒介，"睹物"可以"思人"。这些媒介包括文物、图像、仪式、典礼，等等。[1]

从上述观点来看，在口述工作中，无论是个人以语言来落实经验所产生的记忆，或是社会因素所影响的回忆与遗忘，都指涉记忆即是选择性的诠释。访谈者在述说经验的过程之中，往往会将复杂的经验改变为可以述说，并在时间序列与因果关系上成为一个可以理解的故事（这一故事可以是浪漫史、悲剧、喜剧、闹剧等叙事原形），因此有时会前后颠倒、有时省略某些自以为不重要的部分，突出对个人有特殊意义或有实际利益的地方，或者以想象之内容填补空白或模糊之处。[2]更常见的情况是把个人记忆与他人记忆混合、交

---

[1] 参见Maurice Halbwachs, *On Collective Memory*, Lewis A. Coser (ed. & trans.), Chicago: The University of Chicago Press, 1992; David Middleton and Derek Edwards (eds.), *Collective Remembering*, London: SAGE Publications, 1990。

[2] 此即类似怀特所说历史是一种诗性的（poetic）工作，人们在以语言整理记忆之时，在脑海中预想了各种叙事情节表现的基本形式。Hayden White, *Metahistory: The Historical Imagination in Nineteenth-Century Europe*, Baltimore: The John Hopkins University, 1973.中文方面可参考王晴佳、古伟瀛：《后现代与历史学：中西比较》，台北：巨流出版社，2000，页202—209。

换。这样做有时是无意识的,有时则是出于特定动机而故意所为。

因为个人的记忆与认同具有高度的情境性与变迁性,认同发生变化时,记忆或遗忘的社会机制,就对个人记忆构成了决定性的影响。笔者在台北近郊金山乡访谈"福佬客"的一个经验可为其佐证。[1]在新北市金山区的清泉村有几户属于江夏黄氏的客家人,因为长期住在闽南人居优势的地区,逐渐被闽南人同化,开始讲闽南语、遗忘客家话,也隐藏了客家认同,而随着晚近族群意识兴起,才又重新挖掘出客家祖先的记忆。[2]"福佬客"的例子充分显示记忆之流动性与现实性。

历史记忆与现实利益之干扰

口述历史所面临的问题也牵涉口述采访所了解到的"过去",不仅包括口述者亲身经历的历史,也包含了口述者经由各种管道所形塑的"历史记忆",而这两者往往交织在一起。在笔者从事白色恐怖之访谈时,有一位受访者谈到许多他从二手报刊所看到的内容,例如当时中共组织、党员人数等,并把这些讯息说成像是自己一手的经验。也有许多人大谈在狱中所耳闻的点点滴滴,却给他人一种亲身经历的感觉。在此情况之下,如何区别"亲身经历"与

---

[1] "福佬客"俗称"客底",是指改用闽南语,被闽南化的客家人后裔,在台湾人口的统计中,可能高达三百万人,参见:https://zh.wikipedia.org/wiki/%E7%A6%8F%E4%BD%AC%E5%AE%A2,读取时间:2013年4月28日。
[2] 有关"结构性失忆""集体记忆""族群与历史记忆"等课题的讨论,请参见王明珂:《华夏边缘:历史记忆与族群认同》,台北:允晨文化实业股份有限公司,1997,页45—60。

"历史记忆"成为主访者与记录者要面对的一大难题。

此外更直接的因素则是受现实利益的影响而"修改"记忆之内容。笔者曾接到一位受访者在出版之前来电，要求删除其中一段描写他在学校刻钢板，印"反动"报刊的部分，原因是他担心记录问世后会影响到官方对他的赔偿。此一现实因素对访谈的可信度造成重大的影响。在笔者所访问的白色恐怖受难者之中，只有"一个半"人坦承曾加入中共组织（半个人即上述要求删改记录者）。这主要由于在"戒严时期不当叛乱暨匪谍审判案件补偿条例"之中明文排除"曾加入中共组织者"。另外一类的记忆删除则涉及对他人名誉之毁谤与隐私保障等法律与伦理之课题。例如，"中研院"近代史研究所曾从事"台北荣民总医院半世纪口述历史回顾"访问计划，①在出版之前林芳郁院长曾邀约主访者座谈，就该记录中涉及"元首医疗"以及相关人士对于台大医院之品评两项作一检视、调整，以免引发争议。总之，个人的体验在口述访谈所创造的言说语境之中已充分故事化，并受到某些机制检控，无论是"历史真相""原始经验"在各种因素的影响之下会有所增减，甚至受到扭曲。这是口述历史从事者应该警觉的。

口述记录之挑战：从语言到文字

从口述记忆到文字还有一些语言问题需要思考。就主访者而

---

① 游鉴明、黄克武、陈慈玉、杨翠华、沈怀玉、洪德先、陈素真等访问，周维朋、林东璟、张成玮、柯小菁等记录：《台北荣民总医院半世纪——口述历史回顾》上、下篇，台北："中研院"近代史研究所，2011。

言，一方面要面对受访者对于个人经验的诠释、辩解、删节、合并等，另一方面如何将受访者的话语转变为文字记录，也是一个很大的挑战。这一过程同样会有诠释、辩解、删节、合并等的可能。其中最值得推敲的是口语记录和整体情境的差距，以及口语与文字的差距。[1]目前除了少数例外（例如使用录像设备，当然这又引发了另外的问题，像是否会造成受访者更大的心理压力或增加其表演欲望等），多数的口述访谈都依赖录音设备来记录访谈过程，然而声音其实只是访谈情境之中的一个面向。访谈场域在声音之外还包括肢体语言所表达的感受、心境、气氛等，这些部分尤其显示了相当细腻的心理反应，然而它们却往往是录音所捕捉不到的东西。这样一来，访谈记录工作如果只依赖录音来做整理的话，已经是对一个复杂情境的简单化。

声音记录与文字记录之间的转换也令访问者产生很多困扰。村上春树在《地下铁事件》一书中，访问了六十位在1995年3月20日沙林毒气事件的受害者，再将受害者的主观经验集结成书。他的目的是"开始想去探寻，到底是什么让我们这个社会会发生这样痛苦的双重伤害"（案：此处所说的双重伤害是指毒气事件中受害者受到的第一次伤害与其后遗症所带来的伤害，如大家对此事件不理解而应对失措，或受害者因身体不适而被迫辞职等），而采取的方法则是"让每一位'受害者'的容貌细部都尽可能更明确真实地浮现

---

[1] 这也包括方言的问题，如闽南语、客家话或广东话要转换为文字时都有程度不同的问题。有些学者建议"应该将它变成每个人都看得懂的文字"以帮助流通，必要时"可将原音以脚注或括号的方式附录"。游鉴明：《她们的声音：从近代中国女性的历史记忆谈起》，页37。在这方面香港口述历史界有一些例子，较成功地记录了以方言来表达的口述世界。见曾嘉燕、吴俊雄编：《又喊又笑：阿婆口述历史》，香港：新妇女协进会，1998。

出来"。在该书之中,他深入地讨论到语言转换的问题,他说将录音带转为文字稿往往"无法掌握细致的感受",而访问者必须作内容上的取舍:

> 正如我们大部分日常会话那样,话题往往跳东跳西,或走进岔路迷失或中途消失了,之后又突然复活起来。于是必须将那内容选择取舍,前后对调,消除重复的部分,将文章分节或串联,整理成某种程度容易理解的文章,编写成适当长度的原稿。①

而即使如此,村上春树仍然觉得他难以捕捉受害者的感受:"他们说'我们所尝到的痛苦心情你们不可能真正理解',我想那也是没办法的。真的是说得有理。我想我们是不可能了解的。"②

总之,从录音带到文字稿的编写过程很容易改变受访者的原意,这在新闻采访之中更是屡见不鲜。一个很好的例子是有一次笔者接受某一电视台的采访,谈梁启超,我与记者谈了将近一个钟头,全程录像,后来我们的对话被剪辑成十分钟的节目,内容经过重组,改编成另一面目,而我所希望强调的重点几乎完全看不到,而这一情况并非特例。此外,口述历史的整稿工作还可能面临的情境是整理者主动核对已出版的史书或网络资源来更改受访记录。这虽然是必须做的事情,然而历史考证的功力因人而异,就因此而影响到记录内容之精确性。

---

① 村上春树著,赖明珠译:《地下铁事件》,台北:时报出版公司,1998,页12—19。也请参考张玉佩:《与村上对话:反思采访写作中的语言机制》,《当代》,期150(台北,2000),页110—119。本文的部分译文曾由笔者改写。
② 村上春树:《地下铁事件》,页573。

当然，受访者也常常会对再现的记录稿感到不满。以笔者亲身经历而言，其中一个例子是楚崧秋先生的访谈记录，楚先生曾是两蒋的文字幕僚，又长期主掌国民党的文宣工作，对于文字要求极高。初稿交给他之后，被他彻头彻尾地修改，可谓"体无完肤"，同时他也增加了许多当时没有讲述的事情，以及对某些议题（如蒋经国与白色恐怖的关系等）的看法。另一个例子是台北地区政治案件计划所访问的张象济先生，他对初稿不满的原因，是因为他觉得我们整理的稿子"没那股气"，或说和他说话的调调与所展现的气势不同，所以他自己重写，发抒心声。①这些经过受访者改写的稿子，其实与访问记录已有很大的差距，虽然有可能更贴近受访者所想展现的形象，但这也意味着增加了另一个操弄、塑造的可能性。

结　语

整体而言，从口述历史工作的策划、实施、整稿、定稿，其间每一个步骤都有许多变动性因素影响到最后口述历史之成品所呈现的面貌。在经历各个步骤的转移、操弄之后，口述记录与历史真实之间有各种各样的关系。它可能一部分是历史的真实，一部分是事后想象、追忆、辩解、圆谎的结果；而即使是事实，也被放置到一个可能是截然不同的论说脉络之中。我们要如何面对此一情境呢？

---

① 《张象济先生访问纪录》，《戒严时期台北地区政治案件口述历史》，第3辑，页1153—1169。

从一个比较哲学的角度来说，有两种极端不同的立场。第一种是客观主义（objectivism）的立场，亦即上述所谓我们可以掌握"历史的本来面目"的看法。这一派认为口述记录虽然有误会、错记等可能，但是透过合理的检验，包括史学方法所说的内考证与外考证等方法，我们可以依赖口述记录，了解历史事实的真相。这一种观点对人类的记忆、话语，以及话语与历史真实的对应关系，持一种较乐观的态度，也与人们一般的常识相配合。

　　第二种是相对主义（relativism）或怀疑主义（skepticism）的立场，亦即上述把历史等同为"罗生门"的想法，每一个人各说各话，而没有一个全知全能的法官作最后的裁决。这一派尤其强调口述记录所记者均为个人从一非常主观立场所观看到的历史，而个人记忆甚不可靠，加上历史诠释如涉及个人利益，其真实性就更值得怀疑。福柯（Michel Foucault, 1926—1984）对于话语与权力（power）的分析与此一立场是配合的。

　　上述两个立场的区别也涉及历史工作之中描写历史事实与个人对历史事实的判断、诠释可否割离的问题。客观主义者的立场倾向于认为此一区别是比较清楚的，因此人们可以避免完全接受历史当事人主观的判断，但是可以接受他所看到、描写的客观的历史事实。相对主义者的观点则以为描写、判断、诠释等界线不那么清楚，往往自以为是客观描写的口述记录，其中充满了许多个人的诠释、偏见；换言之是选择之后所呈现的某一部分的事实。上述这两种极端的看法都受到不少的攻击。目前一个较合理的立场或许是居于两者之间，而了解到两者可能有的限度。亦即多方反省口述工作过程中所可能面临的困难，揭露历史生产过程中主观运作的各种可能。①

总之，口述历史的生产，和其他性质的历史知识的生产一样，都有待检验与反省。以免我们一方面自夸能够挖掘到历史最终的真相，另一方面却不自觉地以历史生产来解决自身认同的疑惑，而忽略了自身的认同与自我秉持的政治理念，有时对他人而言可能变成另一种形式的知识暴力。在中国近代史范畴之内，长期以来历史书写就受制于"革命史观""五四话语""国族建构""现代化论述""东方主义""东方的东方主义""西方主义"等影响，而由理念转为行动，出现"以礼杀人""以理杀人"之事，更是史不绝书。然而无论如何，在从事历史生产之时，如何能多发掘出一些自身不自觉的预设，再反复思索、多方沟通这些预设的合理与否，应该是有其意义的。诚如村上春树所说：揭露是改变的开始。有了以上的认知，而如果我们仍然愿意接受口述历史的挑战，那么或许有可能走出一条比较不同的路子，而呈现出那些曾被隐蔽的历史。

---

① 在这方面请参考Richard J. Bernstein, *Beyond Objectivism and Relativism: Science, Hermeneutics, and Praxis,* Philadelphia: University of Pennsylvania Press, 1990；拙著：《"五四话语"之反省的再反省：当代大陆思潮与顾昕的〈中国启蒙的历史图景〉》，《近代中国史研究通讯》，期17（台北，1994），页44—55。